Martina Weiß
Du musst das Leben nicht verstehen

D1732360

Martina Weiß

Du musst das Leben nicht verstehen

Aufgezeichnete Lebenswege

Danke

Mein Dank gilt den sieben Frauen und den beiden Männern, die sich Zeit für die Interviews über viele Stunden über einen langen Zeitraum nahmen und den Mut hatten, ihre sehr persönlichen Geschichten in diesem Buch zu veröffentlichen. Ein Dankeschön an Marita Lüdtke für ihre Nachbemerkungen zum Text ihres Vaters Rolf Möller. Sehr dankbar bin ich Carmen Blazejewski, die mir wichtige Hinweise gab und mich ermunterte, dieses Projekt zum Abschluss zu bringen. Ein großer Dank gilt Christine Domröse, Lena Domröse und Karla Wichary für ihre hilfreichen und kritischen Anmerkungen sowie René Schaap für seine Rückenstärkung. Danken möchte ich auch Angelika Bruhn vom BS-Verlag-Rostock, die in allen Fragen hilfreich und unkompliziert zur Seite stand und das Lektorat bewerkstelligte.

Impressum

© Martina Weiß, Admannshagen-Bargeshagen 2018
Umschlag: Filz und Foto von Martina Weiß
Textbearbeitung/Vertrieb: BS-Verlag-Rostock Angelika Bruhn
                                    www.bs-verlag-rostock.de
Herstellung: MOD Offsetdruck GmbH

ISBN 978-3-86785-436-8

Inhalt

Vorwort

Maria meistert ihr Leben mit vier Kindern, Mann und Arbeit, stößt dabei an ihre Grenzen und schafft es dennoch immer wieder, für sich selbst zu sorgen und Energie für sich zu tanken. Conny hat nach einer Krebskrankheit ihr altes Leben hinter sich gelassen – ein Neues zu finden ist ein langer Weg. Franziskas Herz schlägt für ihre Tanzschule – worauf muss sie dafür verzichten?

Jede der sieben Frauen sowie die beiden Männer haben eine ganz eigene, spannende Geschichte.

Im Winter 2000 begann ich, Menschen verschiedenster Herkunft und Berufe nach ihrem Leben in Mecklenburg zu befragen und die Interviews mit dem Kassettenrekorder aufzunehmen. So unterschiedlich wie die Frauen und Männer sind auch ihre Geschichten. Schon immer war ich neugierig, wie sich Alltag und Lebenswege meiner Mitmenschen gestalten.

Folgende Tonbandaufzeichnungen sind von 2000 bis 2018 entstanden, jeweils in der dunklen Winterzeit, in der ich meine Filzwerkstatt ruhen lasse.

Zuhören ist heute eine Rarität geworden. Wir alle brauchen jemanden, der uns zuhört, damit unsere Geschichte fruchtbar wird. Der Wunsch, zuzuhören und zu bewahren sowie eine Portion Durchhaltevermögen brachten mich dazu, Entwicklungen in sechs aufeinanderfolgenden Jahren aufzuschreiben und in Buchform zu bringen.

Dazu kam die Neugier, wo die Menschen, die ich ein Stück begleitet habe, heute stehen – und hier gibt es nach letzten Begegnungen im Jahr 2018 einige Wendungen.

Für die Protagonisten war es herausfordernd und interessant zugleich, sich beim Lesen ihrer alten Interviews noch einmal mit ihrer Vergangenheit auseinanderzusetzen..

Das vergangene Leben erscheint uns manchmal wie ein altes Kleidungsstück, das wir abgelegt haben. Mir ist durch diese Arbeit bewusst geworden, wie sehr wir alle miteinander verbunden sind, dass es in jeder Geschichte Resonanz mit meinem eigenen Leben gibt und ich mich an irgendeiner Stelle wiederfinde.

Die Protagonisten leben alle in Mecklenburg. Viele sind bewusst hierher gezogen, einige sind ihrem Partner gefolgt und nicht alle fühlen sich wohl in Mecklenburg.

Worüber sprechen Frauen und Männer verschiedener Alter, worüber sprechen sie nicht? Wie unterschiedlich gehen Frauen mit ähnlichen Situationen um? Welchen Einfluss haben die Gedanken auf das Leben? Wie erleben es Frauen und Männer, älter zu werden? Was brauchen sie, um glücklich zu sein? Was bedrückt sie? Wie motivieren sie sich? Welche Umwege braucht es, den eigenen Weg zu finden?

Dieses Buch handelt von Stärken und Schwächen, von Zweifeln und Suchen und lädt dazu ein, sich in Bezug zu setzen oder sich ein Stück weit darin wiederzufinden. Es sind Momentaufnahmen, die Entwicklungen mit allen Fehlern, die gemacht wurden, dokumentieren.

Außer beim Maler Rolf Möller wurden alle Namen geändert.

Martina Weiß

Mai 2018

Du mußt das Leben nicht verstehen

Du mußt das Leben nicht verstehen,
dann wird es werden wie ein Fest.
Und laß dir jeden Tag geschehen
so wie ein Kind im Weitergehen
von jedem Wehen
sich viele Blüten schenken läßt.

Sie aufzusammeln und zu sparen,
das kommt dem Kind nicht in den Sinn.
Es löst sie leise aus den Haaren,
drin sie so gern gefangen waren,
und hält den lieben jungen Jahren
nach neuen seine Hände hin.

Rainer Maria Rilke (1875-1926)

Mit 50 geht's los!
Amanda, geboren 1950

Das erste Interview im Jahr 2000
Amanda ist 50

Wie ich mich selbst beschreiben würde? Also, ich bin erstmal *fleißig*, 'ne richtige Arbeitsbiene, keene Königin! Nervlich 'n bisschen labil, ich lass mich schnell aus der Bahn bringen, also, diese Leichtigkeit, diese Härte hab ich nicht. Oft 'n bisschen verschnörkelt, müsste einfach viele Dinge weglassen und mich auf meine Urkraft besinnen. Mehr Vertrauen zu mir haben. Ick find mich nicht zu alt, also gesund; körperlich, und geistig, denk ich, bin ich auch gesund (lacht). Ick find mich tolerant, mütterlich. Manchmal wirk ich oberflächlich, ich hab einfach Konzentrationsschwierigkeiten: einer erzählt mir etwas, dann kommt ein Stichwort – und ich bin mit meinen Gedanken woanders!

Mein Mann sieht mich total quirlig. Wie sagt er: Ich bin ein Diktator! Immer so bestimmend, autoritär, ich muss alles planen! Ick find es auch richtig; bestimmte Dinge muss ich planen, weil, um mich herum ist ein Chaos! Auch ein räumliches Chaos, hab ständig mit Unordnung zu kämpfen. Aber ich glaub, die guten Seiten erwähnt mein Mann gar nicht. Denke schon, dass er mich mag, sonst würde er nicht mehr hier sein! Eine Bekannte hat neulich zu mir gesagt: Amanda, du hast 'ne Indianerkraft! – also irgendwas Ursprüngliches. Fand ich gut! Meine Mutter sagt, ich hab nie Zeit; meine Tochter sagt, ich bin manchmal kalt. Aber sie lässt das auch nicht so stehen, sie revidiert. Und was sagt mein Sohn? Na, ick bin *da*, die Mutter ist da – fertig! Für ihn zählt, ob die Sachen sauber sind oder ob das Essen auf dem Tisch steht (lacht)!

Eltern waren ungleiches Paar

Geboren bin ich 1950 in Sachsen. Unsere Familie hat dann in Dresden gelebt und ist später nach Berlin gezogen. Ich habe noch drei Geschwister – ich bin die Zweite.

Meine Eltern waren ein ziemlich ungleiches Paar. Mein Vater war ein Akademiker und meine Mutter hat im Krankenhaus reine gemacht. Also vom Stand her unterschiedlich, und so war auch die Erziehung. Bei meiner Mutter war alles sehr frei und locker. Sie hat ihr letztes Geld gegeben, und bei vier Kindern ist das Geld ja nicht so locker. Wenn sie Geld hatte und wir hatten einen Wunsch, hat sie uns den erfüllt, wenn es ging. Mein Vater war hingegen unheimlich streng und hat viel von uns verlangt. Wir mussten immer pünktlich da sein, wir mussten jeden Sonntag unsere Mappen auspacken und die Schulhefte zeigen. Dann gab es meistens ein Riesentheater, weil immer eine Vier oder Fünf dabei war oder es waren irgendwelche vergammelten Stullen in der Schultasche! Weil ich nie Brote gegessen habe – fand ich eklig, diese ollen Stullen! Und wenn ich wirklich in der Schule Probleme hatte, konnte er mir auch nicht helfen. Er war nämlich nicht da! Von sieben Tagen in der Woche war der vier Tage überhaupt nicht zu Hause. Letztendlich sind wir von der Mutter erzogen worden. Aber er hatte auch die andere Seite: wenn wir Freunde hatten und wir wollten weggehen, war er immer großzügig.

Mit noch drei Geschwistern ist es ziemlich aufregend. Wir haben schöne Geburtstagsfeiern gehabt, Weihnachten gefeiert, wie sich's gehört, wir hatten Gartenfeste. Wohnten in einem großen Haus mit Garten in Randberlin. Beide Eltern waren immer arbeiten, dadurch waren sie nie zu Hause – aber das war damals so üblich.

Als ich 16 war, trennten sich meine Eltern. Nein, es war nicht schwer für mich! Ich fand es logisch, sie passten ja überhaupt nicht zusammen. Sie haben sich ständig gezankt. Zusammen kamen sie durch den Krieg – meine Mutter stammt aus Rumänien, ihr Vater kam 1940 wegen der besseren Arbeit hierher und die Familie folgte ihm nach drei Jahren. Mein Vater hat sich immer qualifiziert; meine Mutter kam als Violinistin nach Deutschland, die hat also richtig schön Geige gespielt. Sie hätte schön weiter lernen können, war aber echt zu faul! Ihr reichte es, Putzfrau zu sein, war zufrieden mit ihrer Arbeit und fand es gut, dass mein Vater sich weiterqualifizierte. Im Haushalt hat er nie etwas gemacht.

Und jetzt fällt mir ein: wir mussten *nie* etwas im Haushalt machen, das hat alles unsere Mutter gemacht! Heute sagt sie zu meinem Sohn, er könnte ja mal sein Zimmer aufräumen oder mir helfen. Ich räume da einfach nicht mehr auf; bei meiner Tochter hab ich das immer gemacht – so wie meine Mutter das bei uns getan hat. Irgendwie setzt sich das immer fort. Wenn ich jetzt in ihren Haushalt komme, da ist alles top! Und ich bilde mir ein, bei meinem Sohn läuft das später auch, obwohl es jetzt wie Kraut und Rüben bei ihm aussieht, wirklich schlimm!

Völlig gegen meine Interessen

Manchmal sage ich mir, die Eltern hätten mich viel mehr anhalten müssen zu bestimmten Dingen. Ich war schon mit vier Jahren beim Ballett und musste mit dem Tanzen aufhören, weil wir umgezogen sind. Hätte so gerne weitergetanzt, aber da hat sich keiner drum gekümmert, und mit sechs bist du einfach zu klein, um den Anschub allein hinzukriegen. Da hat was gefehlt! Mein Vater wollte dann, dass ich 'ne Sportlerin werde und hat mich zur Sportschule geschickt, aber das war völlig gegen meine Interessen, das hab ich so ungern gemacht! Furchtbar, die waren so ehrgeizig! Aber ab einem gewissen Alter bist du für dich selbst zuständig, und mit 14 hab ich mir ganz fest vorgenommen: du gehst von dieser Sportschule weg! Jeden Tag vier Stunden trainieren und Wettkämpfe, es war richtiger Stress für mich als Kind! Glücklicher- oder unglücklicherweise hatte ich dann einen Unfall: jemand ist mir vom Sprungturm auf den Kopf gesprungen; ja, das klingt lustig oder nicht lustig! Diesen Unfall habe ich aber benutzt, um aus diesem Schwimmen rauszukommen, was sonst nicht einfach gewesen wäre, wenn man mittelmäßig oder besser war. Mit 14 hab ich nochmal angefangen zu tanzen, aber da kamen dann die Jungs dazwischen, da war es schon zu spät!

Ein junger Mann kam dazwischen

1966 hatte ich die mittlere Reife und da ich nicht wusste, was ich machen sollte, schlug mir mein Vater vor, Fotojournalismus zu studieren, fand ich gar nicht so schlecht. Da ich kein Abitur hatte, musste ich den Facharbeiter haben. Hab ich auch brav gemacht, lernte Fernschreiberin beim Nachrichtendienst, war anschließend zur Aufnahmeprüfung in Leipzig, hab sie auch bestanden. Das Studium habe ich trotzdem nicht begonnen, weil ein junger Mann dazwischen kam. Wir hatten damals schon eine Wohnung, da war ich 18, und waren sehr verliebt. Da hab ich mir gesagt: nee, Mensch, nach Leipzig gehen? Ihn verlassen? Wollte ich nicht – und hab das Studium erstmal sausen lassen.

Ein Jahr später begann ich, in Meißen bildende Kunst zu studieren; das war auch weit weg, aber wir waren schon ein Jahr länger zusammen. Dann war auch Elisa schon da, die 1970 geboren wurde. Habe meine vier Jahre studiert und habe unheimlich gerne gelernt. Es war ein Fernstudium, ich musste nebenbei noch arbeiten, in einem Kino, später in der Kulturabteilung in Bernau und dann im Kulturbund in der Bezirksleitung in Berlin. Dort haben wir u.a. kleine Galerien gebildet; die Sache hat mir am meisten Spaß gemacht. Weiter ging es in einem Kulturzentrum; dort kümmerte ich mich nur um Ausstellungen, da konnte ich endlich richtig Kultur machen!

Alle paar Jahre was Neues machen

Irgendwann hatte ich die Schnauze so voll von dieser Funktionärstätigkeit, und obwohl ich sehr gutes Geld verdient habe – 800 Mark waren zu DDR-Zeiten sehr viel – konnte ich diese Bevormundung der Kreissekretäre und das ewige Statistiken-Schreiben nicht mehr ertragen.

Bin dann ganz bockig und provokativ in die Fabrik gegangen und hab dort als Kranfahrerin gearbeitet – hat mir unheimlich viel Spaß gemacht! Ich bin mit so einem Brückenkran gefahren und habe alle meine Bücher auf diesem Kran gelesen. Bin über all diese vielen Männer drüber weggefahren und habe sie bedient. Oftmals waren es ja junge Männer, habe sie mir bewusst angeschaut und gedacht: der Beruf eines Arbeiters ist eigentlich ein schöner Beruf für einen Mann! Das hab ich zwei Jahre gemacht; mein Studium war inzwischen abgeschlossen.

Die Großbetriebe konnten sich damals einen Kulturobmann leisten und der in dem Betrieb, wo ich Kranführerin war, ging weg. So konnte ich seine Stelle übernehmen und hab das drei Jahre lang gemacht. Ich begann, Zirkel zu organisieren für Zeichnen und für Keramik. Das war meine erste Berührung mit der Keramik.

Da ich jung war, wollte ich alle drei bis fünf Jahre was Neues machen; so ging ich in einen Jugendclub, um dort auch wieder Arbeitsgemeinschaften zu bilden, auch eine richtig große AG Keramik. Wir fanden eine Keramikerin, welche die Zirkelmitglieder in ihre Werkstatt hereinließ, und so fuhren wir dreimal in der Woche dorthin. In der Werkstatt hab ich gemerkt: das macht Spaß, du kannst deine Phantasie walten lassen!

Als Frau steckst du ja zurück!

Dazwischen gab es noch einige persönliche Dinge. Ich hab ja 1969 geheiratet; 1974 war ich geschieden.

Ach, weißte, wir waren so jung! Ich war 19, er 22, und kurz danach ist Elisa geboren. Wir waren unheimlich glücklich und verliebt, haben viel gefeiert, waren immer irgendwo unterwegs, mit Freunden zusammen. Nach Elisas Geburt musste einer zurückstecken. Da steckst du ja als Frau zurück!

Später haben wir uns ein Haus gekauft, so 'ne olle Klitsche, da ging der Stress eigentlich los! Haben viel gearbeitet und weiter gefeiert. Hatten kein Geld, mussten immer pö-a-pö sparen, bauen, arbeiten, und haben versucht, trotzdem am Wochenende mit den Freunden zusammen zu sein. Und das war Stress! Elisa kam früh um sechs – die Belastung war einfach zu groß!

Du weißt ja gar nicht, was da kommt, wenn du dir so 'n Haus kaufst und hast ein Kind, hast ein Fernstudium, musst arbeiten. Und dann gibt es Probleme, die du klären musst und kannst sie nicht klären! Nach vier Jahren hab ich es aufgegeben, dachte: das schaffst du alles nicht mehr, immer diese Auseinandersetzungen mit dem Mann, das Haus, jedes Wochenende arbeiten …

Du nimmst dir einfach dein Kind und ziehst in eine kleine, überschaubare Wohnung, wo du diesen ganzen Stress mit den Freunden deines Mannes nicht hast! Um zehn ging das schon los bis nachts um zwölf; immer waren Freunde da, dann waren sie mal angeln, Schlittschuhfahren, Skat spielen ... ist ja alles toll, aber nicht mehr mit der Ehefrau und dem Kind! Und er hat sich auch nie richtig um seine Tochter gekümmert.

Hab aber gemerkt, dass wir noch ziemlich aneinander hängen; wir kannten uns seit der frühen Jugend, und das bindet! Haben uns noch oft getroffen, nachdem wir geschieden waren und sagten uns: wir leben erstmal getrennt – irgendwann kommen wir wieder zusammen. Aber das ist Quatsch! Wenn der Krug erstmal zerbrochen ist …

Ja, Elisa kennt ihren Vater, hat aber kaum Kontakt. Er hat sich immer bemüht, aber mehr um mich, das ging noch ziemlich lange so. Im Nachhinein muss ich sagen: er war ein lieber, guter Mensch. Doch wir hatten keine Ahnung, was uns erwartet, waren einfach zu jung!

Leben und arbeiten auf dem Land

So habe ich mit Elisa alleine gelebt, was schwierig wurde, weil im Jugendclub oft Nachtarbeit angesagt war. Also brauchte ich eine geregelte Arbeitszeit. Durch meine Arbeit hatte ich einen Töpfer im Prenzlauer Berg kennengelernt, bei ihm fing ich an zu arbeiten, richtig von der Pike auf: Ton zubereiten, auch richtig dreckige Arbeiten, was mir sehr viel Spaß gemacht hat. Nach einem halben Jahr riet er mir, mich um eine Qualifikation zu kümmern.

Also machte ich meinen Facharbeiterbrief über die Erwachsenenqualifizierung, hab mir nebenbei schon eine kleine Werkstatt aufgebaut und selbstständig gearbeitet. Ein Schlosser fertigte mir die Töpferscheibe an und baute mir den Ofen. Glasuren durften nur diejenigen kaufen, die ein Gewerbe hatten, Künstler waren oder Leute, die Zirkel hatten. Also übernahm ich einen Zirkel an einer Schule, um an das Material heranzukommen – ganz einfach!

Mit Elisa wollte ich schon lange auf's Land ziehen. Eigentlich war ich nie so ein Stadtmensch – ich gehe zwar gerne ins Kino und ins Theater und hab gerne viele Leute um mich herum, aber leben und arbeiten wollte ich schon immer auf dem Land. Da ich in der Keramik, wie alle anderen auch, gut verdient habe, konnte ich mir das leisten. Du musstest auf dem Lande ja immer eine Arbeit nachweisen. In der Uckermark haben wir uns viele Häuser angesehen und eins war ganz toll, war auch frei. Der Bürgermeister hat sofort *ja* gesagt und fand das toll, dass da eine Töpferei entstehen sollte. Es war wunderschön am See gelegen. Elisa wurde dort eingeschult. Wir konnten in dem Haus zur Miete wohnen; ich hab es aber hergerichtet mit Zentralheizung, Fenstern, hab 'n paar Wände rausgenommen und die Werkstatt eingerichtet.

Vier Jahre haben wir beide sehr schön gelebt und haben gesagt: das ist nun endlich unsere letzte Station! Wir sind seit Elisas Geburt so fünf- bis sechsmal umgezogen! Ich denke mal, sie hat es getragen, sie war ein ganz unkompliziertes Kind.

Irgendwo ist in dir solche Sehnsucht nach einem Partner

In dieser Zeit hab ich meinen Meister gemacht und hatte meine ersten Ausstellungen. Damals war das außergewöhnlich: eine relativ junge Frau, Töpferin, wohnt alleinstehend auf dem Dorf … deshalb kamen Presseleute in unser Haus, und so erschien hier in der Ostsee-Zeitung ein Artikel über mich – und den hat *Rüdiger* gelesen! Rüdiger hat sich sonst nur *um den Kirchturm* 'rum bewegt; er hat mir auf den Artikel hin geschrieben und mich besucht. Er wollte nur ein Wochenende bleiben und blieb eine ganze Woche! Stimmt, ich hab mich gleich in ihn verliebt: er kam an mit seinem Seemannspullover und Jeans und war ganz locker.

Guck mal, ich war drei Jahre alleine, hab viele Freunde gehabt, die kamen und gingen. Irgendwo ist in dir solche Sehnsucht nach einem Partner. Ich kam zwar klar mit Elisa, mit der Erziehung sowieso, auch mit dem Haus; aber für 's Herz und für die Seele und überhaupt, alles immer alleine machen …

Auch dich freuen alleine macht überhaupt keinen Spaß. Es war eigentlich schon immer mein Ziel, eine Familie zu haben. Also, alleine leben wollte ich nie, das hat sich einfach so ergeben, es war keiner da, mit dem ich leben konnte – also haben wir alleine gelebt. Rüdiger hat mich nach einer Woche schon gefragt, ob ich ihn heiraten will! Da hab ich gesagt: Ich bin keine Frau zum Heiraten! Zumal ich schon zweimal verheiratet war!

Ach ja: der Zweite war ein Fotograf, in den ich mich verliebt hatte – der wollte mich sofort heiraten. Und irgendwie hab ich mich wegschnappen lassen von dem! Ich dachte mir: naja, du hast dich beim ersten Mal geirrt, jetzt klappt es bestimmt! Dann war's aber ganz schlimm, das hat schon nach vier Wochen ganz böse geendet und wir haben uns gleich scheiden lassen.

Rüdiger und ich haben dann doch relativ schnell geheiratet, waren glücklich und sind es auch heute noch.

Oftmals folgt die Frau dem Mann – das ist so!

Ein halbes Jahr hab ich mit mir gehadert, weil ich wusste: er will nicht zu mir ziehen. Er war damals schon selbstständig und hatte eine Firma in Mecklenburg. Eigentlich wollte ich in der Uckermark bleiben. Aber, naja, oftmals folgt die Frau dem Manne – das ist so! Meine Freunde sagten damals: Mensch, du hast dir hier was aufgebaut; warum gehst du weg?

Ja, stimmt, aber ich bin nicht so ein Mensch, der unbedingt klebt an Haus und Scholle. Ich könnte sogar heute nochmal weggehen, bin immer offen für Dinge, von denen ich weiß, dass sie mir gut tun. Und Mecklenburg hat mir damals schon gefallen; ich hätte beinahe einen Kulturjob bekommen an einer Hochschule, aber dort gab es keine Wohnung. Rüdiger hatte hier im Dorf seine *Ruine*; darin sah ich auch meine Chance, mitzugestalten und nochmal von vorn anzufangen. Die Kraft dazu hatte ich und ich war ganz doll verliebt – da war ich 34. Elisa wollte auch wegziehen; sie war in ihrer Dorfschule so unzufrieden, da gab es große Probleme mit den Lehrern. So waren wir beiden Weiber uns einig. Elisa war damals 14 – ein großes Mädchen. Und dann war es doch sehr schwierig: wir waren gewohnt, alleine zu entscheiden, und auf einmal kommt da so ein Mann und will uns was vorschreiben! Es gab ganz große Probleme, die ich vorher nicht einschätzen konnte.

Bester Vater – und Spannungen

Ich wollte eigentlich schon immer noch ein Kind, weil ich immer diese Idee hatte von einer Familie. Rüdiger wollte kein Kind – ich wollte. So hab ich mich durchgesetzt und Jan wurde geboren. Als das Kind dann da war – wie das immer so ist – ist er der beste Vater, den man sich vorstellen kann! So etwas habe ich noch nie kennengelernt. In meiner Familie hab ich keine guten Väter erlebt. Ich hab mich immer nach einem guten Vater und reifen Partner gesehnt. Die jungen Männer haben mich überhaupt nicht interessiert.

Die Spannungen zwischen meinem Mann und meiner Tochter wurden immer größer. Ich hab versucht, zu vermitteln, aber: du machst dich kaputt, weil du nicht vermitteln kannst! Wenn die Einsicht von dem Vater nicht kommt, ist es ganz schwierig. Dem Kind kannst du diese Vermittlung nicht abverlangen, es ist damit total überfordert. Ich war froh, dass sie außerhalb von Wismar gelernt hat, und mit 17 suchte sie sich in Berlin eine Wohnung – halb aus Gnatz, aber auch, weil sie wieder nach Berlin wollte; das Landleben hat ihr gereicht.

Also bin ich erstmal durch Europa gereist

Eigentlich habe ich immer gearbeitet. Bin mit meiner Werkstatt übergesiedelt und hab gleich in Wismar mein Gewerbe angemeldet. Als Jan noch klein war, musste ich mich teilen, konnte mich nicht total auf die Arbeit konzentrieren, musste mich auch ums Kind kümmern.

Wir haben einen großen Garten, worin ich sehr gerne was mache – ich könnte auch Landschaftsgestalter werden! Mindestens genauso gerne würde ich Wohnungen, Häuser und alte Sachen gestalten!

Dann kam die Wende, hab noch ein Jahr mit der Töpferei durchge-halten, bis ich merkte: hier läuft überhaupt nichts! Eigentlich könn-test du nach 13 Jahren mal mit der Töpferei aufhören! War auch mit Familie, Kind, Problemen ein bisschen groggy und sagte mir: Mensch, gönn dir mal 'ne Pause! Die Grenzen waren offen – also bin ich erstmal gereist durch ganz Europa. Viel mit Jan, weniger mit seinem Vater, weil es immer ganz schwer ist, ihn überhaupt wegzukriegen. Ich musste ihn auch nicht dabeihaben – reise sowie-so viel lieber alleine. War 'ne schöne Zeit!

Später habe ich eine Weiterbildung gemacht auf sozialpädagogi-scher Strecke. Die Arbeit mit Kindern und Jugendlichen ging auch wieder über die Keramik, aber die menschliche Seite hat mich auch sehr interessiert.

Jetzt fange ich wieder an, meine Keramik zu machen. Die Kin-der sind groß, du bist fast 50 und sagst dir: du hast noch zehn Jahre bis zur Rente, jetzt kannst du endlich das machen, was du schon immer wolltest! So lange dauert das manchmal, bis du irgendwo ankommst!

Am glücklichsten bin ich, wenn ich mit meinem Enkel zusam-men bin und wenn meine Tochter Zeit für mich hat.

'99 war eines meiner schönsten Erlebnisse das Rolling-Stones-Konzert (lacht)!

Das zweite Interview im Jahr 2001

Teamarbeit ist 'ne tolle Sache

Im November bin ich erneut als Töpferin selbstständig geworden. Ich arbeite an meiner Keramik und versuche, sie gut zu machen. Hab mir vorgenommen, weniger zu arbeiten, um besser zu arbeiten, weil ich mir viele spannende Sachen vorgenommen habe. Will mit Metall und Porzellan was machen und auch Rauchbrände –

aber das dauert! Man muss sich Bücher besorgen, probieren, gucken, wie andere das machen …

Letztes Jahr war ich bei einem Freibrand-Seminar, das war ganz wichtig für mich: sehr viele junge Leute aus allen Ecken Deutschlands. Das ist gerade wichtig für jemanden, der auf dem Dorf arbeitet, zu sehen: was machen die anderen! Und Teamarbeit bist du ja als Freiberufler nicht gewohnt, man fummelt so vor sich selbst hin. Sicher kommen viele Besucher, die sagen: schön oder nicht so schön, aber du hast kein richtiges Feedback. Teamarbeit ist 'ne tolle Sache, die wir als DDR-Kinder auch nicht kennengelernt haben. Erstmal haben wir alle zusammen den Ofen gebaut, von früh bis Mitternacht, mussten unter schlechten Bedingungen arbeiten. Ja, die Arbeit wird immer spannender, und je mehr du weißt, desto komplizierter wird es auch.

Das ist schon mein Leben, auf jeden Fall! Aber ich will auch weg von der Serie und weg vom Druck – hoffe, dass nie einer kommt und sagt: So, ich will jetzt 50 Tassen haben! Gut, ich verdiene damit 500 D-Mark, aber du kennst mich doch, ich kann so schlecht *nein* sagen (lacht)! Will einfach mehr experimentieren und werde sicher wenig Geld verdienen, denn Sachen, die wirklich gut sind, die verkaufst du auch schlecht. Obwohl ich auch gute Dinge machen will, die zu verkaufen sind, zum Beispiel diese Klangspiele.

'ne ganz stille Sache ist dazu gekommen

Mein Alltag, was ich so den ganzen Tag mache? Um sechs aufstehen, Frühstück machen für Jan, obwohl er schon fünfzehn ist! Aber ich mach das gerne und genieße das. Er geht zur Schule und ich mach in einer Stunde meinen Haushalt. Manchmal mach ich Sport, jogge mit meinem Hund los. Neuerdings ist Yoga dazugekommen, das bringt mir richtig Entspannung. Es ist 'ne ganz stille Sache, du rackerst dich nicht so ab, du tust innerhalb von

20 Minuten was für deinen Körper. So, dann bin ich so um neun in der Werkstatt, arbeite bis genau viertel drei, weil da Jan aus der Schule kommt, dann koche ich was Warmes für uns. Mache Schularbeiten mit ihm, telefoniere, mache Bürokram oder fahre mal schnell in die Schwimmhalle. Halb fünf kommt Rüdiger, da trinken wir meistens Tee, quackeln über den Tag.

Im Sommer bin ich von fünf bis sieben draußen, das ist so meine Gartenarbeitszeit. Schlafen tue ich relativ spät, gehe zwar schon um zehn ins Bett, aber lese unheimlich gerne, so bis zwölf, eins. Ich bemühe mich, früh Abendbrot zu essen, weil ich sonst nicht durchschlafen kann.

Am Wochenende sind wir viel unterwegs, im Wald, viel spazieren, manchmal Radfahren oder mit dem Auto rumfahren. Bin auch viel in Berlin bei meiner Familie. Oder gehe mal ins Kino; Theater gibt es ja leider fast nicht mehr in der nächsten Kleinstadt. Ooch mal 'n bisschen Fernsehen gucken im Winter …

Unheimlich anstrengend – aber auch unheimlich schön!

Rüdiger … Rüdiger ist schon wichtig. Was soll ich sagen? Rüdiger *liebe* ich, mit ihm hab ich viele gemeinsame Sachen erlebt und gemacht, wir haben viel Streit miteinander, wir haben viel Liebe miteinander …

Ja, weißt du, es ist ganz schwer zu sagen! Er ist ja ein Mensch mit seinen ganzen Widersprüchen. Es ist viel Arbeit, ja, viel Arbeit! Unheimlich anstrengend, aber auch unheimlich schön! So dass man es nicht missen möchte. Ich liebe die Auseinandersetzung mit ihm, die er nicht so liebt – er will sich ja nie mit irgendwelchen Sachen auseinandersetzen. Er hat immer so die Erwartung: eine Ehe muss total harmonisch verlaufen! Und ich bin der Meinung: man *muss* sich immer wieder auseinandersetzen!

Rüdiger spricht oft von seinen Eltern, die immer in Harmonie miteinander gelebt haben, er meint, die haben sich nie gestritten.

Kann ja sein, vielleicht gibt es solche Ehen! Vielleicht hat er auch vieles vergessen oder nicht bemerkt. Denke auch, dass man mehr Konflikte zwischen Vater und Mutter mehr vor Jungs versteckt als vor Mädchen. Jungs haben ganz andere Sachen, um sich auszutoben.

Wenn da ein Problem ist, dann kann man darüber reden!

Und wenn du als Junge nach Hause kommst, muss eben totale Harmonie sein. So war 's bei ihm, und so stellt er sich das vor. Süß, richtig niedlich! Und deshalb lieb ich ihn auch so, weil er so süß ist (lacht)! Wir haben und hatten schon große Auseinandersetzungen, und ich spüre da den geografischen Unterschied.

Er ist Mecklenburger und ich bin südlich gelegener; auch bin ich in einer Familie groß geworden, die sich aus vielen Nationalitäten zusammensetzt. Und in dieser Familie sind Auseinandersetzungen an der Tagesordnung gewesen; sicher völlig falsch ausgetragen, denn meine Eltern haben sich richtig laut angeschrien, so dass es für uns Kinder unerträglich war. Das will man natürlich in der eigenen Ehe nicht wiederholen, aber es rutscht dir manchmal so raus, oder wir sind bockig miteinander. So 'n Bock ist was Schlimmes!

Nicht reden wollen ist wirklich was Schlimmes! Und wenn Jan dabei ist, bemühe ich mich, zu sagen: Du, pass mal uff, wenn da ein Problem ist, *dann kann man darüber reden!* Oder man *muss* darüber reden! Damit er nicht einfach mitkriegt, dass man sich einfach bockig wegdreht, sondern das Thema wirklich angeht!

Ich kann wirklich machen, was ich will

Es ist schwer, auf Anhieb zu sagen, was mich aus der Bahn wirft, weil man das Böse verdrängt. Naja, wo ich wirklich traurig bin: wenn's mit Rüdiger nicht klappt, wenn er nicht einsieht, dass man

24

über eine Sache diskutieren muss! Oder: der Alltag! Immer wieder bin *ich* diejenige, die Farbe in den Alltag bringen muss, die aktiv sein muss. Rüdiger meint: er braucht keine Farben, das ist doch gut genug so. Ich finde aber, das kann gar nicht farbig genug sein! Die Familie macht mich manchmal ganz schön fertig!

Dann fragste dich: warum machste das eigentlich? Dann ... dann willste eigentlich überhaupt keine Familie mehr haben und denkst: bloß weg hier, wieder allein sein! So. Dann wird aber ganz schnell relativiert: so ein Quatsch, sag ich mir dann, du hast es hier so gut, du kannst mit deiner Hände Arbeit Geld verdienen, kannst arbeiten, wie du willst, du hast 'nen Mann, der dich auch machen lässt, was du willst! *Ich kann wirklich machen, was ich will!* Das können bestimmt nicht so viele sagen, ne.

Und wenn ich mal so ein Tief habe, liegt es auch an mir selber; man muss sich immer wieder selbst hochreißen. Manchmal gibst du einfach anderen die Schuld, dass du dich nicht hochreißen kannst und denkst: die sind alle so böse und gemein zu dir! Dabei *kann* dir da keiner helfen! Also, wenn ich mir das alles bewusst mache, sag ich mir: Schnauze halten, beschwer dich nicht! Oftmals liegt es an der eigenen Unfähigkeit, sich Freiheiten zu nehmen. Da ist ja immer dieses schlechte Gewissen – so ein Quatsch! Sicher hat das ganz viel mit der Kindheit zu tun.

Du brauchst jemanden, mit dem du reden kannst

Bei so kleinen Missstimmungen mache ich mir Musik an und tanze, oder ich rufe meine Tochter an oder meine Mami ... oder ich knall mich auf mein Fahrrad und fahre los, das hilft auch! Freunde sind auch wichtig, wenn's dir mal nicht gut geht, wenn du dich mal wieder mit deinem Mann gestritten hast (lacht).

So 'ne Ehe zu gestalten, ist manchmal schwierig, und da brauchst du immer mal jemanden, mit dem du reden kannst. Du merkst aber: mit dem und dem kannst du gar nicht reden; das wäre schon wichtig, dass da einfach mal jemand zuhört. Schön find ich's, wenn mal jemand anruft und fragt, wie's mir geht.

Freundschaften sind aber auch zu pflegen, von beiden Seiten. Und ich bin so eine, die sich oftmals vergräbt und zu träge ist, mal zu jemandem hinzufahren. Im Urlaub fällt einem das ein, dann schreibt man schnell Karten …

Das Recht, die Vaterrolle voll zu übernehmen

Ja, unser Sohn! Also, Rüdiger spielt die Hauptrolle im Punkte Erziehung! Und ich muss dir sagen: ich genieße das! Ich lass ihm freie Hand, lege auch manchmal mein Veto ein, weil ich eben viele Dinge anders machen würde. Ich denke, dass er das Recht hat, die Vaterrolle und die Verantwortung voll zu übernehmen.

Bei den Hausaufgaben schiebe ich Rüdiger auch Dinge zu, die er besser kann. Aber beim Großteil Schulkram hab ich das Ruder an mich gerissen – und es macht mir Spaß!

Abgesehen von der Schule lasse ich Jan viele Freiheiten; er kann jeden Tag so bestimmen, wie er es will, er muss nur am Wochenende spätestens um halb zwölf zu Hause sein. Natürlich gucke ich ein bisschen, was er für Freunde hat, ohne ein Urteil darüber abzugeben. Auf keinen Fall erziehen wir ihn antiautoritär. Er muss seinen Soll bringen, und das ist die Schule, und das ist ja schon 'ne ganze Menge!

Mit häuslichen Arbeiten lass ich ihn in Ruhe. Er muss sein Sport-Motorrad in Ordnung halten und pflegen, oder mit Papa reparieren, das macht er schon. Er kann seiner Wege gehen, er muss auch nicht, wenn er nicht will, zur Oma fahren oder ins Ferienlager. Irgendwo hat er ein Defizit, er ist nie gerne irgendwohin gefahren, fand es zu Hause und im Dorf immer ganz toll! Einmal in der Woche macht er, schon seit sechs Jahren, sein Karate. Ansonsten erziehen wir ihn ohne viel Druck!

Die beiden Geschwister sind ja 15 Jahre auseinander; Elisa hab ich mit mehr Druck erzogen. Hab sehr viel von ihr verlangt, ohne richtig da zu sein. Du kannst ja auch viel verlangen, wenn du da bist und viel Liebe gibst. Bei ihr war das ein bisschen anders: wenig Zeit, es musste alles klappen!

Das Schönste im letzten Jahr war der Urlaub, über Weihnachten waren wir drei auf Gomera, das war 'ne richtige Entdeckung. Elisa und ihr Sohn kamen noch dazu. Es war so, wie man sich das immer erträumt hat: Palmen und Meer und Wärme, wenig Leute und Ruhe. Wenn überhaupt Leute, dann interessante Leute, mit denen du auch sprechen konntest.

Die Spanier sind sehr freundlich: wenn man feiert, tanzt, dann lacht man sich an ... Sie sitzen nie alleine, sondern immer an Zehner-Tischen!

Das dritte Interview im Jahr 2002

Schön spontan, das passt zu mir!

Weniger arbeiten – besser arbeiten! Ja, ich hab angefangen damit, mit Porzellan und Metall zu arbeiten, das zieht sich über viele Monate hin. So'n Impuls für Rauchbrandkeramik und Porzellan hab ich ja in Österreich bekommen.

Ich war dort zur Weiterbildung, wir waren acht Frauen und haben jeden Tag bis zehn Stunden gearbeitet, es war 'ne unheimlich intensive Woche! Arbeitsreich, fröhlich waren wir; haben auch abends zusammen gegessen und was getrunken und uns ausgetauscht ... Die Altersunterschiede waren zum Teil sehr groß, was ich als sehr positiv empfunden habe. Und ich habe gesehen, dass Frauen mit über 60 angefangen haben, sich mit Keramik zu beschäftigen – und dann denkst du – etwas jünger: ach, du hast noch so viel Zeit, bleib schön ruhig!

Ja, man bekommt auch diese gewisse Ruhe mit, weil viele an Problemen arbeiten und herumdoktern, und letzten Endes sind die ooch nicht alle besser! Oftmals hat es nichts mit Geld verdienen zu tun, ne! Ja, das war für mich ein ganz großer Impuls! Da fühl ich mich auch ganz wohl, dass wir uns so angenommen haben und uns so akzeptierten, wie wir sind.

Es gibt ja viele Bücher, und letztendlich haben wir auch nach den Büchern gearbeitet, die ich zu Hause schon gelesen hatte. Weißt du, das ist immer schwierig, du hast einen Wust an Angeboten, und da jetzt das Richtige rauszufinden, ist schon sehr schwierig!

Nach Österreich hab ich gleich 'nen Freibrandofen gebaut und angefangen, Rauchbrandkeramik zu machen. Die ist zwar ganz schlecht zu verkaufen, aber mir macht's eben Spaß. Ich will das noch erweitern und vielleicht mehr Farbe reinbringen, weil sich das besser verkaufen lässt. Dann hab ich im letzten Jahr nochmal die Rakutechnik aufgegriffen; hab mir auch 'nen Rakuofen gekauft — sowas ist natürlich immer wieder ein irres Erlebnis!

Schön spontan; ich denke auch, das passt zu mir, dieses Spontane, dieses nicht vorher Kalkulieren und Berechnen. Das ist ganz Zufall, aber etwas versuchen, auch den Zufall ein bisschen zu steuern, das ist so mein Ziel.

Also, ich nehm ganz viele verschiedene Materialien: Seegras, Salz, Rohr, Metall, alles, was hier so rumliegt, ne, auch Kuhmist und Blätter und Holz sowieso! Das tu ich in diesen Rauchbrand mit hinein und dann entstehen immer bestimmte Effekte. Das ist erstmal schön, aber du kannst es nicht wiederholen, und das ist das Problem! Und deshalb muss ich lernen, 'n bisschen systematischer zu arbeiten (lacht)!

Letztes Jahr war ich schon selbstständig. Das Schild an der Straße hab ich als verkaufsstrategische Maßnahme wegen der Leute. Seitdem kommen mehr Leute hierher.

Du willst deine Grenzen erfahren, mehr von dir wissen, dich entwickeln

Yoga? Eigentlich hab ich angefangen, weil meine Tochter das gemacht hat, und sie gesagt hat: Mutti, das musst du auch mal probieren, das ist genau was für dich! Und letztes Jahr im Urlaub haben wir beide damit angefangen, Yoga zu machen. Jetzt bin ich ein Jahr dabei und es tut mir einfach gut! Ich versuch's jeden Tag zu machen und besuche einen Kurs – es ist immer mal gut, zu überprüfen, ob deine Haltungen richtig sind, denn allein kannst du dich ja nicht so richtig sehen. Aber ansonsten ist es 'ne Sache, die du ganz für dich alleine machen solltest, weil, es hat ja was mit Konzentration zu tun, mit Meditation auch, mit Atmung …

Eigentlich geht's darum, rauszukriegen: wo sind deine Grenzen? Und diese Grenze musst du ein bisschen überschreiten, aber nur so, dass du dich nicht überarbeitest. Ich mach's immer so 18.00 Uhr, so vor dem Abendbrot, eine bis anderthalb Stunden. Wenn du es wirklich gerne machst, vergeht die Zeit total schnell. Über die Philosophie des Buddhismus bin ich dazu gekommen; hätte schon viel früher damit anfangen sollen, aber zu DDR-Zeiten gab's ja keine Literatur darüber. Es ist so 'ne Art Geisteshaltung: du willst deine Grenzen erfahren, du willst mehr von dir wissen, du willst dich entwickeln … weil ich ja auch meine Kinder entwickeln will; du willst ja was weitergeben – das ist es! Ich red schon wieder so viel (lacht)!

Sie sind kerngesund – das ist nur ein Leistenbruch

Ja, ich hab eine Operation hinter mir, und ich hab mir gesagt: wenn du dich überhaupt operieren lässt, dann in der hässlichen Winterzeit! Ich hatte einen Leistenbruch, und der Arzt hat mir geraten, das bald machen zu lassen. Also, ich nehme an, ich hab zu schwer geschleppt, dadurch ist ein Leistenbruch verursacht worden.

Ich hab das überhaupt nicht gemerkt, hab nur eines Tages eine Beule gesehen am Oberschenkel. Bin damit zum Frauenarzt gegangen, der sagte: nö, sie sind kerngesund; das ist ein Leistenbruch. – Na, wunderbar! Und was mach ich damit? Ja, man kann es so lassen, aber wenn die Beschwerden zunehmen, gerade, wenn du Sport machst, dann sollte man das operieren lassen. Dann hab ich mich ganz schnell entschlossen und bin ins Krankenhaus gegangen!

Aber nun dauert es schon vier Wochen, ich kann also noch nicht arbeiten! Aber mein Fazit daraus: ich hab mir vorgenommen, weniger zu schleppen. Du, ich hab mir 'ne große Kette umgehängt, und immer, wenn ich mich bücke und was anheben will, fällt mir die Kette vor die Hände (lacht laut)! Und dann denke ich: ah, halt! Du, im Krankenhaus hab ich mich richtig wohlgefühlt! Ich hab 'ne sehr angenehme Bettnachbarin gehabt, eine alte Dame von 68, die hatte das Gleiche wie ich. Wir haben uns wunderbar unterhalten! Ich kam nach der Woche völlig ausgeruht nach Hause. Die Elisa kam gleich aus Berlin und sagte: Mutti, du sahst ja noch nie so gut aus, wie jetzt! – Danke! (lacht)

Immer sind es die schulischen Leistungen

Wenn die Kinder nicht so werden, wie du dir das vorstellst, das ist immer so mein Ärger. Das ist es eben: das Negative bezieht sich immer auf die Kinder – weniger auf die Männer; es sind meistens die Kinder, wo du Sorgen hast! Jan ist ein Spätentwickler, er ist immer hintendran … Die anderen haben alle schon Freundinnen …

Du, ich bin darüber nicht traurig, und ich denke mal: so lange wie möglich den Kopf nicht über Mädchen zerbrechen, denn ich find immer, die Jungs leiden da besonders, wenn die so 15, 16, 17 sind. Also, mit Jan haben wir eigentlich überhaupt keine Probleme. Es sind die schulischen Leistungen, immer. Ansonsten ist das ein lieber, netter Junge und man ist ja schon zufrieden, wenn sie nicht rauchen, nicht trinken …

Er ist sehr kameradschaftlich, sehr darauf bedacht, dass man jedem Menschen immer helfen muss, das ist bei ihm so drin. Vielleicht hat er's auch von Rüdiger, denn der hilft auch immer, wenn irgendwas ist. Oder wenn wir durch die Straßen gehen und da ist ein Bettler: also, der würde nie an einem Bettler vorbeigehen oder was Abfälliges sagen!

Ich würde mir natürlich wünschen, dass er sich mehr Gedanken macht mit seinen 16 Jahren, aber das kannste nicht erzwingen.

Doch, ich mach immer noch Schularbeiten mit ihm (lacht)! Aber es wird immer weniger! Ich hab's ja immer gesagt: es macht mir eigentlich Spaß. Aber: es hat so gut wie *nichts* gebracht (lacht)! Außer dass *ich* 'ne Menge gelernt hab, den Satz des Pythagoras und so! Und Englisch und Erörterungen … es ist ja in jedem Fach praktisch! Wenn ich's nicht gemacht hätte, dann wäre er vielleicht sitzen geblieben in irgendeiner Klasse – vielleicht hätte es ihm besser getan! Oder er wäre dann Hauptschüler geworden und hätte vielleicht ein gutes Hauptschulzeugnis bekommen. Aber ich hab ihn so richtig gezwungen und er hat sich nicht gewehrt; ich hab immer 'ne Stunde mit ihm geübt, und dann war gut. Danach wusste er aber auch: er hat frei! Und um den Preis hat er mitgemacht – wahrscheinlich! Er geht in die 10. Klasse und hat bald Prüfungen. Jan hat sich bei der Post beworben, da wollte er sowieso hin, weil sein Kumpel da ist, und weil man sehr viel Geld als Lehrling schon bekommt – die fangen schon mit 1.200 D-Mark an im ersten Lehrjahr! Ich sage: Jan, das kann es doch nicht sein!

Was ich eher denke, dass er doch beim Vater im Betrieb anfängt und 'n richtiges Handwerk lernt. Was ich mir denke: er macht seinen Facharbeiterbrief in der Firma und weil er ja so 'n Spätzünder ist, kann er vielleicht mal später seinen Meister machen, dass er mal nicht so schwer arbeiten muss.

Im Karate ist er recht gut – er macht jetzt übrigens seinen Trainer und ist ganz stolz, dass er ab Herbst die Kleinen trainieren wird. Das ist 'ne Strecke, da hat er Kontinuität bewiesen.

Wir sind einfach gerne zusammen

Mit Rüdiger? … Unveränderlich! Du, man lernt sich immer mehr kennen (lacht), und man kann immer besser aufeinander eingehen. Mal schlechte Zeiten, mal gute Zeiten. Der Urlaub war nicht so besonders schön mit ihm, obwohl er denn doch letztendlich gerne gewandert ist. Aber ich hab einfach nicht immer so die Kraft, ihn mitzureißen und zu motivieren. Das kostet Kraft!

Wir waren mit Jan und seinem Freund in Österreich in diesen Winterferien. Die Kinder waren die ganze Woche Snowboard fahren, und wir waren wandern. Nee, ich hab Rüdiger gar nicht gefragt, ich hab gesagt: so, ich hab gebucht jetzt für uns vier, und du kommst mit (lacht)! Und ich finde das auch ganz selbstverständlich. Warum soll ich immer alleine mit den Kindern wegfahren? Ich sage: du hast auch frei, also kannst du bitte mitkommen! Und er hat sich auch überhaupt nicht gewehrt, ist mitgekommen – aber es hat ihm überhaupt nicht gefallen.

Nächstes Jahr werde ich es ganz anders machen, das weiß ich jetzt schon. Da werde ich nicht mehr mit ihm fahren, denn das ist ja ein Zwang für ihn. Da regt er sich bloß wieder auf. Ich denke ja auch, jeder hat so seins; man muss ja nicht alles zusammen mit dem Ehemann machen. Du kannst auch loslassen und sagen: nee, ich mach jetzt meine Sache, und du fahr mit deinem Schiff irgendwie weg, ist mir egal. Es ist normal so, ja, dass jeder seinen Bereich hat.

Ach, ansonsten: wir sind einfach gerne zusammen. Wenn er im Stall ist und ich in der Werkstatt … wir müssen nicht unbedingt körperlich zusammen sein, sondern einfach räumlich. Wir fahren auch Rad zusammen, wir wandern, aber wir haben kein spezielles Hobby, was wir gemeinsam betreiben. Und ich bin ein *völlig* anderer Mensch als er!

Viele Leute wundern sich schon, wenn sie nur *seinen* Stall und *meine* Galerie sehen. Da waren mal Leute hier, die sagten: ihr könnt doch überhaupt nicht zusammen passen, ihr seid doch zwei *völlig verschiedene* Menschen! – Ja, sicher, aber Gegensätze ziehen sich an! Rüdiger hat diese Bodenständigkeit, und ich bin so'n bisschen flippiger. Und dadurch ziehen wir uns wahrscheinlich auch immer wieder an … oder stoßen uns ab …

Mensch Mädel, lass dir doch endlich mal Zeit!

Mein schönstes Erlebnis? Also, es gibt zwei Dinge: die Zugfahrt nach Österreich und zurück, die war so schön! Ich hab die wirklich genossen; ich hab mir Bücher mitgenommen zum Lesen – ich hab *nicht* gelesen, sondern nur aus dem Fenster geschaut. Das war einfach schön!

Das Zweite ist, dass mein Enkel in die Schule gekommen ist und so gut lernt (lacht)!

Zum Euro? Es ist alles teurer geworden, find ich. Also, der Euro bringt uns Preissteigerung, der Euro bringt aber auch 'ne Vielfalt, weil, du kannst *sofort* in Spanien arbeiten, wenn du willst, du kannst sofort deine Töpfe in Griechenland verkaufen … Zum Dritten bringt der Euro auch 'ne Unsicherheit: ich muss immer nachdenken: wieviel D-Mark sind das jetzt? Aber es wird sich schon alles einpendeln!

Ob wir jetzt was Wichtiges vergessen haben? Nein, aber ich muss mir immer sagen, dass man *viel Zeit* hat im Leben! Dass man sich gar nicht so beeilen sollte im Leben. Was ich auch in Österreich wieder gemerkt habe: Mensch, Mädel, lass dir doch Zeit, lass dir doch endlich mal Zeit und treib dich doch nicht immer selber an! Aber dann fühlt man sich sofort faul, das ist völliger Quatsch! Das hat was mit Erziehung zu tun. Also: Zeit lassen ist die Devise – und das hat was mit Yoga zu tun, und deshalb ist es für mich so'n Anziehungspunkt.

Und diese Yoga-Philosophie sagt ja: es ist immer das wichtig, was du *jetzt* gerade tust, in dem Moment, wenn wir uns jetzt unterhalten – dass ich das als das Wichtigste von der Welt erstmal ansehe. Und wenn du weg bist, ist wieder was anderes dran, was ganz wichtig ist.

Nicht immer an morgen denken oder an früher – sondern dass man sich wirklich auf die Gegenwart fixiert.

Das vierte Interview im Jahr 2003

Ein Stückchen freier

Das letzte Jahr war ein schönes Jahr, ein gesundes Jahr, das ist das Wichtigste.

Jan ist schon seit Juni nicht mehr in der Schule, und dadurch bist du ein Stückchen freier und du hast mehr Zeit. Das Neue war, mit dieser Zeit was zu machen! Er hat seine Lehre angefangen, bei seinem Vater; ich denke, dass das gut ist, weil arbeiten seine Stärke ist. Bei der Post haben sie ihn nicht genommen, weil seine Noten so schlecht sind! Er muss halb fünf raus, und das packt er gut. Bei Wind und Wetter draußen, das ist auch seine Welt.

Genau, ich wollte ja eigentlich weniger und besser arbeiten! Aber weißte, immer, wenn du auf dem Markt stehst, haste gemerkt: Kontinuität ist wichtig, Serie ist wichtig, einfache, klare Formen sind wichtig. Und am besten nur *ein* Muster, nicht zehn. Also, für die Kunsthandwerkermärkte musst du einfach Gebrauchsgeschirr machen. Und in der Zeit, wo ich rumspiele, arbeite ich Figürliches.

… und ick mach *meine* Sachen

Du sprichst diese Beziehungskiste an! Pass mal auf: darüber zu reden, ist so unwichtig geworden! Weißt du, wir leben miteinander und wir reden gar nicht so viel, und wenn er sagt: Nee, ich will nicht, dann macht er's auch nicht, und bei mir ist es genauso. Also: jeder lebt sein Leben! Und wir müssen uns nicht irgendwie annähern oder um Verständnis bitten.

Du, ich bitte *überhaupt nicht mehr* um Verständnis, sondern setze mich durch. Und das ist eigentlich die bessere Variante, indem ich das mache, was ich *wirklich* will! Zum Beispiel hat Rüdiger sich jetzt 'n Schiff gekauft; er meint, er muss es jetzt haben. Ick meine, er hat überhaupt keine Zeit zum Schiff fahren, absolut nicht! Er meint, er hat Zeit; gut, ick freu mich darüber, dass er's macht. Und ich werde mich daran begeistern, wenn der wirklich mal mit seinem Schiff losfahren *würde*! Und ick mach meine Sachen!

Hab mir vorgenommen, wieder nach Österreich zu fahren und 'nen Kurs mitzumachen. Da sagt Rüdiger auch: Mach es. Und daran merkste doch, dass man sich viel zu sehr hinter dem *Verbot* eines Ehemannes verstecken kann, dabei hält der dich gar nicht zurück, sondern du hältst dich selber zurück. Indem du sagst: Ich möchte das lieber mit dir zusammen machen. Du *musst* das für dich machen!

Kindererziehung? Ich denke die Kinder leben so, wie sie leben, und sie werden so, wie sie sind! *Ohne* mein Zutun! Ich muss doch 'n gewisses Vertrauen zu den Kindern haben; sie leben ja in *deiner* Umgebung, in *deinen* Händen, und irgendwo werden sie sowieso wie du, ob du das willst, oder nicht! Auch wenn sie genau das Gegenteil machen von dem, was du willst! Man muss ihnen einfach nur was vorleben und nicht an ihnen rum erziehen. Nehmt die Kinder so, wie sie sind, und lasst der Jugend ihren Lauf!

Das Allerwichtigste: ich bin frei!

Die Wende … Nie möchte ich diesen DDR-Staat wiederhaben, da bin ich ganz sicher! Obwohl, die Politik dieses jetzigen Staates, mit der bin ich auch sehr unzufrieden! Aber so ist das wohl: man ist nie zufrieden! Man hat sich was anderes unter diesem Staat vorgestellt! Aber ich freu mich über die Vorzüge dieser Demokratie: man kann verreisen, das ist das Allerwichtigste, dass ich frei bin! Dass meine Arbeit mir nicht mehr so viel Geld bringt, wie vor der Wende, ist 'ne ganz andere Geschichte. Aber das ist normal, und die Konkurrenz, die es jetzt gibt, die spornt dich eigentlich an; das ist gesund!

Meine Prinzipien sind vor und nach der Wende unverändert. Aber jetzt zeigen sich die Charaktere der Menschen, die sind durchsichtiger. An vielen Dingen kannst du Menschen messen, was vorher nicht der Fall war, da war man eine graue Masse!

Gefährlich, sich Lebensregeln zurechtzulegen

Oh Gott, ich lese alles! Vom Kochbuch (lacht), über Obstessig, über Liköre! Ich bin da ganz offen, ick lese vielleicht am liebsten Krimis, Spionagesachen. Bücher, die 'nen psychologischen Hintergrund haben. Bücher sind wichtig! Aber immer nur abends; tagsüber nimmst du dir nicht die Zeit! Und ick denke mal: Ableiten aus Büchern ist 'ne ganz gefährliche Sache! Dessen sollte man sich schon bewusst sein.

Die Dinge werden oft so vereinfacht, dir werden Lösungen angeboten; es gibt ja so viele schlimme Bücher auf diesem West-markt! Gefährlich, sich da irgendwelche Lebensregeln zurecht-zulegen. Solche Bücher kann man mal lesen; man sollte mit allen Regeln übervorsichtig sein, weil sie dich ja letztendlich auch einengen. Sie bringen dich in eine Richtung, von der du denkst: die ist richtig, aber irgendwann kommst du in eine Sackgasse – und du musst trotzdem weiterlaufen!

Ick halte ja von Regeln überhaupt nichts! Also, ich hab die Regel: ich muss früh aufstehen, meine Haare kämmen, mein Gesicht waschen, ick muss auch essen irgendwann und trinken! Ick muss arbeiten, ick *will* auch arbeiten. Aber ansonsten ist das schwierig mit den Regeln. Weil du in so 'nen dogmatischen Rahmen reinfällst.

Tanzen nach superlauter Musik

Musik ist noch wichtiger als Bücher! Weißte, du tanzt mit 20 nach Musik, und du tanzt mit 50 nach Musik. Du merkst aber, wenn du mit 50 immer noch tanzt: Genau *das* ist es, genau *das* macht dich doch frei! Warum tust du so, als ob das so unwichtig ist? Letztes Jahr war ich bei so 'nem Seminar über vier Tage, bei dem du frei werden solltest, locker. Und was haben wir als erstes gemacht? Wir haben getanzt! Wir haben getanzt nach superlauter Musik! Wenn ick zu Hause schon seit 30 Jahren nach superlauter Musik tanze, denkste manchmal: Biste vielleicht krank oder so?

Nein, es ist völlig in Ordnung! Im Grunde war dieses Seminar 'ne Bestätigung, dass ich völlig richtig lebe! Ick hab keine Pfade, auf denen ich immer langlaufe – hab manchmal auch Autobahnen! Und ick soll mal so weiterleben, wie ich schon immer gelebt habe, das ist schon richtig! Tanzen, Verständigung, Freundlichkeit – geht alles über Musik!

Dann musste vergammeln vor'm Fernseher

Fernsehen? Im Winter guck ich ziemlich oft, wie jeden Winter. Aber das hat auch viel mit Rüdiger zu tun. Der setzt sich so schön mit seinem Essen vor den Fernseher und ich denke: Och, guckste auch mal mit rein – und dann bleibste dran hängen. Das hat wieder was mit dir zu tun, mit deiner Widerstandskraft. Wenn du die nicht hast … naja, dann musste halt vergammeln vor'm Fernseher (lacht)! Die Rechnung kommt eh! Wenn du dann mal draußen bist, merkst du, wie schön es da ist und ärgerst dich, dass du vor'm Fernseher geklebt hast!

Und auch *er* merkt das! Wenn ich ihn mal rauslocke zu irgendeiner Veranstaltung und er immer nur missmutig mitgeht, nur weil ich gehe, merkt er, wie schön das eigentlich ist!

Computer? Ganz viel, Computer ist wichtig! Ja, ick schreibe ganz viel! Mit drei Leuten schreibe ich mir Briefe; mit Leuten, mit denen wir sonst nur mal telefoniert haben, verständige ich mich über E-Mail. Ick bin *ganz scharf* auf meinen Posteingang, gehe jeden Tag an den Computer und gucke. Ehe du telefonierst – da hast du dann nicht die Zeit. Wenn du schreiben kannst, überlegst du es dir viel besser, *was* du schreibst! Briefe schreiben ist ja so ziemlich aus der Mode gekommen; du bist mit dem Computer spontaner, da kann derjenige mir gleich antworten. Oder wenn's dir mal so richtig schlecht geht, dann schreibst du in so 'ne Maschine hinein und weißt genau: in 'ner Stunde ist es da! Und bekommst in kürzester Zeit Antwort!

Hab gerade neulich 'nen Brief geschrieben: du musst die Briefmarke suchen, dann haste keine, musste zur Post fahren, findest keinen Parkplatz … also solche Auswirkungen kann das haben (lacht)!

Und für meine Arbeit ist das wichtig, du kannst dich mit Kollegen in Österreich austauschen, du kriegst tolle Bilder rein aus aller Welt, du kannst in 'ne Galerie in New York reingehen …

Ja, damit verbringe ich so 'ne Stunde am Tag! Hätte ich von mir selber nicht gedacht! Das Ding steht nun schon zehn Jahre hier, seit eineinhalb Jahren nutze ich es erst. Das hat auch was mit der Zeit zu tun, die ich jetzt *mehr* habe!

Jetzt hast du dein *Zeug!*

Ist das 'ne supersüße Frage, ob ich aufgeklärt wurde (lacht)! Ich kann das ganz kurz beantworten: ich bin *nie* aufgeklärt worden! Von der Mutter nicht, und vom Vater schon gar nicht! Wir haben uns selber mit Büchern aufgeklärt, auch nicht mit 'ner Freundin. Du, ich hab aus'm Westen ein Buch gehabt, das heißt *Liebe, Sex und Sinnlichkeit* (lacht)! So viele Titel vergisst du, aber *den* nicht! Da war ich so 16, als ich das gelesen hab.

In der Schule wurde das auch behandelt, da hab ich überhaupt nicht hingehört! Wie soll ich sagen: es war auch ein gewisses Misstrauen; die Biologie wurde zwar erklärt, wie der Mensch sich vermehrt. Da gab es überhaupt keinen Unterschied zum Fisch oder der Pflanze! Das wurde auch *so* kurz gehalten in der Schule, dass auch um Gottes Willen keine Fragen kommen!

Mit meiner Mutter kann ich ... eigentlich ... bis heute nicht darüber reden. Sie redet da immer von *unten rum* – kennste das? (lacht) Das ist der Waschlappen für oben, und das der für unten rum! Niedlich, ne! Heut ist sie 77, und ich finde das auch verständlich; das wär peinlich, mit ihr darüber zu reden, das will ich ihr ersparen.

Die erste Regel kam im Nachthemd, ich renn da so die Treppe hoch, auf einmal kam da lauter Blut; ich sag: Mami! – Ja, sagt sie, jetzt hast du dein Zeug, hier hast du das und das, nun sieh mal zu, dass du damit fertig wirst! – Ich bin *nicht* damit fertig geworden, hab mich ewig nicht aus dem Haus getraut! Aber körperlich hatte ich keine Beschwerden.

Ja, zu meiner Zeit, 1965, gab's schon Monatsbinden, *Rosa Extra,* und die verrutschten ständig! Du musstest zehn Schlüpfer anziehen! Dann gab's auch schon Monatshöschen, das waren eigentlich nur Gummihöschen, damit diese Binde da nicht verrutscht – und die verrutschte *trotzdem!*

39

Kollegen kämpfen woanders mit den gleichen Problemen

Weißt du, ich antworte jetzt aus dem Bauch heraus, das ist vielleicht gut so. Aber man behält manchmal nur Dinge, die besonders farbig waren, aber nicht die, die wirklich wichtig waren. Man müsste sich das aufschreiben! Es war ein ganz schönes Jahr: viel gearbeitet, aber auch nicht zu viel. Mit meiner Mutter hab ich ein paar Reisen gemacht an die Orte, in denen sie gelebt hat und in denen ich als Kind gelebt habe. Diese Beziehung zu Dresden, wo ich bis zu meinem 6. Lebensjahr gelebt habe, ist noch groß; du merkst: *da ist irgendwas!* Ich war noch in ganz schönen Konzerten und Opern …

Ziemlich ruhig war das Jahr, ausgeglichen. Ah, ja: Österreich! Viel gearbeitet, intensiv gearbeitet! 14 Tage war ich da, dort konnte ich im Team arbeiten, das ging wunderbar. Die Frauen, die auch da waren, die fragen mich oft, nehmen mich als Bezugspunkt, wo ich denke: ich *kann* das doch überhaupt nicht so gut! Das berührt mich schon ein bisschen. Es war sehr schön, zu gucken wie's anderen Kollegen geht in einem anderen Landstrich, die im Grunde genommen genau mit den gleichen Problemen kämpfen wie wir.

Kroatien ist um die Ecke dort, das heißt, die Leute gehen oft nach Kroatien rüber, kaufen dort ein, gehen da zum Friseur, weil die Preise dort gesunken sind. Damit wird dieser Blickwinkel auch mal 'n anderer, wir denken immer: nur uns geht es so. Nee, es war 'ne sehr schöne Zeit!

… dann lässt du dir halt Zeit

Weniger arbeiten! *Meine Hand für mein Produkt* fällt mir da gerade ein (lacht)! Man kann nicht *alles* machen, und *Frau* versucht immer alles zu machen! Doch, ich habe weniger gearbeitet, und damit auch intensiver! Mir geht's einfach gut damit! Weißte, ob du zehn Tassen oder zwanzig Tassen machst am Tag: du verkaufst die zehn Tassen eh nicht, und auch die zwanzig Tassen verkaufste nicht so schnell, dann lässte dir halt Zeit! Hab prinzipiell weniger Märkte gemacht, ich war och nicht immer hier, obwohl meine Galerie ja doch geöffnet sein sollte. Leute sind dann zweimal wiedergekommen; sicher war mir das manchmal unangenehm, aber ... ich mach's halt so! Wenn ich da bin, bin ich da – und wenn ich *nicht* da bin, bin ich *nicht* da – fertig!

Natürlich nicht, wenn ich in der Zeitung stehe! Die letzten Dezemberwochen hab ich mich ja reinsetzen lassen, da muss ich natürlich da sein, das ist klar!

Das war wunderschön, dass ihr mal weg wart, aber ...

Jan wird 18, macht seine Lehre, schön kontinuierlich wie ein kleines Rädchen. Ich bin ganz froh darüber, dass er nicht so'n großen Frust hat vor der Arbeit. Ich hab erst gedacht, das ist zu schwer, zu hart: bei Wind und Wetter draußen. Nee, der wird gut durch die Arbeit, ich merk das! Natürlich, der Vater steht nach wie vor früh auf (lacht), gerade, weil er nicht arbeiten muss, er macht ihm seinen Tee und seinen Zucker in die Tasse. Dann macht er Jan öfters mal ein Ei. Also, ich muss dir das wirklich mal erzählen: der kocht das Ei, pellt das Ei, legt das Ei auf den Eierschneider, kippt den Eierschneider an, dass der Herr bloß noch runterdrücken braucht (lacht glucksend), also, es ist verrückt!

Jetzt waren wir eine Woche in Andalusien, und da musste er alleine klarkommen und sagte: Wisst ihr, das war wunderschön, dass ihr mal weg wart, aber – mein Frühstück! Ich kann doch mein Frühstück nicht machen, ich hab überhaupt nicht gefrühstückt! Das ist natürlich 'ne ganz lustige Erfahrung, dass er merkt:

er braucht uns wenigstens zum Frühstück (lacht)! Aber: er hat 'ne Freundin, und *die* verwöhnt er! Er kocht für sie auch den Tee oder Cappuccino, es ist ganz schön mit den beiden. Sie ist 'ne ganz Nette, die sich aber och nicht so unterbuttern lässt. Sie ist richtig gut erzogen, unheimlich streng erzogen, muss am Wochenende um zwölf zu Hause sein, in der Woche auch nicht so spät. Als wir aus Andalusien wiederkamen, da sagte sie: Och, ist richtig schön, dass ihr wieder da seid. Sie fühlt sich einfach wohl bei uns; mit Rüdiger kommt sie auch gut klar.

Das Dorf hier ist ein richtiges warmes Nest

Jan ist sonst nie da, ist immer noch mit seiner alten Truppe zusammen. Und die machen was zusammen, sitzen nicht vorm Fernseher oder Computer, ist schön zu sehen. Die Freundschaften im Dorf sind ein ganz wichtiger Punkt, das ist ein richtig warmes Nest hier! Ich fahr ja nun wirklich oft nach Berlin und frage oft: Wollt ihr mitkommen? Sie haben überhaupt kein Bedürfnis, mitzukommen! Wär ganz gut, wenn sie mal schnuppern würden, was da los ist, aber die wollen nicht! Die sind alle zwischen 17 und 22. Und wenn du sie fragst: Wie weit würdet ihr gehen, wenn ihr jetzt woanders arbeiten müsstet? Dann sagen sie: Höchstens zehn Kilometer! Es ist ganz niedlich, aber ich weiß, es ist 'ne Illusion!

Was ich traurig finde: er läuft nur so mit mir mit

Die Woche in Andalusien war übrigens sehr schön! Ich hab festgestellt, dass ich doch ein bisschen Defizit an Menschen habe. Also, wir haben uns da in diesem Straßencafés gesetzt und dort ewig Kaffee getrunken, manchmal zwei Stunden! Haben die Leute angeguckt. In Gibraltar hab ich zum ersten Mal *geballt* jüdische

Menschen gesehen! Nee, ich musste Rüdiger dazu überhaupt nicht überreden; was ich nur traurig finde: er läuft nur so mit mir mit. Hat doch seine Meinung zu den Sachen, was ich ganz wichtig finde, ja. Aber er kommt nur *mit!* Das ist manchmal bissel ermüdend. Ick hätte gerne jemand, der mal sagt: Ich möchte *unbedingt* da hin, kommste mit? So, ja! Es ist aber umgekehrt! Das ist schon meine Rolle, die ich spiele: ich muss ihn mitreißen, bin wahrscheinlich auserkoren (lacht), ihm das Leben nahezubringen! Du, wir haben uns am Wasser 'nen Sonnenaufgang angeguckt, das ist ja besonders schön, und da wirkt auch *bei ihm* die Spiritualität! Ohne, dass er es jemals zugeben würde!

Bei Rüdiger hat sich die Arbeit verändert, aber das ist nicht unbedingt nachteilig. Seine Firma musste nach 20 Jahren Insolvenz anmelden. Er ist 59, der kann och aufhören, zu arbeiten! Und soll sich mal überlegen, was man machen kann mit der verbleibenden Zeit. Elisa hat letztes Jahr 'nen Partner gefunden, mit dem ist sie ein Jahr zusammen, und sie ziehen im Februar in eine Wohnung. Da freut man sich, wenn das Kind unter der Haube ist (lacht)! Aber du weißt ja, wenn da ein Partner ist, dann wird alles geteilt: die Freuden und die Sorgen, dann kann sie auch mal ihn fragen, muss nicht immer nur mich fragen! Dadurch wird die Mutter auch automatisch entlastet, das ist schon erfreulich.

… weil ihr die Luft hier so gut bekommt

Meiner Mutter geht es nicht so gut, sie ist schwerkrank, das ist das einzige Negative, was im letzten Jahr war. Sie ist 78 und kommt sehr oft, war letztes Jahr sicher so zehn bis zwölf Wochen hier. Also im Jahr verteilt, sie fühlt sich einfach wohl hier. Sie wollte nochmal 'nen großen Ruck in ihrem Leben und wollte *umziehen!* Diese Zigeunerin (lacht)!

Zum Glück konnte ich ihr das halbwegs ausreden. Weil: die Geschwister sind in Berlin, *ich* bin hier die Einzige, die sie kennt; sie hat doch ihren Bekanntenkreis in Berlin. Sie wollte hier in die Nähe ziehen, weil ihr die Luft hier so gut bekommt und weil wir uns so gut verstehen. Das würde sie kräftemäßig kaum packen, und diese vielen Kleinigkeiten, die sie so als selbstverständlich hinnimmt in Berlin, die hätte sie hier nicht.

Habe mehr Zeit für mich

Wie ich mit mir umgehe? (lacht) Ach, ick belaste mich so, wie's halt geht. Ick belaste mich eigentlich richtig doll, versuche schon, bis an meine Grenzen zu gehen. Und mein Körper gibt mir schon irgendwo Signale: dann zieht's da, dann ist hier irgendwas.

Also, der Körper sagt schon zu mir: Stopp hier, jetzt mach mal 'ne Pause! Ansonsten? Du siehst mich ja! Normale Hygiene (lacht). Alles Familiäre ist nicht mehr so vordergründig momentan, also habe ich doch schon mehr Zeit für mich. Ich fahr schon mal los, gehe einkaufen für mich, leiste mir schon mal 'ne Supercreme. Aber die Arbeit trägt trotzdem. Ich weiß nicht, wie es dir geht, wenn du so zu Hause arbeitest. Wenn ich vierzehn Tage nicht arbeite, werde ich faul und so fett und esse und sitze so viel! Die Arbeit ist wichtig! Immer wieder die Arbeit! Und ich hoffe, dass ich noch lange arbeiten kann! Nicht so viel, nicht Serie drehen, sondern … schöne Arbeit. Hab ich eigentlich immer gemacht, mir schöne Arbeit gesucht.

Musik ist wie ein Tagebuch oder: Ich hab mich überhaupt nicht verändert!

Ich hab übrigens gerade meine Plattensammlung sortiert und hab mir mal 'ne Stunde Zeit genommen, mir die Platten anzuhören. Hab dabei entdeckt, dass ich heute die gleiche Musik höre, wie vor

40 Jahren! Unheimlich viel Klassik, die tut mir einfach gut! Bach, Ravel, Tschaikowski – ich lach immer, wenn ich Tschaikowski sehe! Die erste Stones-LP und die zweite Beatles-LP, die in Ostdeutschland rauskamen, Django Reinhard ...

Ich hab diese Titel in den letzten Tagen gehört und hab festgestellt, dass das wie'n Tagebuch ist! Ich weiß nicht, ob du das nachempfinden kannst. Wenn ich bestimmte Titel höre: also, Django Reinhard ist Studienzeit in Meißen! Sofort fallen mir alle Bilder in Meißen ein! Also, diese Platten sind wie Tagebücher; ich wollte eigentlich immer Tagebuch schreiben, aber das schaffste nicht, immer nur so sporadisch. Und diese Platten bewegen dich dazu, über deine Vergangenheit nachzudenken. Und du merkst: mein Gott, du hast dich überhaupt nicht verändert! Ich bin mir doch eigentlich ziemlich treu geblieben in meiner ganzen Veränderung, in meiner ganzen Hektik, mit meinen ganzen Umzügen, mit meinen Männern und den Geschichten, die so abgelaufen sind. Du kommst wahrscheinlich doch wieder an den Punkt, der dir den Boden unter den Füßen gibt.

Wofür haste dich zuerst entschieden? Also machste das!

Auf meine innere Stimme hören ... ich würd's nicht so ausdrücken, ick würd sagen: wofür haste dich zuerst entschieden? Dafür! Also machste das! Also, die Vernunft ist da auch noch irgendwo mit drin. Obwohl ich denke: je älter man wird, je unvernünftiger kann man sich auch entscheiden. Die Vernunft ist *sowieso* da! Schon, dass du 'n Anwesen, 'ne Familie und 'n Haus hast, da musste auch irgendwo vernünftig sein, sonst ist hier Chaos, ne! Aber viele Dinge gehen auch aus 'm Bauch.

Naja, ich brauch schon meinen Plan, ick plane jetzt meine Verkaufssachen, also so 'ne Linie muss ich schon haben. Ansonsten bin ich ziemlich sporadisch. Ich hab Lehmbilder gemacht, mit

45

Lehm angefangen zu arbeiten – ich weiß gar nicht, *warum?* Wir haben Lehm als Baumaterialien genommen und da denkste: eigentlich könntest du mal versuchen, was draus zu machen! Das sind so Dinge, wo ich nicht weiß, wo es herkommt!

Da kannste in -zig Ausstellungen rasen, du kannst -zig Bücher lesen, ich glaub, die Inspiration, die kommt von woanders!

Meine Mutter saugt unheimlich

Ob ich Rollen spiele, wo ich mich verstellen muss? … (leise) Ja, so manchmal sind es so Rollen, die ich bei meiner Mutter übernehme, wo ich denke: jetzt müsstest du mal für dich sein; sie saugt unheimlich.

Das ist ein unheimlicher Kraftakt, wo ich denke: warum strengt's dich eigentlich so an? Und wenn's denn so anstrengend ist, ist es auch nicht wahrhaftig, dann ist irgendwas. Also, irgend 'ne Schuld, wo man sich sagt: naja, du musst auch zurückgeben. Insofern ertappt man sich schon in irgendeiner Rolle!

Jetzt fällt mir noch was ein: hab mir alte Fotos angeguckt und hab festgestellt, dass ich, angefangen bei den Kinderfotos, fast immer die gleiche Position einnehme, nämlich immer das eine Bein vor dem anderen, und ich bin immer *außen!* Bin bei den Klassenfotos außen, bin bei den Familienfotos total außen, bin *jetzt* auf Fotos nirgendwo drauf – das kommt daher, weil nur ich fotografiere (lacht).

Das sechste Interview im Jahr 2005

Der Mutter die Grenzen zeigen

Meine Mutti ist im Herbst hergezogen – drei Kilometer von hier entfernt. Sie wollte ja schon immer zur Ostsee. Wie Familie eben so ist: manchmal ist es ganz schön, mal ist es anstrengend. Denke aber auch: die Mutter wird 80; es sind auf jeden Fall die letzten Jahre, zumal sie diesen Knochenkrebs hat. Vielleicht ist es ein Glück, dass ich sie hier habe, nochmal eine Chance, sich mit ihr auseinanderzusetzen. Wir reden viel über die Kindheit und Erlebnisse von früher, weniger über die Zukunft.

Kürzlich ist mein Vater gestorben und wir haben uns viel über ihn unterhalten. Sie hat ja immer schlecht über ihn gesprochen – was ich von ihrer Seite aus gut verstehen kann. Doch denke ich, dass sie sich damit zurückhalten sollte: es ist für die Harmonie der ganzen Familie schlecht; für sie selber sowieso.

Nun bin ich nur noch besuchsweise bei ihr; ich muss ihr die Grenzen schon zeigen, weil sie nach wie vor denkt, ich hab Zeit und muss nur ein paar Stunden arbeiten. Prinzipiell komme ich einmal in der Woche zu ihr – meistens ist es dann doch dreimal die Woche – das muss man für sich regeln, sonst wird man von der Mutter einverleibt. Du, sie bügelt dich da rüber, sie wird auf einmal unselbstständig, kann mit einmal nicht mehr laufen. Und ich sage zu ihr: ich will, dass du selbstständig bleibst, deshalb komme ich nicht öfter!

Auf der anderen Seite ist sie aber auch eine Bereicherung: sie lädt uns manchmal am Wochenende zum Essen ein, das haben wir uns schon so oft gewünscht! Und sie versucht, jede Leistung unsererseits wieder gutzumachen. Rüdiger hat ihr neulich mal ein Brot gebracht, da hat sie sofort Eierkuchen gebacken! Er war selig – und ich war ihn los für drei Stunden (lacht)!

Meinen Vater wiedergefunden

Mein Vater: wir haben uns dreizehn Jahre nicht gesehen, aber in den letzten Jahren hat er oft den Kontakt gesucht, bis ich mir dachte: du hast einen Vater, der bemüht sich um dich. Und so bin ich im Oktober nach Bayern gefahren und hab ihn besucht. Er hat sich riesig gefreut und sich ganz fürsorglich um mich bemüht. Ich war sehr aufgeregt, als ich am Bahnhof ankam und ich glaube, er war es auch. Seine Frau, mit der er seit 36 Jahren zusammen ist, hat mich auch ganz nett empfangen. Bei ihm zu Hause waren schon Fotos ausgebreitet von Großtanten und Verwandten; es war ihm ganz wichtig, mir zu zeigen, wo meine Quelle ist. Dann hab ich zum ersten Mal gesehen, was er für Bücher hat und Musik: er ist Mozart-Fan, das wusste ich überhaupt nicht. All die Dinge, mit denen er sich in den letzten zwanzig Jahren beschäftigt hat, zeigte er mir und wir konnten reden ohne Ende! Ich hab mich als Kind gefühlt, gar nicht als Frau, wurde bedient von morgens bis abends, es war wunderschön!

Seine Frau hat sich sehr zurückgehalten, das fand ich auch sehr einfühlsam, habe aber auch in ihr eine unheimlich gute Gesprächspartnerin entdeckt! Sie hatte jeden Tag einen Ausflug geplant; wie ich interessiert sie sich sehr für Geschichte – also es war *so* angenehm und anregend mit den beiden! Meine ganze Voreingenommenheit war nur durch meine Mutter geprägt.

Meine Mutter hat es nicht gut gefunden, dass ich bei meinem Vater war, aber sie hat es akzeptiert. Als ich wiederkam, hat sie nicht einmal gefragt, wie es war, bis ich von allein anfing und ihr sagte, dass es besser wäre, wenn sie nicht mehr über unseren Vater hetzt, weil: der Leidtragende ist eigentlich mein Bruder, denn er hat es nicht geschafft, sich mit ihm zu treffen und zu versöhnen.

Mein Bruder hat schon einige Probleme: er ist etwas abgerutscht, hat keine Partnerin, kein Einkommen, Alkoholprobleme. Das hat schon was damit zu tun, dass meine Mutter immer sehr nachsichtig war, ihn in Schutz nahm, wenn mein Vater etwas von ihm verlangt hat – er hat es *nicht* gemacht und die Mutter hat ihn dabei unterstützt.

Abschied für immer

Nun ist mein Vater gestorben. Ich ärger mich schon, dass ich nicht früher mein eigenes Urteil über ihn gebildet habe, aber er war mir auch nicht nah. Dann war Jan auch da und meine Mutter war sehr allein, für die ich mich verantwortlich fühlte. Nee, ich bin *nicht* für meine Mutter verantwortlich! Jetzt hab ick 'ne klare Sicht! Bei der Beerdigung hat die Frau meines Vaters selber die Rede gehalten, die sehr schön war – das ist schon ein Kraftakt!

Sie hat sogar meine Mutter mit erwähnt: Sie kam nicht alleine, sie kam schon mit einem Kind und er hat 1949 seine große Liebe geheiratet. Immerhin war es die erste Frau und sie hatten drei Kinder miteinander, waren 24 Jahre verheiratet! –

Überhaupt: bei meinem Besuch haben beide von ihren früheren Ehepartnern ganz locker erzählt, das war angenehm. Kann man sich selber 'ne Scheibe abschneiden!

Über die Ruhe im Krankenhaus und von guten Vorsätzen

Im Dezember hatte ich eine OP: ich war zur Routineuntersuchung beim Frauenarzt, der schickte mich zum Brust-Plattdrücken, wie heißt das? Mammographie! Dort fand man ein Geschwür in der Brust. Musste innerhalb von zwei Wochen ins Krankenhaus, aber ich war mir innerlich ganz sicher: das ist nicht bösartig. Bin ziemlich entspannt reingegangen. Es war dann etwas schmerzhafter, als ich dachte: sie haben ein tischtennisballgroßes, gutartiges Geschwür rausgeschnitten. Trotzdem ist schon was passiert mit mir: ich war in der Krankenhauswoche sehr ruhig, habe kein Fernsehen geguckt, nicht mal Radio gehört. Ich war allein im Zimmer und war froh darüber!

Zufällig hab ich im Alten Testament gelesen und das hat mir unheimlich gut getan! Habe die Ruhe richtig genossen! Interessant ist: ich hab mir nach dem Krankenhaus fest vorgenommen, Tagebuch zu schreiben, feste Vorsätze gehabt, die ich mir in ein Buch eingetragen habe.

Gestern hab ich die mal wieder durchgelesen: es ist *nichts* mehr übrig geblieben von meinen Vorsätzen! Und doch ist es gut, sie wieder in Erinnerung zu rufen und mal zu schauen: was war im vergangenen Jahr, was hast du dir vorgenommen? Was ich aber gemacht habe: ich rief meine Tochter an, sie solle sofort eine Mammographie machen lassen, weil das, was ich hatte, erblich sein kann. Habe auch versucht, sie zu überzeugen, Tagebuch zu schreiben, um einfach zur Ruhe zu kommen, um innerlich zu gucken: was machst du eigentlich den ganzen Tag, die ganze Woche, was machst du mit deinem Wochenende?

Wie in einer Mönchszelle

Weißt Du, mir ging es im Krankenhaus wie in einer Mönchszelle; diese Stille entlockt dir eine unheimliche Erleuchtung! Zum Beispiel: setze dich und deine Individualität durch und kümmere dich nicht so viel um andere. Lass dich nicht so viel von anderen Ereignissen berühren. Wenn du selber so zerfahren bist, kannste sowieso keinem anderen helfen! Wahrscheinlich bin ich eine Person, zu der man gerne kommt und seine Sachen gerne ablädt. Ich muss da Prioritäten setzen: bei dir ja, bei dir nicht! Manchmal will derjenige auch bloß reden. Der einzige Vorsatz, den ich gepackt habe, ist: mich nicht von meiner Mutter vereinnahmen zu lassen.

Wir haben uns auf einmal wiedergefunden

Mein Sohn ist arbeitslos. Ick hab immer gesagt: wenn Jan arbeitslos ist, *den* scheuche ich hier raus! – Brauch ich nicht, er geht alleine weg. Er ist von morgens um zehn bis abends um elf nicht zu Hause. Denke, er sollte sich mehr konzentrieren auf die Arbeitssuche; ich weiß gar nicht, was er den ganzen Tag macht. Wenn ich frage, sagt er, er ist im Club oder er bastelt am Auto rum oder ist mit anderen aus dem Dorf zusammen.

Es belastet mich eigentlich weniger als ich dachte; er ist alt genug, wird 19 und muss alleine seinen Weg gehen. Vielleicht braucht er etwas länger als andere. Ich hab ihn jetzt losgelassen … und beobachte ihn trotzdem (lacht)! Bin froh, wenn er nicht da ist, wenn er mich nicht belastet mit seiner Arbeitslosigkeit, dass ich hier meine Arbeit in Ruhe machen kann und meine Freude habe.

Was ich auch festgestellt habe: am Jahresende waren Rüdiger und ich verreist nach Marokko, das erste Mal ohne Jan oder Oma oder wen auch immer. Und das war so schön! Wir haben gelacht von morgens bis abends; wir waren wie zwei Kinder! Wir haben uns auf einmal wiedergefunden!

Jeder hat sein Reich

Und so geht es mir hier auch: wenn Jan unterwegs ist, ist bei uns Entspannung. So, und Rüdiger ist ja auch seit letztem Jahr arbeitslos; das funktioniert aber gut, weil er dadurch, dass er keine Arbeit hat, entspannter ist – so können wir besser miteinander reden. Das ist auch so eine Erfahrung: wenn beide extrem arbeiten und es taucht ein Problem auf, dann überschlägt man sich oft. Oft konnten wir in der Belastung Probleme nicht klären!

Jetzt entlasten wir uns gegenseitig; Rüdiger hilft im Haushalt mit. Natürlich muss er als neuerdings Bürgermeister der Gemeinde auch unterwegs sein, ist aber mehr oder weniger Hausmann. Gut, ich bin och froh, wenn er weggeht, so wie jetzt. Was ich auch gut finde: er lässt seine alten Verbindungen nicht fallen, hat immer was zu basteln und besucht dadurch seine alten Kollegen. Wenn er ein paar Stunden weg ist, warte ich schon auf ihn, weil wir nachmittags gemeinsam Mittag essen.

Innerhalb des Hauses hat jeder sein Reich, da geht wieder jeder seiner Wege. Wir vertragen uns einfach viel besser jetzt. Nun ist er kurz vor dem 60. – was willste da noch verlangen? Ach so, und ich bin auch in fünf Jahren Rentnerin (lacht)!

Und ich freu mich wirklich, kann mit 60 schon in Rente gehen. Ich hab schlagartig die Arbeit fallen lassen, als ich das hörte!

Gestandene Frauen, die sich freuen

Arbeitsmäßig hab ich was Neues entdeckt: Raku mit Gas zu feuern. Es verkauft sich nach wie vor schlecht; aber bei mir haben sich drei Gruppen etabliert, die bei mir Raku machen. Im Sommer, wenn's draußen schön ist und Spaß macht! Es ist schön, bei den Frauen zu sehen, wie sie sich freuen, die Naivität in ihren Gesichtern! Das sind ja alles gestandene Frauen – da freuen sie sich über solche Schmauchspuren auf ihrem Gefäß!

Ansonsten gehe ich nur auf einen Markt dieses Jahr: es hat wirklich mit der Rente zu tun: wenn du weißt, da ist ein Ende in fünf Jahren. Du hast ja ein bisschen Substanz und kannst davon schon leben. Wunderbar, es ist ein schönes Gefühl!

Schön war, dass ich mit Elisa und ihrem Sohn im Sinai war, schnorcheln. Als wir zurückkamen, hat sie sich von ihrem Freund getrennt – aber *nicht* meinetwegen!

Ich hab immer gesagt: Halte es noch ein bisschen aus! Irgendwo ist das ihre Geschichte. Jetzt hat sie jemanden gefunden, mit dem sie ein Haus kaufen will. Ich hoffe nur, dass es länger anhält!

Willste 'ne Doktorarbeit schreiben über's Yoga?

Wofür brenne ich? Nach wie vor für Yoga, aber auch für's Kochen. Lese gerade ein Israel-Kochbuch über die jüdische Küche. Denke mal, Yoga und Kochen hat auch was miteinander zu tun, ne, wenn du dich gesund ernähren willst, musst du schon lesen und stöbern. Das ist bei vegetarischem oder veganem Essen wichtig.

Yoga-Unterricht gebe ich momentan nicht, weil ich selber mehr Yoga machen möchte, bin aber am Überlegen, weil mich einige danach fragen.

Ich hab mir viele Anatomie-Bücher gekauft, über Knochen, über Magen-Darm, über neurologische Dinge, wie Körper und Geist zusammenhängen. Wenn du es im Unterricht richtig übermitteln willst, musst du doch genauer Bescheid wissen. Im Alter vergesse ich auch viele Sachen, aber ich lese dann nochmal nach.

Rüdiger meint dazu: sag mal, willste 'ne Doktorarbeit schreiben über's Yoga? Nee, aber ich will 'ne gewisse Sicherheit haben, wenn ich denen was erzähle, wie sie ihren Geist ruhig halten können oder wenn ich ihnen sage: bitte Füße flexen, dann hat das seinen Grund. Dann fällt 's mir auch leichter, dann muss ich mich nicht mehr wahnsinnig vorbereiten auf jede Stunde, und es wird langsam logisch. Ich hab ganz viele Bücher und viele Karteikarten darüber, das macht mir Spaß, das ist so meine zweite Leidenschaft!

Wenn ich ganz alleine bin

Am wohlsten fühle ich mich oft, wenn ich ganz alleine bin, wenn das Haus leer ist, so wie jetzt: Rüdiger geht seiner Arbeit nach, die Kinder gehen zur Arbeit, der Lütte ist in der Krippe ... so, und dann bin ich ganz allein zu Haus und *das ist so schön!* Du, ich hätte das nie gedacht, dass ich mich dann so wohl fühle, auch wenn ich nur das Haus putze! Und wenn ich groß umräume: dann wird es immer ordentlicher und systematischer bei mir im Haus. Von den Farben wird es auch immer schöner!

In so 'nem alten Haus wirst du ja nie fertig – du *willst* auch gar nicht fertig werden! Die andere Sache, die ich besonders als Rentner wirklich positiv finde: dass du spontan reagieren kannst. Du hast keinen Termin, und dann liest du in der Zeitung: heute Abend Buchlesung – Mensch, interessiert dich, geh da mal hin!

Die Keramikkurse hab ich runtergefahren von drei auf einen Kurs. Sie wollen nicht aufhören! Und ich bring's nicht über's Herz zu sagen, dass jetzt Schluss ist. Du, ick hab noch Ton, ick hab noch Glasuren; wenn die aufgearbeitet sind, dann mach ich erstmal Schluss! Ich bestelle nicht nochmal 'ne halbe Tonne Ton! Ich muss dir sagen: ich bin der Keramik 'n bisschen untreu geworden! Hab immer gedacht, wenn ich nicht mehr Yoga unterrichte, dann kann ich endlich figürlich arbeiten – aber ich mach's nicht! Oder noch nicht. Ich scheue mich in die kalte Werkstatt zu gehen, da muss ich erst die Gasheizung anstellen, da ist auch ein bissel Unordnung – und jeder denkt, er könne da seinen Müll abladen – das geht nicht, und dadurch verlier ich auch die Lust. Ausreden …

Wir haben das Haus geteilt

Jan hat die Arbeitslosigkeit damals gut genutzt, indem er die 10. Klasse nochmal gemacht hat, weil: er hatte einen Plan und wollte plötzlich Kindergärtner werden. Wir haben ihn da beraten und gemeint, mit *dem* Zeugnis braucht er sich gar nicht bewerben, er solle die 10. Klasse nochmal machen. Hat er auch gemacht – und er hat es gern gemacht, was mich überraschte! Hat die sogar mit *Zwei* abgeschlossen auf der Volkshochschule. Es hat ihm wirklich

Freude gemacht und er konnte nicht verstehen, dass andere im Unterricht stören (lacht) oder einfach nicht kommen! Und dann sagte er: Mensch, ich könnte doch mein Abitur noch machen! Ich dachte, ich *hör* nicht richtig! Letztlich hat er vier Jahre eine Ausbildung gemacht.

Jetzt ist er schon 31 und zehn Jahre in dem Kindergarten! Was ihm auch geholfen hat, war seine Trainerzeit – da sagten einige, dass er das wirklich gut macht. Seine Freunde? Es ist zunächst keiner hier geblieben – sie sind alle in den Westen gegangen; interessant ist aber, dass sie heute fast alle wieder hier im Dorf sind.

Jan und seine Regina wohnen jetzt neben uns; wir haben das Haus vertikal geteilt, genau in der Mitte. Alles separat. Was ich noch sehr wichtig finde: der Wunsch kam von den beiden, nicht von uns! Wir haben sie nicht überredet, waren aber sehr offen und ick hab mich dolle gefreut. Hab aber meine Werkstatt verlegen müssen in den Stall …

Seit 2016 bin ich Oma von den beiden, ist natürlich 'ne Freude! Wenn Du siehst, wie dein Enkelkind groß wird – der zeigt auf mich und lacht! Schön! Also, die Nähe macht schon was aus! Nee, er geht in einen anderen Kindergarten, darauf hat Jan bestanden, weil er natürlich weiß, dass er dann keine Ruhe hat und seinen Sohn womöglich bevorzugt.

Du, Jan ist sowas von verhaftet in seiner neuen Familie – dennoch bin ich froh, wenn er seine Freunde ab und zu sieht. Seine Familie mit Frau und Kind nimmt er so wichtig und so ernst! Er hat wegen der Familie den Sport aufgegeben, was ich nicht so gut finde. Immer, wenn's was Neues gibt und wenn er uns mit seinem Sohn eine Freude machen will, kommt er rüber zum Reden; also ich glaube, dass *er* mehr von uns abhängig ist als wir von ihm. Das sag ich jetzt so: du, wenn der wegziehen würde mit Frau und Kind, das würde uns unheimlich schwer fallen! Aber er geht nicht weg, bin ich mir fast sicher!

Du weißt nicht mehr, was du sagen sollst in so einer furchtbaren Zeit

Elisa? Oh, endlich lernte sie einen jungen Mann kennen, den sie liebte und sogar geheiratet hat und sie haben sich ein Haus gebaut am Rande von Berlin. Sie haben beide gut verdient und er hat sehr viel gearbeitet. Die Ehe lief ganz gut und vier Jahre später ist ihr Mann gestorben. Das war 'ne ganz furchtbare Sache für Elisa, daraufhin bin ich sofort zu ihr gefahren und war fünf Wochen bei ihr. Das war schwer für sie! Elisa hatte einen Schock und zitterte am ganzen Körper. Du, es ist sehr traurig, jemanden in so einer furchtbaren Zeit zu betreuen! Auch ich war hilflos! Du weißt nicht mehr, was du sagen sollst; du musst nichts mehr sagen – es *gibt* nichts zu sagen! Nur zuhören und da sein, was kochen – sie hat dann nichts mehr gegessen, nur noch geraucht, geraucht!

Bis heute wohnt sie in dem Haus und zahlt tapfer ihre Raten ab; im öffentlichen Dienst verdient sie auch gut. Nach fünf Jahren wohnt sie noch immer, recht zufrieden, alleine in dem Haus – sie hat gerade 'nen Freund, so mehr eine Wochenendbeziehung Und sie macht wieder Yoga. Wir telefonieren öfters und ich fahre alle sechs bis acht Wochen nach Berlin, eigentlich mehr wegen der Mutter. Dadurch sehen wir uns auch und freuen uns aufeinander.

Der Kraftakt, ihn mitzunehmen, ist genau so groß wie vor 30 Jahren

Mit Rüdiger? Wir führen das so weiter und fahren alleine in den Urlaub – obwohl er nie so richtig in den Urlaub fahren will. Was sich auch nie ändern wird. Aber was witzig ist: immer wenn wir aus einem Urlaub nach Hause kommen, sagt er: *das* war jetzt der schönste Urlaub! Und dann schwärmt er bei all seinen Bekannten, wie toll das in Indien z. B. war, wie wir mit Rucksack und nur mit der Eisenbahn unterwegs waren. Aber jedes Mal ist es … nicht ein Kampf, sondern er ist eigentlich desinteressiert.

Nur wenn man ihn auf eine Sache aufmerksam macht, dann vertieft er sich bis zum letzten da rein. Waren z.B. im neu eröffneten Museum: du, wir waren *vier* Stunden da! Weil er sich bis zum letzten da durcharbeitet – was ich dann auch wieder gut finde. Was ich *nicht* verstehe: warum kommt *er* nicht auf die Idee? Das kostet mich langsam ein bisschen Kraft. So sieht's aus: der Kraftakt, ihn mitzunehmen ist genau wie vor 30 Jahren und wird sich ooch nicht mehr verändern.

Er fühlt sich am wohlsten, wenn ich nicht arbeite

Meine Wechseljahre hab ich nicht gemerkt, ab und zu mal Schweißausbrüche, die hab ich heute auch noch manchmal. Mir macht mein hoher Blutdruck eigentlich keine Sorgen, aber er ist da. Die Schweißausbrüche hab ich mehr aus Nervosität, wenn ich aufgeregt bin oder wenn peinliche Dinge sind.

Also ich merke, seitdem ich Rentnerin bin, also ohne viele Termine und mit einem festen kleinen Einkommen, genieße ich diese häusliche Ruhe. Manchmal denk ich: eigentlich könnteste mal 'ne Kur machen! Rüdiger geht's ähnlich, der muss ruhiger treten, er hat ooch 'nen hohen Blutdruck, hat Schmerzen im Rücken, da haben wir mal eine Woche 'ne Kur gemacht und uns vorgenommen, das jedes Jahr zu tun. Natürlich machen wir's nicht – so ist es!

Wenn ich Ruhe habe, dann mach ich Yoga, probiere bestimmte Dinge aus und mach nach einem Video Yoga. Oder ich hör meine Musik. Was ich unheimlich gerne mache, jetzt im Winter: ich mummel mich in meine Decke ein, leg mich auf meine Couch und lese und lese und lese, koch mir 'n Kaffee oder Tee, * och, ist das schön!* Du und dann ist das so: ich frühstücke oft wenig oder gar nicht, habe dann um zwölf Hunger und dann koche ich mir wirklich ein

Menü – auf dieses Essen freue ich mich! Du, mein Essen schmeckt jeden Tag anders. Ich koch vor allem für mich gerne, weil ich da experimentieren kann – vor allem mit Kräutern und Gewürzen. Für Rüdiger koche ich extra, mal Bratkartoffeln oder Eierkuchen, das isst er so gerne.

Wenn ich mir was Gutes tun will, fahre ich viel Rad! Übrigens: Rüdiger hat mir extra 'nen Strandkorb gekauft, damit ich mich im Garten auch mal hinlege und nicht arbeite! Denn er fühlt sich am wohlsten, wenn ich nicht arbeite. Und das klappt nicht so richtig! Aber nicht, weil ich die Ruhe nicht habe, sondern weil so'n Strandkorb völlig unbequem ist!

Diktatorisch auch in der Familie

Rüdiger ist immer noch Bürgermeister und fühlt sich wohl in diesem Job; er ist es ja schon lange: jetzt kommt schon die dritte Legislaturperiode, er will sich wieder aufstellen. Aber mal so als Wermutstropfen: ich finde, je länger er das macht, je mehr entwickelt er diktatorische Züge. Und das überträgt er auf die Familie oder auf mich! Vielleicht ist das von mir 'ne Einbildung, ich bin mir nicht so sicher, aber ich finde, dass er diktatorisch ist; er hört auch nicht mehr zu, er springt mir ins Wort, er weiß alles besser, hat vielleicht och mit dem Alter zu tun. Also das ist 'n Problem momentan.

Ja, wir reden dann manchmal, aber er kann nicht reden, sowieso nicht über Probleme. Früher hab ich das entschuldigt und dachte, na gut, Männer können das eben nicht; aber sie sind einfach feige! Er würde mit seinem Schiff bis zum Nordpol fahren, aber sich speziell mit *mir* auf eine Diskussion einlassen: macht er nicht. Er dreht sich weg, steht auf, verlässt mich — was ich ganz furchtbar finde. Ich kann es nur so stehen lassen, weil: grundsätzlich stimmt's ja zwischen uns.

Verrückt, wie wichtig die Sexualität für die Männer ist

Unsere Sexualität? Schwierig, zumal wir ja schon 34 Jahre verheiratet sind. Es wird natürlich immer weniger, aber es wird umso wichtiger. Manchmal denk ich: du müsstest mit deinem Mann mal schlafen, dann wird er'n bisschen weicher, ne! Also du setzt das schon als Funktion in die Ehe (lacht)!

Wenn dann solche Streitereien waren, dann geht das natürlich nicht. Die Sexualität ist deshalb wichtig für Rüdiger, und ich denke, *ich muss das machen*, sonst komm ich mit ihm nicht weiter. Zumal er natürlich auch seine Grenzen hat in seinem Alter: es wird weniger, aber es ist wichtig.

Dann ist es auch egal, ob das einmal in der Woche ist oder alle Vierteljahr – damit kannste schon gut leben. Es ist wirklich verrückt, *wie* wichtig die Sexualität ist: er guckt mich anders an am nächsten Tag, er redet mit mir anders, er ist weicher; und das macht natürlich Mut, weiter zu machen, ne!

Wie es für mich ist? Ich denk immer, ich brauch's überhaupt nicht, aber wenn's dann passiert, dann denk ich: och, war ja *doch* ganz schön! Ich glaub, das geht ganz vielen so!

Die Männer sind ja viel mehr unter Druck als wir Frauen, und dadurch kann ich das schon verstehen. Aber ich sage mir, hey, er könnte sich ja 'ne Jüngere suchen – warum macht er's eigentlich nicht? Nee, ich würd's nicht gut finden – ich würd darunter leiden, glaub ich.

Was machen die eigentlich mit dem Ding?

Ja, ich hab ein Smartphone, aber ich will mal behaupten, dass ich *nicht* abhängig bin davon! Ich freue mich, dass ich es habe! Es ersetzt mir manchmal das Briefeschreiben – was ja vielleicht nicht gut ist. Rüdiger sagt, wenn er mich mal damit sieht, ich sei schon süchtig. Nein, sage ich, ich höre nur in der Mediathek die Buch-lesung von gestern nach! Ich meine, ich war auch so drauf: wenn ich mal in der Stadt bin und in der U-Bahn alle da rein gucken sehe, dann denk ich: mein Gott, *was machen die eigentlich* mit dem Ding? Jetzt weiß ich, was die machen!

Du hast natürlich 'ne große Informationsfülle – aber wenn du die gut verarbeitest, find ich das Smartphone absolut von Vorteil. Du, ich nehme das sonst *nie* mit, wenn ich unterwegs bin, ich brauch das nicht; ich will auch nicht immer und überall erreichbar sein. Damit kommen viele nicht klar. Wenn wir im Urlaub sind, schick ich 'n Foto, da brauch ich keine Karten schreiben (lacht); ist natürlich och nicht so schön, ne!

Mutter ist tapfer mit ihren 92 Jahren

Erkenntnisse? Ich sehe meine Mutter altern mit fast 92. Aus dem Betreuten Wohnen heraus ist sie ins Pflegeheim gegangen – halb widerwillig, halb willig. Zu meinem 60. Geburtstag hat sie noch getanzt, da war sie 80.

Schon ein paar Jahre später hat sie Knochenkrebs gekriegt, den hat sie gut überwunden, sitzt aber wegen ihrer beschädigten Wirbelsäule, hohem Blutdruck, Arthrose und Zucker nur noch im Rollstuhl und ist sehr eingeschränkt in ihrer Bewegung.

Ich bin sehr oft bei ihr, hab in der ersten Zeit auch drei Nächte bei ihr geschlafen, um zu sehen, wie das so läuft. Denke, es ist schwer für die Schwestern, weil sie ständig unterbelegt sind. Meine Mutter ist aber och tapfer, versucht alleine die notwendigsten Dinge zu schaffen.

Was mir jetzt erst klar geworden ist, dass ich immer etwas grob zu ihr war. Sehe, dass sie tapfer ist und sich bemüht, sie ruft auch nachts nie nach der Schwester, wenn sie aus dem Bett raus, in den Rollstuhl rein, auf die Toilette muss – was ja gefährlich ist! Viele machen das nicht mehr in ihrer Unbeweglichkeit aus Angst vor Brüchen. Sie will auch immer noch feiern, jetzt ihren 92.

Ich hol sie jedes Jahr mal nach Hause oder wir fahren zu Elisa ins Haus und sind dort mit der ganzen Familie zusammen. Wenn ich die Pfleger sehe, was die so alles machen, das könnte ich nicht! Meinen Respekt für die Schwestern und Pfleger!

Ich liebe die Extreme
Martha, geboren 1964

Das erste Interview im Jahr 2000
Martha ist 35

Wie ich mich selber beschreiben würde? Also, ich denke nicht so sehr über die Zukunft nach, ich lebe einfach so von heute bis morgen. Weil ich die Erfahrung gemacht habe, es ist sowieso Quatsch, sich darüber heiß zu machen, was übermorgen ist. Das passiert immer doch ganz anders, und man hat dann so viel Energie dafür verschwendet. Ich nutze die Energie lieber für das Heute und komme damit auch total gut zurecht.

Eigentlich will ich ganz viel schaffen und denke, die Nacht ist doch überflüssig ... Ich bin ansonsten recht freundlich, aber auch empfänglich für alle negativen Sachen, die mir sehr nahe gehen. Gerne zieh ich mich lustig an, so dass mir immer alle Leute hinterher gucken (lacht). Auf andere wirke ich wie ein Luftikus! Unernst! Nee, ich glaube, auf andere wirke ich eher ziemlich freundlich und ausgeglichen und ruhig ... ja, da kann ich meine Fassade gut aufrecht erhalten!

Glücklich fühle ich mich, wenn ich Extreme erlebe! Also, wenn ich Grund habe zum Lachen und mich zu freuen, aber auf der anderen Seite auch, wenn ich Grund habe, zu weinen oder traurig zu sein. Diese Spannung brauche ich irgendwie in meinem Leben. Dazu gehört auch einsam sein, und dann wieder unter Leuten sein. Extreme wie Schreien, Heulen ... Geld ausgeben, sparsam sein ... laute Musik hören, gar nichts hören. Viel arbeiten und wiederum faul sein gehört auch dazu – obwohl ich ja ständig stricke, also richtig faul bin ich nie! Faul sein und fleißig sein ist ja immer der Maßstab, den andere ansetzen, und man selber ist so blöde und lässt sich davon fangen, ja. Manchmal glaube ich, dass ich sogar Streit hervorrufe, um diese Extreme zu erleben, nicht vom Kopf her, aber vom Gefühl!

Die ersten 26 Jahre

Als ich auf die Welt kam, gab es schon meinen Bruder, der ist zweieinhalb Jahre älter als ich. Meine Eltern und wir haben in einer ganz kleinen Wohnung unter'm Dach gewohnt – wenn sie davon erzählen, hört sich das so schön kuschelig an, ja so friedlich und nett. Ich glaube, ich bin da in eine ziemlich behütete Welt hinein geboren worden. Als ich drei war, sind wir in eine so *richtig schöne* Neubauwohnung gezogen; in so einen Betonklotz – da bin ich auch in den Kindergarten gegangen und zur Schule gekommen. Später sind wir in eine Kleinstadt im Norden gezogen, wo meine Eltern ein Fotogeschäft hatten.

Nach der 10. Klasse habe ich Zootechniker mit Abitur gelernt und im Kuhstall Kühe gemolken. Als ich das mit Ach und Krach fertig hatte, sollte ich studieren – wollte aber nicht; ich habe einfach meinen Studienplatz nicht angetreten, sondern in Güstrow ein praktisches Jahr im Tierpark gemacht, was mir auch doll Spaß gemacht hat. In der Zeit habe ich Hans kennengelernt, meinen ersten Mann, der dort auch gearbeitet hat. 1986 sind wir nach Perleberg gezogen, wohnten in einer ziemlich chaotischen Wohnung. Aber das war ja damals egal; Hauptsache, irgendwas Gemeinsames! Hier haben wir auch wieder im Tierpark gearbeitet, und das war auch ziemlich fetzig und einfach eine schöne Arbeit. Im November '87 ist Charlotte geboren worden und Hans ist ein halbes Jahr später zu den Bausoldaten gekommen, was ziemlich tragisch für uns war. Wir bekamen eine AWG-Neubauwohnung – eine richtig *tolle* Wohnung. Die meisten Leute waren auf so eine Wohnung total scharf! Als Charlotte ein Jahr alt war, sind wir wieder ausgezogen, weil ein

Freund von uns hier am Salzhaff sein Haus verkaufen musste. Er hatte einen Ausreiseantrag gestellt, dem drei Jahre später stattgegeben wurde, und dann ging es Knall auf Fall: ob wir sein Haus kaufen würden, und wenn ja, musste alles ganz schnell passieren!

Für mich war es ganz schön blöd, weil Hans noch bei der Armee war; so haben wir den Umzug in drei Tagen Sonderurlaub durchgezogen. Die Wende war schon in Sicht und Hans verletzte sich absichtlich, um nicht wieder zur Armee zurück zu müssen. Nach dem Mutterschutzjahr begann ich wieder zu arbeiten. Damals war Bedingung: wir durften nur hier wohnen, wenn einer von uns hier Arbeit hatte. Da wusste ich, dass ich schon wieder schwanger war, von daher war mir die Art der Arbeit egal. So bin ich wieder im Kuhstall gelandet – es waren nur zehn Tage, aber die waren sowas von einschneidend und grauselig! Angefangen mit dieser Arbeitszeit von morgens halb vier bis um acht und von eins bis halb sechs; also, das ist richtig unmenschlich. Du schläfst nur, arbeitest und isst, und triefst die restliche Zeit so vor dich hin! Auch die Leute, die dort gearbeitet haben, waren entweder Alkoholiker, oder die hatten sonst wie ein Rad ab. Die Tiere wurden nicht sehr würdig behandelt. Da ich schwanger war, durfte ich die restliche Zeit in der Kinderkrippe arbeiten, da konnte ich Charlotte immer mitnehmen, und das war dann erträglich.

Niemals Feierabend – keinen Privatbereich oder: Viel Geld – wenig Zeit

Dann wurde unser Wendekind Richard geboren. Hans hat gejobbt und sich ein halbes Jahr später auf der Suche nach einem sinnvollen Job überlegt, was er tun könnte. Ihm war aufgefallen, dass die ganzen Häuser hier ungedämmt sind; Energie kostete ja nichts zu DDR-Zeiten – so entdeckte er diese Marktlücke. Zur selben Zeit war eine Annonce einer Ratzeburger Firma in der

Zeitung, die einen Partner hier im Osten suchte, der Häuser dämmt. Auf einer Messe lernten wir sie dann kennen – und so begann es! Wir gründeten eine Firma, die zuerst hier im Haus war, und das war belastend ohne Ende! Mit den kleinen Kindern hier, und ständig klingelte das Telefon, ständig liefen irgendwelche Leute durch unsere Küche! Es war niemals Feierabend; es gab keinen Privatbereich mehr! Ich weiß noch: einmal klingelte das Telefon und es war ein Architekt dran. Die kleine Charlotte war am Hörer und sagte: Meine Mama ist gerade kacken (lacht)! – Dieses Erlebnis beschreibt wohl die Situation damals ganz gut!

Das ist dann ganz schnell mehr geworden. Allein haben wir es bald nicht mehr geschafft, so dass wir noch zwei Mitarbeiter einstellen mussten. Am Anfang waren Hans und ich noch sehr euphorisch; als wir plötzlich das viele Geld verdient haben – war alles toll und super!

Als der Höhenflug vorbei war, merkten wir, dass wir nicht auf unsere Beziehung geachtet haben, denn sie litt darunter. Die Kinder kamen auch zu kurz, und ich glaube, ich war mit allem unzufrieden. Es war keine Zeit mehr für den Garten – im Gegenteil: die Äpfel wurden gekauft, obwohl viele am Baum hingen – kaufen war schneller und einfacher, und Geld war im Überfluss da!

Einen Schnitt machen

So brauchte mir nur noch ein netter Mann über den Weg zu laufen – und schon war ich weg! Nee, ganz so einfach war das nicht. Aber ich war einfach unzufrieden und fühlte mich nicht mehr geliebt von Hans; und das war schon Grund genug, erstmal so einen Schnitt für mich zu machen. Dann hat es natürlich großartig gekracht, ich war verliebt! Aber *der* Mann war es auch nicht, es war nur eine kurze Affäre. Hans hat ziemlich gekämpft um mich. Er hat für sich gesehen, dass es an der Arbeit gelegen hat; für mich gab es noch andere Gründe.

Er sah als Chance für uns, dass ich mir eine andere Arbeit suche. Da hab ich gedacht: das kann nicht sein, dass der mich hier auch noch raus kanten will! Was sollte ich denn machen? Ich hatte zwar meine Ausbildung, aber ich wollte mit den beiden kleinen Kindern auch nicht den ganzen Tag arbeiten gehen. Zumindest habe ich mich vor den Kopf gestoßen gefühlt!

Wir haben es nochmal miteinander versucht, und das hat natürlich nicht lange gehalten. Als es das zweite Mal so richtig krachte, war es für mich endgültig. Ich habe für Hans überhaupt nichts mehr empfunden. Es gab eine lange Trennungsphase: Rechte einklagen, überlegen, wie man's mit den Kindern macht. Ich glaube, Hans hat sehr gelitten – ich hab es aber nicht gesehen und wollte es auch nicht sehen! Bestimmt habe ich ihm sehr Unrecht getan in der Zeit. Er hat es immer wieder versucht, wollte irgendwelche Beratungen mit mir wahrnehmen, sich von anderen Rat holen; er wollte sich auch ganz viel Zeit lassen und hat gesagt: Lass erstmal ein halbes Jahr vergehen, ohne, dass wir uns jemand anderem zuwenden! – Ich hatte aber das Gefühl, ich hätte kein halbes Jahr Zeit! Es war schon ungerecht, aber für mich war es in Ordnung; ich musste diese Erfahrung auch machen. Ich hätte nicht mit dem Kopf sagen können: Ja, gut – und das Gefühl wäre nicht dabei gewesen.

Was mir in dieser Zeit besonders am Herzen lag? Die Kinder lagen mir sehr am Herzen und mit ihnen habe ich mich immer sehr wohlgefühlt! Nein, so hatte ich mir das nicht vorgestellt, dass die beiden morgens im Kindergarten die Ersten und abends die Letzten waren, und der Rest des Tages für mich nur noch aus Rackern bestand! Der Garten war für mich ein Hauptgrund, dass wir hierher gezogen sind, und das hatte sich dann auch erledigt! Ich habe auch vorher ganz viele Handarbeiten gemacht: genäht, gestrickt, Scherenschnitte … komisch, mir erscheint das alles so unwichtig! Also: nicht erwähnenswert – aber das ist wohl typisch für mich! Was ich selber machte, wurde immer so weggetan: war ja nichts, so nach dem Motto. Das geht mir heute noch so, vor allem mein Vater hat das oft drauf, so abfällige Bemerkungen zu machen, wenn ich zum Beispiel was gefilzt habe. Jetzt, wo ich das so erzähle, komme ich mir richtig doof vor – es fällt mir sehr schwer, darüber zu reden! Manchmal halte ich mir das selber vor Augen, wie unwichtig ich doch bin!

Der erlösende Punkt kam eigentlich erst, als Hans hier auszog aus dem Haus, da erst habe ich mich frei gefühlt. Hatte dann zwei oder drei Beziehungen zu Männern, die kurzzeitig waren: also, die von mir aus einfach nicht so ernst waren.

So waren wir nicht ganz allein, konnten uns aber auch nicht auf den anderen einlassen.

Kurze Liebe und noch ein Kind

Bis dann *Markus* kam! Das heißt, bis wir uns getroffen haben, auf einem Oberton-Seminar. Das war echt Liebe auf den ersten Blick! Das Glück hat aber nicht lange angehalten, es war einfach schwierig. Ich glaube schon, dass wir uns so richtig geliebt haben. Aber das Leben hier war einfach nichts für Markus! Sein Leben war Wanderschaft, ständig neue Leute und nicht sesshaft sein, nicht dauerhaft verantwortungsvoll sein. Er brauchte also jeden Tag die Freiheit, Verantwortung zu übernehmen oder nicht – das ist natürlich mit *dann drei Kindern* für mich auch nicht mehr möglich gewesen! Also, irgendjemand musste schon die Bodenständigkeit behalten!

Ja, ich wollte schon immer drei Kinder haben. Eigentlich schon mit Hans – aber als dann im Zuge der Firma dieses tolle, große Auto vor der Tür stand, da dachte ich: da *hast* du dein drittes Kind!

Zum Glück wurde mein drittes Kind dann doch noch geboren. Zwei Jahre haben Markus und ich zusammengelebt. Wir haben von

Sozialhilfe, irgendwelchen Unterstützungen und Kindergeld gelebt. Die Beziehung ging dann sehr schmerzhaft zu Ende.

Dann habe ich ganz schnell gemerkt, dass ich wieder Geld verdienen muss, um auf eigenen Füßen zu stehen. So habe ich Hans gefragt, ob ich wieder in der ehemals gemeinsamen Firma arbeiten könnte. Seitdem arbeite ich da in der Firma: Rechnungen schreiben, Telefonanrufe entgegennehmen, Farben verkaufen …

Ängste und Sorgen alleine tragen

Charlotte und Richard gehen auf eine Waldorfschule und Tabea geht in einen ganz schönen Kindergarten – also, von der Organisation her haben wir das alles schon ganz gut hingekriegt. Es hängt vieles von meiner Stimmung ab: ich habe Phasen, wo ich denke, ich könnte die ganze Welt umkrempeln, und andere Phasen, wo mir jeder Weg zu viel ist, ich einfach das Gefühl hab: jetzt geht gar nichts mehr!

Die Belastung ist schon enorm groß: es ist nicht nur die Organisation, der Haushalt und das Hin- und Herfahren, sondern es ist einfach die Belastung, *alles* alleine machen zu müssen. Also nicht: alleine morgens aufzustehen und die Kinder fertig zu machen oder so. Sondern die Ängste und die Sorgen alleine zu tragen, also das, was eigentlich mit einem Partner stattfindet. Es ist eine Belastung, der ich nicht gewachsen bin. Ich wache oft nachts auf und hab totale Angst, dass den Kindern was passiert, mach mir Sorgen um die Zukunft – was soll mal werden, wie sinnvoll oder sinnlos ist alles?

In der Zeit, wo ich hier alleine lebe, habe ich begriffen, was es bedeutet, keinen Partner zu haben. Ich musste erst an diesen Punkt kommen. Also, ich wäre *jetzt* bereit gewesen, noch irgendwas mit Hans zu kitten, das hätte bestimmt funktioniert. Doch ich war leider damals nicht bereit dazu.

Ich sehne mich total nach einer heilen Familie, aber ich weiß, dass es für mich nie wieder so kommen wird. Die Väter meiner Kinder leben einfach nicht mehr hier! Wobei ich aber sagen muss, dass Hans sich um die Kinder kümmert, auch um Tabea, und dass ich ihm auch nicht egal bin. Aber es ist etwas Auseinandergerissenes – die Kinder sind mal bei mir und mal bei ihm.

Ich denke nicht, dass ich ewig alleine leben will. Es wird mir schon mal wieder ein Mann über den Weg laufen, der es eine Weile mit uns aushält. Sich hier auf dieses ganze Chaos einzulassen, bedeutet ja auch einiges! Verstehen kann ich es, dass die Männer schnell die Flucht ergreifen! Wobei mir noch nie ein Mann über den Weg gelaufen ist, der etwas dagegen zu setzen hat! Ich begegne immer nur Männern, die nur durch die Gegend ziehen und darauf warten, dass sie irgendwo einkehren können ...

Wünsche? Zu Weihnachten habe ich etwas erlebt, das war wie ein Lichteinfall in mein Herz. Ich habe wirklich einen dollen Lichtschein empfunden und es hat sich so eine Hoffnung in mir breit gemacht. Ich wünsche mir, dass ich diese Hoffnung in mir behalten kann im nächsten Jahr! Mein schönstes Erlebnis '99 waren diese drei Wochen Mutter-Kind-Kur, die ich für mich und meine Kinder hatte, wo ich nur das machen konnte, was ich wollte: schlafen, spielen und sowas!

Das zweite Interview im Jahr 2001

Höhen und Tiefen mit einem Kriminellen

Ja, ich kann dir was Neues erzählen: Im letzten Jahr habe ich Kevin kennengelernt. Er ist aus dem Knast als Freigänger abgehauen und wurde überall gesucht, was ich aber damals noch nicht wusste. Fünf Wochen wohnte er bei mir, und als ich dann sagte, dass ich das nicht mehr will und dass er endlich seine Sachen klären solle, da kam alles eins zum anderen.

Es wurde ziemlich dramatisch, er wurde, na sagen wir mal, eingefangen. Als ich alles erfuhr, hätte ich längst die Gelegenheit gehabt, zu sagen: Schluss, aus, vorbei, ich will mit dem Kerl nichts mehr zu tun haben. In erster Linie war ich verletzt, dass er mir nicht die Wahrheit gesagt hat! Aber irgendwas war in mir, das das irgendwie nicht zuließ. Es war schon so, dass ich mich mit meinen Zweifeln und Ängsten an Gott gewandt hab, wo eine Hoffnung für ihn ist. Zu der Zeit hab ich mich intensiv mit Gott befasst, weil Tabea getauft werden sollte. In dem Moment ist das passiert mit Kevin, der war einfach nur *fertig* und hätte sich am liebsten umgebracht – das kann ich auch verstehen! Ging ja leider nicht, er hat es im Knast vorher versucht, aber es ist wohl nicht so einfach, sich da umzubringen. (lacht traurig, schweigen)

In mir ist eine ganz große Zerrissenheit zwischen Misstrauen, Angst, zweifeln, und auf der anderen Seite immer positiv zu denken. Nee, ich glaub, das, was andere mir immer einreden wollen, so'n Helfersyndrom hab ich nicht! Nun kann man sich selber schwer einschätzen, aber er will sich ja auch in vielen Sachen nicht helfen lassen. Klar, wenn man verliebt ist, gibt einem das schon Kraft. Nachdem er seine Strafe abgesessen hatte, stand er wieder vor unserer Tür.

Was ich an ihm mag? Ja, klar, ich habe viele Höhenflüge mit ihm. Es gefällt mir total, mit ihm zusammen zu sein. Also, wenn man diese scheiß Geschichten mal weg lässt, diese Ängste. Und wenn etwas geklärt ist, ist das ja auch gleich wieder verraucht; dann kommt das Schöne! Ich habe schon das Gefühl, dass ich auch schwach sein kann, mich anlehnen kann; ich habe es ewig lange nicht erlebt, dass mich jemand tröstet! Also, da bin ich total bedürftig! Und es ist einfach schön, mit ihm zu quatschen und er ist lustig. Was mich so reizt, ist diese raue Schale und der weiche Kern. Dass er so sensibel ist und gefühlvoll. Es ist mir noch nie so gegangen, dass jemand *so viel* Rücksicht genommen hat, auf das, was ich tue. Ja, irgendwie hab ich das Gefühl, er liest mir jeden Wunsch von den Lippen ab Es ist einfach total schön! Wobei ich merke, wo es mir schlecht geht mit ihm, kann ich ihn überhaupt nicht an mich ran lassen.

Ein ganz fettes Problem ist, dass ich keinem mehr was erzählen kann. Weil alle sich an den Kopf fassen! Da kommt ja auch keiner mehr mit! In meinen frohen Stimmungen kann ich dir erzählen: Es ist alles gut, und einen Tag später sieht es schon wieder völlig anders aus; da *kann* ja keiner mitkommen! Und deshalb muss ich das alles selber mit mir austragen. Tja. Es nimmt natürlich jetzt 80 Prozentmeines Lebens ein! (schweigen) … Ich habe gemerkt: Kevin ist kein Verbrecher, das ist Quatsch, wirklich Blödsinn! Denke eher, dass er wirklich bisher keinen Sinn und Halt hatte in seinem Leben. Und: wozu sollst du dich dann anstrengen? Wenn du als Kind nur Scheiße erlebt hast und frühzeitig gelernt hast, dich immer nur so durchzugaunern … Also, ich denk, das einzige, womit ich ihm helfen kann, ist, geduldig zu sein. Ihn nicht gleich zu verdammen, wenn er Scheiße baut! Hätte ihn schon zehn Mal zum Teufel jagen können, Gründe gab es ja genug! Ich habe auch das Gefühl, dass so 'ne Beziehung ganz schön einsam macht. Mit mir will niemand zu tun haben, solange ich mit dem Kerl zusammen bin! Ist schon schwierig!

Ich habe die Hoffnung auf eine längere Beziehung aufgegeben. Solange, wie ich Kevin mag, solange geht es eben. Ich verspreche mir da nichts. *Er* sieht das anders! Aber er weiß, dass es bei mir so ist.

Die Kinder an meinem Leben teilhaben lassen

Wie sieht mein Alltag aus? Ich bin ja immer noch auf der Suche nach dem Alltag. Ein paar Eckpunkte sind einfach dadurch gesetzt, dass die Kinder morgens um sechs aufstehen müssen – und ich halt auch, dass sie zur Schule und dazu den Zug schaffen müssen; dass ich um acht auf der Arbeit sein und Tabea vorher im Kindergarten sein muss. So zwischen vier und fünf Uhr nachmittags muss sie wieder abgeholt werden, und die großen Kinder sind inzwischen auch eingetrudelt.

Danach ist eigentlich nicht mehr viel Zeit, nur noch zum Abendbrot machen und zum Essen, vielleicht noch ein Spielchen, dann ins Bett: Tabea um acht, Richard halb neun, Charlotte um neun. Danach bleibt nicht mehr so viel. Einmal die Woche ist Frauenabend, doch ansonsten ist es bei den guten Vorsätzen geblieben. Ich bin oft so fertig., dass ich nur noch so vor mich hin träume. Nach wie vor mach ich gern Handarbeiten, aber die Zeit reicht nicht, dass ich mich intensiv damit befassen kann. Das mach ich so nebenbei; der Kopf ist dabei ganz woanders, meistens bei irgendwelchen Sorgen oder Problemen, wie es weitergehen könnte.

Wie ich meine Kinder erziehe? Eigentlich möchte ich nicht viel an ihnen herum erziehen! Sie haben nicht viele Pflichten; müssen regelmäßig ihre Fische und Meerschweinchen sauber machen. Viel sehen sie von alleine, und es ist so, dass wir zusammen was tun, bis alles so fertig ist abends. Charlotte brauche ich weniger auffordern und Richard muss ich öfter in den Hintern treten. Aber sie sind mir 'ne ganz schöne Hilfe. Manchmal machen sie auch alles ganz alleine, wenn ich mal weg muss. Vor allem finde ich es total schön, dass sie sich so lieb um Tabea kümmern.

Ich höre oft von Leuten, ich wäre inkonsequent. Das ist absolut *nicht wahr!* Ich lasse eben sehr viel zu. Ich gebe ganz viel Freiraum zum Reden, Diskutieren, Streiten und merke, dass ich selber kaum Grenzen habe und für vieles offen bin.

Den Kindern fällt es schwer, den Wechsel zwischen Vater und Mutter zu vollziehen – wir sind halt nicht so 'ne normale Familie. Das ist mir jetzt gerade wieder aufgefallen, als sie mit Hans in den

Urlaub gefahren sind. Sie waren total traurig, weil nicht die ganze Familie gefahren ist – nein, da muss eine der liebsten Personen zurückbleiben! Das ist für sie schwer, dieses Ankommen und Verabschieden. Es ist so, dass die Kinder jedes zweite verlängerte Wochenende bei Hans sind … Ach, meinetwegen könnten sie immer bei mir sein! So, wie es jetzt ist, heißt es immer wieder: sich verabschieden und sich dann Sorgen machen. Ich versuche, damit zurechtzukommen. Allerdings habe ich dann mehr Zeit für mich. Doch, beide wollen schon bei ihrem Vater sein, der mit seiner Freundin zusammenwohnt.

Mit acht Wochen schon in der Kinderkrippe

Was *ich* für ein Kind war? Ich habe gerade eine Therapie angefangen, und 'ne Hausaufgabe bekommen: ich sollte mir eine positive und eine negative Situation vorstellen, bevor ich sechs war. Und mir ist nichts eingefallen. *Mir ist nichts eingefallen!* Das hat mich ganz schön stutzig gemacht! Ich kann mich zum Beispiel an keinen Kindergeburtstag erinnern. An was ich mich erinnern kann, hat eigentlich nur mit meiner Mutter zu tun.

Und dieses *Kuschelige*, was ich da letztes Mal gesagt habe: ich glaube, das ist eher so ein Bild, wie ich es gerne gehabt hätte! Direkt nach außen hat sich meine Mutter mehr um mich gekümmert. Nein, sie war nicht zu Hause. Wie es üblich war früher, war ich mit acht Wochen schon in der Kinderkrippe. Mein Vater war die erste Zeit nur am Wochenende zu Hause. Später war ich jeden Tag von früh morgens bis nachmittags im Kindergarten. Also, bevor ich sechs war, scheint etwas ganz Einschneidendes gewesen zu sein, da kann ich mich an ganz wenig erinnern. Ist komisch! Mit meinem älteren Bruder habe ich mich später schon ordentlich geprügelt; wir haben auch nicht miteinander gespielt. Zeitweise haben wir uns gehasst wie die Pest!

Sehnsucht nach den Eltern

Später hatte ich sehr viele Freiheiten. Meine Eltern haben sehr viel gearbeitet und ich war sehr viel alleine zu Hause, auch am Wochenende. Ich habe früh angefangen, Volleyball zu spielen und zu schwimmen, auch in Wettkämpfen. Da meine Eltern immer unterwegs waren, war ich mit 11, 12 alleine, meistens mit 'ner Freundin. Ich hatte *so* eine Sehnsucht nach meinen Eltern, dass ich oft nach der Schule zu ihnen ins Geschäft gegangen bin, dort meine Hausaufgaben gemacht und vielleicht 'n bisschen geholfen habe, aber da hatte auch keiner Zeit für mich, wonach ich mich immer gesehnt habe.

Auf der anderen Seite ging es mir auch nicht schlecht; also, ich wurde nicht geschlagen oder so. Ich bin immer davon ausgegangen, dass meine Mutter 'ne Freundin für mich war und habe ihr ziemlich viel erzählt. Aber ich weiß nicht, ob das immer so gut war! Ich bin ständig meinen Sehnsüchten hinterher gerannt; ich wollte ja Nähe haben zu meiner Mutter. Und dafür hab ich viel geopfert von meiner Persönlichkeit und dachte, wenn ich mich öffne, erzeugt das Nähe. Aber wenn das so einseitig ist, bist du wie ein Schwamm, der ausgesaugt wird. Ich habe nicht gelernt, Entscheidungen zu treffen. Meine Eltern *wussten* einfach, was für mich das Beste war! Und das hat mir nicht gut getan. Das mit den Entscheidungen hat sich durch mein Leben so weiter gezogen.

Als diese Geschichte mit Kevin kam, ist es soweit eskaliert, da habe ich mich zugemacht und gesagt: Ich will meine Entscheidungen *jetzt* alleine treffen, ihr habt da nichts mehr dran rumzusauen! – Da sind sie erst recht wütend geworden. Ich habe sie aber dazu gebracht, dass sie das erste Mal *nicht* mit Liebesentzug drohen oder mich bestrafen. Irgendwie habe ich jetzt ein ganz liebevolles Verhältnis zu ihnen.

Plötzlich viel Zeit

Mir ist heute was total Schönes passiert: und zwar lag heute bei mir im Kasten dieser Briefumschlag mit 50 Euro drin. Ich hab geguckt! Und dann sind mir die Tränen gekommen! Wirklich *so* lieb! Ich meine, es weiß niemand von meinen Geldsorgen, außer meinen Eltern.

Ja, diese äußeren Sachen haben sich schon verändert, aber ich schlittere ja da immer so rein. Da ist nichts, was ich *bewusst* verändere. Ich bin jetzt arbeitslos, hab den Job nicht mehr in der Firma ... Dadurch hat sich geändert, dass ich jetzt viel, viel Zeit habe, und die ist natürlich wieder ganz schnell ausgefüllt. Man fragt sich dann: wie hat man das *vorher* alles geschafft? Die Kinder sind sehr dankbar, dass ich zu Hause bin, da kann ich mich mehr um sie kümmern. Tabea ist so froh, dass sie morgens nicht mehr die Erste und abends nicht mehr die Letzte ist im Kindergarten und dass sie morgens ausschlafen kann.

Schock – und endlich Kreativität leben

Die Kündigung war erstmal ein totaler Schock für mich! Es war ja keine so schlechte Arbeit, aber es war nicht das, was ich mir erträumt hab. Der Schock waren eigentlich die Hintergründe der Kündigung, und auch dieses Anfangen zu schwimmen: Was mache ich jetzt von heute auf morgen? Diese Angst, dass ich nun unter 'ner Brücke pennen muss, nichts mehr zu essen habe ... das ist jetzt übertrieben, aber: doch, so war es!

Erstmal wollten meine Chefs gar keine Gründe nennen, und als ich dann drängelte, sagten sie mir, dass sie sich auf meine Arbeitszeit nicht verlassen können, weil ich so oft krankgeschrieben bin mit den Kindern – und selber auch. Stimmte aber gar nicht, war alles im grünen Bereich! Zumal das ja auch Hans' Kinder sind und er doch froh sein muss, dass ich mich um sie kümmere. Ich habe einen großen Unmut gespürt und das Wort *Mobbing* in den Mund genommen. Das war bei einer Auseinandersetzung, da haben die mich so fertig gemacht, dass ich nur noch heulte; nicht mehr fähig war, mich zu wehren. Das war im Oktober, das hat mich so krank gemacht. Allein der Gedanke, ich müsste da noch mal hin für zwei Monate ... da ließ ich mich krankschreiben!

So konnte ich wenigstens endlich *offiziell* stricken! Nicht nur in der Nacht oder beim Essen! Das Stricken ist nur die eine Sache, die man so fast nebenbei tun kann, aber ich hab auch Lust zu vielen anderen kunsthandwerklichen Sachen – das ist mir ein echtes Bedürfnis. Angewöhnt habe ich mir, so abends zwei Zigaretten zu rauchen, und die zweite rauche ich immer so kurz vor'm ins Bett gehen, hier auf der Treppe (lacht)! Es ist so schön – die Kinder schlafen, es ist eine himmlische Ruhe! Dann fallen mir so viele Sachen ein, die ich machen könnte, dann habe ich *so* viele Ideen – das ist furchtbar, ich kann dann nicht einschlafen, steigere mich da richtig rein!

Na, was willste denn noch wissen, du Plagegeist? (lacht)

Was mir noch einfällt: nach diesem Schock habe ich eine psychotherapeutische Beratung in Anspruch genommen. Das ist so richtig Lebensmut, Lebenskraft bekommen! Ich hab sowas schon öfter angefangen und immer wieder abgebrochen, weil das so *anstrengend* und so *schwierig* und so *langwierig* war! Irgendwie konnte ich das nicht gebrauchen, ich war immer gerade in so 'ner Situation, wo ich mal sofort meinen Kick haben musste. Und bei *der* Therapeutin, da kriegst du ihn, da gehst du so richtig gestärkt raus! Bei anderen Beratungen, da musste ich immer alles *selber* finden, da werden so doofe Fragen gestellt!

Am meisten belastet mich gerade die Geschichte mit Hans. Er zahlt keinen Unterhalt für die Kinder und meint, er würde sich genauso um die Kinder kümmern wie ich, und wenn ich finanziell nicht zurechtkomme, sollen die Kinder halt zu ihm ziehen. Jedenfalls denke ich, Hans und ich werden *jetzt* erst richtig geschieden. Die Scheidung 1996 war nur so eine formelle Sache.

Im Moment geht es mir total gut, aber morgen kann es mir schon wieder total mies gehen. Es ist wahrscheinlich das, was mich begleitet und mein Leben so ausmacht.

Ich lebe von einem Tag auf den anderen

Ich mache einfach vor vielen Sachen die Augen zu. Zum Beispiel heute, wo ich 50 Euro in der Tasche habe, da weiß ich: es geht wieder zwei Tage! Ich weiß nicht, ob das gut oder schlecht ist. Das Finanzielle ist ja nur die eine Seite; es gibt halt viele Probleme in meinem Leben, die ich nur so stückchenweise packe, so wie der Tag das halt erfordert.

Zum Beispiel diese Geschichte mit Kevin: da habe ich auch die Augen zugemacht und zu mir gesagt: Es geht halt so lange, wie es geht, solange, wie's noch friedlich ist! Aber eigentlich … liebe ich den Menschen überhaupt nicht mehr. Also, *überhaupt nicht!* – Ich habe ihn jetzt vor die Tür gesetzt. Es gab eine ganz heftige Auseinandersetzung und dann ist er auch wirklich gegangen, ist mir aber nachts um die Hütte geschlichen. Ich hab dann bei meinem Nachbarn geschlafen – daraufhin ist er bei *ihm* um die Hütte geschlichen. Und dann hat er mir auch *total* leid getan, weil er hat da nur rumheulte, völlig am Boden war und ich mich wieder mal schuldig fühlte. Aber: hätte ich ihn nicht rausgeworfen, hätte er sich *nie* um 'ne Wohnung gekümmert!

Ja, er hat mich richtig *aufgefressen*, mit Haut und Haaren; er war so besitzergreifend … hat nichts von mir übrig gelassen! Der hat mein Tagebuch durchwühlt, alle Briefe gelesen, die für mich ankamen … also, darin stehen Geheimnisse, die ich noch nie Jemandem erzählt habe! Das ist, als wenn du hier nackig durch die Gegend rennst!

77

In naher Zukunft? Naja … zur Zeit bin ich noch krankgeschrieben, danach muss ich erstmal zum Arbeitsamt gehen … ich war da noch nie, weiß überhaupt nicht, was da auf mich zukommt! Habe große Lust erstmal den Sommer über oder ein Jahr zu Hause zu bleiben, mich um alles zu kümmern, zu stricken, zu nähen, zu patchworken.

Ich hoffe auch, dass ich ein bisschen Geld damit verdienen kann. Ich freue mich total auf den Sommer und den Garten, dass ich endlich mal Zeit hab für alles! Das letzte Mal hatte ich so viel Zeit, als Tabea geboren wurde … aber mit so einem Baby hast du auch nicht so richtig Zeit.

Und jetzt sind die Kinder jeden Tag in der Schule und im Kindergarten … und das ist wirklich anders. Jeder Tag ist wie ein Geschenk!

Bei Problemen um Hilfe geschrien

Das Verhältnis zu meinen Eltern hat sich scheinbar im ersten Halbjahr verbessert. Das ist auch im Moment noch gut, ich habe nur Angst, dass sie sich wieder zu sehr einmischen. Warum mischen sie sich ein? Weil ich wieder um Hilfe geschrien habe: ich habe so viele Probleme, ich kann nicht alleine! Sie helfen mir tatsächlich viel und machen mir Mut. Hoffe nur, dass es mich nicht wieder so abhängig macht, dass ich trotzdem meine eigenen Entscheidungen treffe.

Wenn ich unser Verhältnis zu früher vergleiche, ist es besser geworden. Früher war mein Vater oft hier im Haus und hat geguckt, ob ich abgewaschen habe, so ungefähr …

Dass sie lange nicht hier waren, hat erstmal was mit Kevin zu tun gehabt, weil sie ihn nicht unbedingt sehen wollten. Und bevor wir uns getrennt haben, haben sie ihn sogar zu Weihnachten eingeladen und ihn da das erste Mal gesehen. Das war ganz schön friedlich.

Ja, mein Vater hat mich das erste Mal im Leben gelobt für etwas, was ich gepatchworkt habe für sie zu Weihnachten. Und er hat sich erstmalig für mich engagiert. Das Lob hat damit zu tun, dass er jetzt selber mit sich so zufrieden ist. Es bewahrheitet sich immer wieder: in dem Maße, wie man sich selber liebt, kann man auch andere lieben! Seitdem er selbst kreativ ist, ist er einfach viel ausgeglichener und zufriedener, das spürt man. Meine drei Kinder sind auch oft und gerne bei ihren Großeltern.

Charlotte ist nicht so wie andere pubertierende Jugendliche. Sie ist mehr zurückgezogen. Sie motzt auch rum, ist aber eigentlich sehr ruhig, ich muss immer alles aus ihr rauskitzeln, und das ist sehr anstrengend. Sie bekommt manchmal so 'ne Trauerausbrüche und lässt es eskalieren. Das kenne ich von mir auch. Ansonsten finde ich, dass sie ein schönes Mädchen ist, das ein schönes Lachen hat. Also nicht nach außen wie 'ne Puppe ist – ich gucke sie immer wieder gerne an.

Sie ist sehr selbstbewusst!

Das vierte Interview im Jahr 2003

Bürgerwehr

Ja, wir waren bei Kevin stehen geblieben letztes Jahr. Er hat es doch nicht fertig gebracht, friedlich zu gehen. Er hat noch ein riesiges Trara veranstaltet, unter dem wir alle sehr gelitten haben. Es war so unangenehm für mich, dass ich es ganz weit weg gesteckt habe! Er hat sich da einen Abgang geleistet, der ihn wahrscheinlich bald wieder in den Knast gebracht hat; mit Einbrüchen bei mir und bei Freunden, Diebstählen, Autoreifen-Stechereien, Bedrohungen und nachts ums Haus schleichen, Fensterscheiben einschlagen …

Als er mir dann drohte, mein Haus anzuzünden, wenn ich mich nicht mit ihm treffe, haben wir so was wie 'ne Bürgerwehr gegründet, weil die Polizei nur bei akuten Situationen einschreitet. Jede Nacht ist ein Mann bei mir geblieben und hat mich bewacht (lacht)! Wochenlang wurde ich noch von ihm am Telefon terrorisiert …

dann hat sich das langsam gegeben. Irgendwann kam ein Haftbefehl für ihn, also, ich gehe davon aus, dass er wieder im Knast sitzt.

Ansonsten bin ich das ganze Jahr zu Hause gewesen, habe Arbeitslosengeld gekriegt und habe die einmalige Chance genutzt, mich in Richtung Stricken, Spinnen und Nähen auszuprobieren. Ich hatte auch schon einige Erfolge auf Märkten damit. Um mich selbstständig zu machen und diese Unterstützung vom Staat zu bekommen, musste ich ein dreimonatiges Existenzgründerseminar mitmachen.

Umzug zu einem netten Mann

Privat hat sich geändert, dass Richard den Wunsch geäußert hat, länger bei seinem Vater zu bleiben, eine Woche dort, eine bei mir. Charlotte möchte in eine WG ziehen. Ja, da hab ich ganz schön zu kämpfen … Aber Tabea ist ja noch da, Gott sei Dank! Sie geht jetzt in einen neuen Kindergarten, weil wir umgezogen sind in ein anderes Dorf. Zu einem … netten Mann … mit dickem Bauch (lacht schallend).

Kennen gelernt hab ich ihn bei einem Hoffest, da wurden wir praktisch vermittelt. Es ging alles sehr schnell, und seitdem bin ich gar nicht mehr so richtig in meinem Haus gewesen. Dass Paul zu mir zieht, wäre wegen seiner ganzen Tiere gar nicht möglich gewesen, und dann hat es sich so ergeben; es ist ja auch schwierig, so zwischen zwei Häusern hin- und herzufahren. Hier ist auch alles, was man so braucht im Alltag. Ich hätte auch noch neues Heizöl kaufen müssen, wofür ich gar kein Geld hatte.

Und das geht *total gut* hier, das hätte ich nicht gedacht! Klar, gibt's auch Reibung und Streitereien … mit ja doch *acht* Kindern: meine drei, und Paul hat fünf Kinder, die nicht hier wohnen, die aber trotzdem im Kopf präsent sind. Ja, da bin ich nun doch jemandem begegnet, wo ich denke: Also, wenn *das* jetzt nichts wird, dann … dann kann ich wirklich ins Kloster gehen (lacht)! Weil alles stimmt: wir mögen uns total, wir haben viele gemeinsame Ideen und Interessen – warum soll's also nichts werden? Wir hocken ja ziemlich dicht zusammen und es ist eine Zeit des intensiven Kennenlernens.

Der erste Eindruck ist nicht immer der richtige

Meine Eltern haben sich auch wieder gefangen, erst waren sie noch genervt mit dieser Kevin-Geschichte und sie meinten, ich solle erst mal Stopp machen mit meinen Männergeschichten. Die haben da auch sehr mit gelitten, das war auch für sie kaum zum Aushalten. Sie wollten einen neuen Mann einfach nicht mehr tolerieren, und dann auch noch so einen Typen, einen Bauern, dem die Frau weggelaufen ist mit fünf Kindern! Der noch dazu ein ziemlich lautes Mundwerk hat und dominant ist! Meine Mutter konnte Paul überhaupt nicht leiden, weil er so jemand ist, der immer sagt, was er denkt, so eher bäuerlich-trampelig! Aber vor kurzem meinte sie, sie habe sich mal wieder getäuscht, und der erste Eindruck ist nicht immer der richtige. Wir besuchen uns inzwischen auch gegenseitig.

Meine Kinder haben sich zuerst natürlich gegen den Umzug mit Händen und Füßen gewehrt, was ich auch verstehen kann, haben allerlei Gründe angeführt, warum sie nicht hierher ziehen wollen. Doch jetzt haben sie beide gesagt, sie wundern sich, wie leicht es ihnen gefallen ist und wie wenig sie an unser Dorf zurückdenken. Aber trotzdem … fühlen sie sich nicht zu Hause hier. Charlotte geht ziemlich sicher für ein Jahr im Ausland zur Schule.

Einen Waffenschein für die Zunge

Meine Lebensdevise? Naja, ein guter Christ zu sein, ist schon 'ne wichtige Aufgabe im Leben, also Gutes zu tun, Menschen zu helfen, sich um die Menschen zu kümmern, die einem anvertraut wurden, also um die Kinder, Freunde und Verwandte. Sich um die *kleinen*

Kriege zu kümmern, nicht um die große Weltpolitik. Eigentlich will ich ganz viel schaffen und denke, die Nacht ist doch überflüssig … na ja, im Moment doch nicht, weil ich mich ja an einen … schönen, warmen, weichen, dicken Mann kuscheln kann (lacht)!

Wenn ich dann streite, ist das auch ganz schlimm, ich merke dann auch, dass für mich dann *alles* zu Ende ist. Hier habe ich aber gelernt, dass es Quatsch ist, weil Paul kein Mensch ist, der einem hinterher rennt, also, wenn ich da nicht selber die Kurve kriege … Nein, gar keine Frage, er geht auch auf mich zu … Mit ihm könnte ich über alles reden – aber ob ich's mache, ist 'ne andere Frage. Paul fällt das nicht so leicht, er meint, er müsse es erst lernen, über seine Probleme zu reden. Doch, es ist ihm schon ein Bedürfnis zu reden, er hat ja viel erlebt in der letzten Zeit! Das muss ja verarbeitet werden. Durch diesen Bruch mit seiner Familie, die von ihm nichts mehr wissen will, hat er mit sich selbst auch einen Bruch erlebt und hat gemerkt, dass er noch ganz andere Seiten in sich hat, die auch wichtig sind, gelebt zu werden. Die er nicht mit Härte und Strenge erreichen kann, gar nicht.

Wie wir uns entgegen kommen? (Schweigen) Die schlechten Sachen beim Anderen fallen einem immer zuerst ein, wie immer (lacht)! Ja, Paul ist sehr wortgewaltig – für seine Zunge braucht der echt 'nen Waffenschein! Da kommt manchmal seinen Kindern eine Schimpfkanonade entgegen, also *halleluja!* Hinterher sagt er immer: es sind ja nur Worte; andere Männer vergewaltigen ihre Frauen oder schlagen sie! Da muss er einfach lernen, zurück zu stecken.

Und ich muss versuchen zu ergründen, was dahinter steckt. Ich hab schon oft erfahren, dass er sehr viel Wahres spricht, was man aber nicht gleich erkennt.

Mit Tabea meckert er öfter mal rum, aber er nimmt sie auch genauso oft in den Arm.

Ich muss natürlich auch zurückstecken. Habe ja ziemlich lange alleine gelebt, und nun merke ich, dass viele Sachen, die für mich selbstverständlich waren, gar nicht selbstverständlich sind!

Zum Beispiel wurde ich die letzten Jahre nicht gelobt und nicht getadelt im Alltag. Und da hab ich hart dran zu schlucken, wenn Paul sagt: Komm, jetzt mach mal was zu essen! – Obwohl ich es schon als meine Aufgabe ansehe, mich auch um den Haushalt zu kümmern.

Wichtig ist, wenn man sich kritisiert, dass man im Hinterkopf hat, dass der andere einen ja mag und die Kritik gut meint! Ich gehe immer automatisch auf Kontra, das ist natürlich völlig blödsinnig, weil ich dadurch nichts lerne!

Hunderte Wollknäule, einfach herrlich!

Welche Veränderungen mir die Wende gebracht hat? …

Gute fallen mir viele ein, schlechte fallen mir gar keine ein! Die DDR will ich in keinster Weise zurück haben! Gebracht hat mir die Wende, dass ich jetzt endlich meine Verwandten nach Lust und Laune besuchen kann, dass ich beruflich mehr oder weniger machen kann, was ich möchte.

Meine Kinder haben andere Bildungschancen, die Großen gehen ja auf die Waldorfschule, so was ist zu DDR-Zeiten auch nicht möglich gewesen! Es ist schon 'ne gewisse Freiheit da, die man fast in allen Lebensbereichen spürt!

Ja, ich lese sehr gerne abends im Bett, meistens Sachen, die mir andere empfehlen, also was Spezielles habe ich da nicht. Habe gerade was Esoterisches gelesen *Die Suche der starken Frau nach dem starken Mann*. Bei der Musik ist es ähnlich. Ich höre gerne Klassik, aber nicht alles. Was durch Paul in mein Repertoire gekommen ist, ist Rockmusik, wie Led Zeppelin, ACDC, Uriah Heep und so was, und damit hab ich mich sehr gut angefreundet!

Das ist ein Wolle-Lager hier, was! Hunderte Wollknäule, einfach herrlich!

Fernsehen spielt gar keine Rolle in meinem Leben! Der Computer auch nicht, nur manchmal gucke ich da was nach. Wir wollen zum Beispiel am Sonntag wegfahren in eine Van Gogh-Ausstellung; aber ansonsten gehe ich da nicht freiwillig ran! Wir haben nur einen Videorecorder mit Fernseher, ohne Antenne.

Oftmals ist es so, wenn die anderen einen Videofilm gucken, setze ich mich in die Küche und hab lieber meine Ruhe – also, ich bin überhaupt nicht abhängig davon!

... also nahmen wir Watte!

Ob ich aufgeklärt wurde? Also, ich kann mich nicht daran erinnern, dass meine Eltern gesagt haben: komm, wir setzen uns jetzt mal an den Tisch, und dann erklären wir dir mal, wie's lang geht! Aber sie haben mir auf jeden Fall meine Fragen beantwortet. Zum Beispiel bin ich mal mit meiner Mutter spazieren gegangen, und da stand an der Wand *Votze*. Ich fragte: Was heißt Votze? – Darauf erklärte sie es mir und es fand ein Gespräch statt; so lief die Aufklärung ab! Sie haben mir auch ein Buch gegeben: *Wie ein Kind entsteht*, da war ich so zehn oder elf.

Ansonsten bin ich nicht prüde aufgewachsen; ich habe meine Eltern oft nackend gesehen, wir hatten keine Scham voreinander, das war eigentlich sehr locker!

An meine erste Regel kann ich mich noch ganz genau erinnern: Wir waren im Boot, und ich bin um drei Uhr aufgewacht, weil ich tierische Bauchschmerzen hatte, und zwar so doll, dass ich gewimmert hab und die Verkleidung vom Boot so abgefetzt hab, so schlimm war das! Meine Mutter war ganz mitleidig, aber helfen konnte sie mir da auch nicht! Es ist auch bei den nächsten Malen nicht besser geworden, und dann haste zu DDR-Zeiten ratzi-fatzi die Pille verschrieben bekommen! Und dann waren die Schmerzen vorbei! Ich hab also mit 15 'ne ganze Zeit lang die Pille fressen müssen! ... *Albazell*, so hießen damals die Binden (lacht)!

Die waren aber recht schnell vergriffen, also nahmen wir Watte!

Rechts, rechts, links….

Was ich im letzten Jahr gemacht hab? Also, die Frage kann ich ganz schnell beantworten: rechts, rechts, links, zwei freilassen (lacht schallend)! Tja, ich lebe mit Paul zusammen und den Kindern. Ein Haus hatten wir ja schon im letzten Jahr gekauft, konkret ist, dass wir in diesem April hinziehen werden.

Tabea wird mitkommen, Richard weiß es noch nicht, und Charlotte ist zu ihrem Vater gezogen. Das ist das einschneidendste Erlebnis für mich gewesen im letzten Jahr. Weiterhin habe ich mein Haus verkauft, das ist natürlich auch ein großes Erlebnis, aber so groß ist es nun auch wieder nicht; also, wenn ich da jetzt vorbeifahre, lässt es mich total kalt.

Noch ganz doll verliebt

Meine Situation? … Eigentlich komme ich ganz gut klar. Wie das bei mir so ist, gibt es immer Höhen und Tiefen, das ist ja auch normal, aber ich empfinde es sehr intensiv. Tabea ist jetzt in der Schule, ich freue mich immer, wenn ich sie nachmittags abholen und mit ihr zusammen sein kann. Dieser wöchentliche Wechsel mit Richard ist auch angenehm – er ist ja für eine Woche bei mir und eine bei seinem Vater, dadurch sind die Anstrengungen nicht so groß und die Freude ist doppelt so groß – wenn er wieder da ist, ist es immer richtig schön.

Mit Charlotte pegelt sich das hoffentlich wieder ein, dass wir auch Kontakt zueinander aufnehmen. Ach so, daran merke ich auch, dass ich so wichtig war für sie, dass sie mir voller Stolz irgendwelche Erfolge erzählt: Mama, wir haben 'ne Wohnung gefunden oder: Ich hab mir einen Pullover gekauft – also, die Freude, die möchte sie auch mit mir teilen!

Ich persönlich fühle mich total fit, also unter'm Strich betrachtet, geht's mir total gut!

Ich bin … noch ganz doll verliebt in diesen … doofen Paul (lacht)! Jetzt ist er immer ein paar Tage beim neuen Haus und arbeitet da, und das genieße ich auch. Ich weiß ja, dass es 'ne endliche Zeit ist, das ist auch schön mal wieder so alleine zu sein, also meinen Tag so völlig alleine einzuteilen und mich so'n bisschen nach den Kindern zu richten. Offiziell bin ich arbeitslos und stricke, wie drei Hexen zusammen und versuche das zu verkaufen. Das geht mehr schlecht als recht, aber ich gebe die Hoffnung nicht auf, obwohl ich schon öfter soweit war. Aber dann hab ich so viele Ideen und denke: Dies musst du noch probieren, bevor du aufgibst! Ich muss *unbedingt* was mit Wolle machen und mit Stoffen!

Ich habe keinen Platz für mich …

… aber ich arbeite daran! Hier bei Paul hab ich ständig das Gefühl, zu Besuch zu sein, also ich bin hier nicht zu Hause, das ist nicht meins! Durch den Umzug wird es aber anders werden.

Mit der Liebe zu mir selbst? … Manchmal denke ich, ich liebe mich selber, manchmal, ich liebe mich nicht, weil ich immer so am Zweifeln bin. Da spielt ja das Selbstwertgefühl 'ne große Rolle, da bin ich ganz schön komplexbeladen.

Klar, mache ich oft das, was andere von mir erwarten, ganz oft! Habe sogar ein schlechtes Gewissen, wenn ich das nicht tue. Aber ich glaube nicht, dass ich deswegen vor mir selber 'ne Rolle spiele. Als *Halbehefrau* kann man nicht *nur* das tun, was man selber für richtig hält, weil es auch noch eigene Wahrheiten gibt. Na klar willst du als Mutter das machen, was für die Kinder am besten ist, wenn es dich z.B. ankotzt, Essen zu machen, machst du es trotzdem, weil du weißt, sie brauchen das jetzt!

Ein kostbarer Schatz in mir

Ich glaube nicht, dass ich vor mir selber 'ne Rolle spiele. Eher denke ich, dass ich mir selber wie ein kostbarer Schatz vorkomme und viel Energie darauf verwende, diesen Schatz so zu erhalten. Und auch zu verbergen vor anderen. Paul sagte neulich zu mir, dass ich unnahbar bin, und wenn ich ihn frage, was er damit meint, dann merke ich, dass er recht hat, denn es gibt nicht viele Menschen, die ich wirklich an mich ran kommen lasse. Habe schon oft von Leuten gehört, dass sie mich als unnahbar, ja sogar arrogant – *arrogante Zicke* – oder unheimlich und mystisch bezeichnen!

Paul sagt, dass er meine Reaktionen oft nicht einordnen kann, also dass ich anders reagiere, als andere Frauen. Ich will mich jetzt nicht als etwas Besonderes darstellen, ich selber sehe mich ja nicht so. Aber diesen kostbaren Schatz, den sehe ich schon in mir, den ich nicht so zeigen kann und will ... und *den* liebe ich natürlich, das ist klar! Weil das so ist, stören mich so manche anderen Sachen nicht, also die gehen dann nicht an mein Eingemachtes, ich kann dadurch auch wunderbar funktionieren.

Meine Zukunft? ... Ja, ich freue mich wirklich auf eine gemeinsame Zukunft mit Paul, das wird total spannend und schön! Auf den neuen Wohnort freue ich mich auch, auf das Haus und auf den Garten, auf die Arbeit ...

Unser Paradies ist so groß und so schön gelegen

Die Größe? Na, wie das Paradies! Das Paradies ist auch unendlich groß! Je öfter man dahin kommt, desto kleiner kommt mir alles vor! Es ist für mich sehr überschaubar geworden (lacht). Es ist ein Hektar Land, aber das muss ja nicht alles bewirtschaftet werden! Da ist ein Teich, ein Park – da kommen Schafe rauf. Das Haus? Ist über 40 Meter lang (lacht), 15 Meter breit, aber ohne diesen

Anbau … aber das wollen wir nicht alles bewohnen. Einen Teil wollen wir so sichern, dass er nicht zusammenfällt, in einem Teil werden wir Urlauberwohnungen bauen und im Rest werden wir selber wohnen.

Gott sei Dank ist alles *so* groß und so schön gelegen, dass ich wirklich das Gefühl habe, es können sich alle Möglichkeiten eröffnen. Alles das, wozu ich Lust hab, kann ich da machen: ich kann meine Bienen halten, ich kann meinen Garten pflegen und mich im Haus verwirklichen, kann 'ne Werkstatt haben, es können Leute kommen, man kann laut Musik machen und Feuer machen. Und viel selber produzieren, was man zum Leben braucht.

Ich habe manchmal richtig Angst, dass es uns schlecht gehen könnte, dass wir nicht mehr zum Arzt gehen können … und dann denke ich: Gut, dass wir da auf dem Lande sind, da kann man so viel selber machen und für den Arzt muss es reichen! – Aber so wie andere Leute, dass die sagen, ich hab Angst, zu Hause zu bleiben, und Arbeit brauchen, weil sie sich selber nicht beschäftigen können … das hab ich alles überhaupt nicht. Und darauf freue ich mich total, da wirklich meinen Platz zu finden!

Paul ist immer nur drei Tage weg zum Bauen, die meiste Zeit sind wir zusammen. Weihnachten und Neujahr verlebten wir drei Wochen hintereinander gemeinsam. Und das ist mir überhaupt gar nicht über, gar nicht!

Es ist immer noch so, dass wir viel spazieren gehen und viel unternehmen. Und uns immer sagen, wie schön es ist, dass wir die Zeit dazu haben. Streiten können wir uns auch manchmal. Man muss natürlich aufpassen, denn wenn man streitet, wird man ja sehr leicht von seinen Emotionen ergriffen. Also, unsere Streitereien fangen immer äußerst konstruktiv an, und dann gehen meistens doch die Emotionen durch. Dann holen wir uns wieder ein und können an dem Thema weiterarbeiten.

Zweifel und Heiraten

Ja, ich weiß gar nicht, ob ich dir das erzählen soll ... wir reden sogar manchmal vom Heiraten! Jetzt erzähl ich's dir! – Ja, wir wollen es beide. Also, ich bin wahrscheinlich eher noch am Zweifeln. Warum heiraten? Es gibt keine richtige Begründung dafür, denn alles, was man erlebt miteinander, wird ja durch's Heiraten auch nicht besser. Es ist einfach so das letzte zueinander *Ja* sagen, auch vor aller Welt zu zeigen, dass man zusammengehört.

Für mich und für Paul hat es noch diesen christlichen Hintergrund, dass Gott Mann und Frau geschaffen hat und ihnen das Sakrament der Ehe geschenkt hat. Heiraten ist ein Zeichen, und dieses Zeichen kommt von Gott. Dazu bekenne ich mich irgendwo. (leise) Zweifel sind in mir selber, ob ich überhaupt ... ob ich da nicht ... (langes Schweigen) ... ob ich da nicht über's Ziel hinausschieße! Konkret kann ich meine Zweifel nicht benennen.

Vielleicht hab ich Angst davor, dass ich wieder ausscheren müsste ... das, was ich mit dem Kopf wieder gut mache ... reiße ich mit dem Hintern wieder ein. ...

Ja, und bei Paul ... (leise) also, ich möchte eigentlich keinen Mann heiraten, wo ich weiß, dass er eigentlich 'ne andere (seufzt) Frau liebt. ... Ob ich damit klarkomme?

Nein, damit komme ich schlecht klar, und da würde ich mir gerne noch mehr Gewissheit über das verschaffen, was mich da erwartet, ob es überhaupt eine Rolle spielt ... kann ja auch sein, dass es überhaupt keine Rolle spielt. Außer meiner Eifersucht. Wenn ich mich trotzdem gut bei ihm aufgehoben fühle und ihn *so* mag ... ist es ja letztlich egal, ob er noch zehn andere Frauen liebt, oder nicht ... irgendwie möchte ich gerne natürlich die Einzige sein, aber das ist ja 'ne Erwartung ... die ist wahrscheinlich zu hoch. Und wenn ich ihn danach frage, gibt er das natürlich nicht zu, er sagt dann, er bestehe eben nicht nur aus Gefühl, sondern auch aus Verstand. Aber alles, was er dazu sagt, bestärkt mich noch mehr, dass er die Mutter seiner Kinder doch noch … sehr in seinem Herzen trägt (sehr traurig).

Und genau das, was er versucht, vor mir zu verstecken, unterstreicht dieses Gefühl bei mir.

Schöne Aussicht auf den Neuanfang

Diese 60 Kilometer Entfernung von hier zu unserem neuen Hof macht mir überhaupt nichts aus. Ja, es ist ein totaler Neuanfang, aber darauf freue ich mich total, doch.

Es tut mir leid wegen Charlotte, die wird dann an ihrem Schulort wohnen, aber in ein paar Jahren fängt sie an zu studieren, dann muss man sich sowieso damit abfinden. Also, mit den Kindern, das ist nicht so schlimm.

Ansonsten gibt es nur eine Freundin, die mir wirklich fehlt … Ich *hoffe* jedenfalls, dass ich zu ihr Kontakt halte! Eine andere Freundin ist dann nicht weit weg, und es werden sich neue Kontakte auftun. Zu meinen Eltern ist es viel dichter vom neuen Haus aus; ich freue mich darauf!

In mein altes Haus zieht mich überhaupt nichts zurück. Als wir jetzt die Hausübergabe gemacht haben, habe ich gesehen, an wieviel Enden es schon bröckelt, und wie das Schilfdach schon aussieht … nie und nimmer hätte ich das Haus da länger halten können! Da hätte mir wirklich ein Mann gefehlt, also einer, der sich damit identifiziert und mit Liebe und Elan da rangeht. Deshalb bin ich *so froh*, dass wir so viel Geld dafür gekriegt haben und das Haus in Hände gekommen ist, wo ich hoffe, dass sie die Werte auch erhalten und zu schätzen wissen. … Und, guck mal, durch die Autobahn bist du ratzi-fatzi da, ich brauche 40 Minuten hierher!

Neues zu Hause

Immer, wenn ich hierher komme, hab ich ein großes Weh im Herzen. Für mich ist das wie eine Zeitreise, heute hier in meiner alten Gegend zu sein. Wenn ich aus der Stadt einmal weg gehe, dann hierher, in meine alte Heimat. Ich gehe nicht mehr irgendwohin, wo ich niemanden kenne; das habe ich alles durch. Tabea wohnt in einer anderen Stadt, macht ein Freiwilliges Ökologisches Jahr. Sie hat ihren ersten festen Freund, einen Syrer, der mit der Flüchtlingswelle 2016 hierher kam. Den beiden geht es richtig gut miteinander. Richard ist schon 26, er hat mit Umwegen seine Lehre als Bootsbauer gemacht, wohnt in einer WG hier und hat eine Arbeit in seinem Beruf. Er ist sehr relaxed; ihm geht es gut. Charlotte bugsiert sich mit zwei Kindern durch ihr Medizinstudium und wohnt mit ihnen und ihrem Schatz auf einem Biobauernhof. Eine dramatische Geschichte war, dass ihr erstes Kind gestorben ist. Jetzt ist sie glücklich. Bei meinen Kindern entdecke ich oft Sachen, die ich auch gemacht habe, zum Beispiel wie Charlotte mit ihren Kindern umgeht, das finde ich total schön!

Rückblick: Borderliner, Frauenhaus, Selbstmordgedanken

… Der Umzug hat sich damals noch richtig angefühlt. Die traumatischen Erlebnisse mit Kevin waren so gravierend, die haben mich hier weggetrieben. Paul, wegen dem ich hier alles aufgegeben hatte, entpuppte sich als Borderliner, der uns richtig tyrannisiert hat – nicht nur mit Worten! Vier Jahre haben Tabea und ich dort gelebt, bis ich ein ausgelaugtes Wrack war. Ich hätte es nicht geschafft, mich zu trennen: Borderliner sind ja einerseits extrem charmant – in Sekundenschnelle ändert sich das dann ins Gegenteil. Da kannste dich nicht schützen, wenn er in diese positive Stimmung reinhaut! In dieser Zeit hatte ich zwei Psychotherapien und war mit Tabea vier Wochen im Frauenhaus. Ja, ich hab einen Mann kennengelernt, der gab mir die Kraft, ins Frauenhaus zu gehen. Der hat alles gemacht für uns – das war zu viel! Dann hat Paul wieder gezogen, wir sind zurückgegangen und waren bald wieder in den alten Mustern …

Bis die Schule mich anrief: Tabea hat Selbstmordgedanken! – Da war klar: *sofort* weg hier! Eines Abends hatte ich ein Schlüsselerlebnis: Paul beschimpfte mich regelmäßig; ich weinte immer. Bis ich mir eines Abends das *Lachen* verkneifen musste!

Es geht bergauf

Und da hatte ich schon den Ausweg: wir zogen für drei Jahre in eine Kleinstadt; von da an ging's bergauf! Ich hatte Bäcker- und Café-Jobs. Drei Jahre später wohnten wir in einer kleinen Wohnung in der Stadt. Eine Zeit hat Richard noch bei uns gewohnt. Jetzt bin ich das vierte Jahr in einer Altbauwohnung mit Werkstatt. Habe dann eine Experience Involvement Ausbildung gemacht, mit der ich jetzt Menschen begleiten kann, die in Krisen stecken. Gleichzeitig machte ich eine Kunsttherapie-Ausbildung, die ich vom Verkauf des halben Hauses bezahlte.

Wie ich darauf kam? Eine Frau lief mir über den Weg, die mir von dieser Ausbildung erzählte; sie hatte Depressionen und nahm Medikamente. Mich sprach das sofort an, weil ich auch depressive Verstimmungen hatte und etwas für mich tun wollte. Ein Teil der Ausbildung bestand aus dem Abschluss zum Heilpraktiker für Psychotherapie, den ich abends intensiv über 18 Monate machte. Jetzt bin ich also Kunsttherapeutin und Sozialtherapeutisch Integrative Kunstpädagogin! Bin gerade erst fertig geworden, musste krass viel lernen, das war schon hart! Paukerei der Theorie ohne Ende; ich fand es aber total spannend. In der Prüfung hab ich vor Aufregung gezittert. Zur Mündlichen habe ich einen Borderline-Fall gezogen, was Besseres konnte mir gar nicht passieren – und gut gelernt hatte ich auch. Auf dem Weg nach Hause sehe ich auf dem Sperrmüll einen Schaukelstuhl – schon immer hatte ich mir einen gewünscht! Das war das Zeichen für: *jetzt entspannen!*

Flüchtlinge nehmen Raum ein

Als Abschlussarbeit in der Kunsttherapie habe ich über Flüchtlinge geschrieben, weil ich 2015 schon intensiv mit ihnen zu tun hatte – mein Traum ist es, weiterhin mit Flüchtlingen zu arbeiten. Momentan bin ich auf der Suche nach einem Job in der Kunsttherapie, so für drei Tage die Woche, um eine Grundsicherung zu haben. Ansonsten möchte ich meine Textilien weiter machen. Das hat sich alles entwickelt! Andere Materialien und Stoffe gesellen sich inzwischen dazu. Ein typisches Beispiel: ein Teppich aus gestrickter und gefilzter Wolle, verbunden mit zarten Stoffen – also Materialien zusammenfügen, die für andere nicht zusammen passen. Da kann ich meine Phantasie spielen lassen! – Ja, ich lebe noch immer die Extreme: himmelhoch jauchzend – zu Tode betrübt!

Endlich ein bodenständiger Mann

Wie war das eigentlich mit Ludwig? Meine Gedanken vorher waren sehr ambivalent: wäre ja schön, ein Mann, aber da ist ja gar kein Platz in meinem Leben. Eines Tages traf ich ihn bei Freunden. Gefallen hat mir, dass er humorvoll ist, mit sich selber Witze macht und nicht über andere lacht.

Er hat eine Verlässlichkeit und Bodenständigkeit ausgestrahlt, etwas, was ich ja eigentlich nicht habe. Als Revierförster ist er auch ein Ruhepol für mich.

Gemeinsam haben wir eine starke Naturverbundenheit – er wohnt in einem Forsthaus im Wald. Abends röhren da die Hirsche; es ist kitschig schön! Für uns beide ist es aber nicht vorstellbar, dort weiter zu leben.

Es ist bezeichnend, dass ich alle Sachen wieder mitnehme, wenn ich fast jedes Wochenende bei ihm war. Viele Erfahrungen haben mich gelehrt, für mich zu sorgen, also auch mal ein Wochenende für mich einzufordern. Was noch dazu kommt: meine Kinder sind gerade alle flügge geworden, und jetzt kann ich endlich tun und lassen, was ich will! Muss nicht jeden Tag Essen kochen, für Klopapier sorgen und so weiter.

Sehr besonders für mich ist, dass ich schon drei Jahre mit ihm zusammen bin! Ludwig muss manchmal regelrecht von mir attackiert werden, um ihm mal Emotionen zu entlocken – das finde ich sehr kraftaufwändig!

Ich bin wirklich manchmal *so* glücklich! Die Wechseljahre sind mir schwer gefallen; auch, älter zu werden. Ich habe mich immer gefreut, meine Tage zu bekommen.

Eigentlich möchte ich nicht alt werden – also: keine Falten, graue Haare und so weiter – aber: *natürlich* möchte ich alt werden!

Ein großes Geschenk ist die Begegnung mit den Flüchtlingen: Weltoffenheit, Toleranz, Freundlichkeit, Vermischung der Kulturen – nach diesem Geschenk müssen wir greifen!

Gegen das Wort *Flüchtlings-Krise* wehre ich mich!

Beim Durchlesen dieses ganzen Textes habe ich gemerkt, dass ich sehr viel Persönliches preisgegeben habe – und jetzt mit dem Abstand betrachtet finde ich das sehr mutig …

Schön ist es, nochmal zu reflektieren …

… dass ein Wunsch von mir in Erfüllung gegangen ist und ich das *wirklich* geschafft habe: ich habe eine 20-Stunden-Anstellung gehabt in einer Tagesstätte für psychisch kranke Erwachsene und habe mich da *richtig, richtig* wohl gefühlt. Mit den Klienten habe ich Kunsttherapie gemacht, in der Nähwerkstatt gearbeitet, Entspannungen und Sporttherapie durchgeführt. Von den 25 Klienten dort sind im letzten halben Jahr acht Klienten entlassen worden, und so war meine Übernahme nicht fundiert. Das war für mich ganz schön hart! Ich musste jetzt Hartz-4-Geld beantragen; habe meine Werkstatt in dem halben Jahr auch runterfahren müssen.

Beim kunsthandwerklichen Arbeiten merke ich, dass ich immer neue Ideen habe und immer wieder Lust habe, diese Ideen umzusetzen. Ansonsten brenne ich für menschliche Beziehungen – mich interessiert alles, was zwischenmenschlich passiert, alle Prozesse, Entwicklungen, Zusammenhänge. Ich brenne auch für meine Kinder und Enkelkinder! In der Stadt am Meer, in meiner Wohnung zu leben, liebe ich. Ich brenne auch dafür, morgens ausschlafen zu können (lacht) und mich noch dreimal umdrehen zu können im Bett!

Mehr Bewusstsein auf allen Ebenen

Welche Rolle spielt Ludwig für mich? Er ist immer präsent in mir. Er spielt 'ne ganz große Rolle. Ich muss immer schon sehr kämpfen, oder ich muss mir oft klar machen; ich *will* diese Beziehung! Oder ich will um diese Beziehung kämpfen … und ich gehe auch Kompromisse ein. Ludwig würde gerne mit mir zusammenziehen – aber ich bin noch nicht soweit. So, wie es jetzt ist, dass wir uns am Wochenende sehen, schöne Sachen zusammen machen und auch zusammen in den Urlaub fahren, das genieße ich sehr. Das würde ich auch sehr vermissen. Ich merke ganz deutlich einen Unterschied zu der Zeit, als alle Kinder zu Hause waren und jetzt.

Da habe ich sehr viel zurückgesteckt, mit dem, was ich für mich gemacht habe. Jetzt achte ich viel mehr darauf, mir Gutes zu tun, nur richtig gute Sachen zu essen und zu trinken. Mir Zeit zu nehmen für meinen Geist, für meine Seele – nicht mehr Raubbau zu betreiben, so wie ich es früher getan habe. Also: zu baden, in die Sauna zu gehen, mir die Haare schön zu kämmen … ich bin einfach viel, viel bewusster geworden in vielen Dingen. Auch aufzuräumen in meinem Freundeskreis. Als ich die Flüchtlinge kennengelernt habe, habe ich mich von einigen Freunden getrennt, weil sie nicht helfen wollten. Ich merke aber auch, dass sich mein Körper verändert: vieles, was ich früher konnte, kann ich jetzt nicht mehr. Mein Bedürfnis nach körperlicher Liebe hat sich auf jeden Fall auch verändert – da bin ich gerade am Ringen und am Streiten. Und am Gucken: was ich möchte und was ich nicht möchte.

Da war ich richtig stolz auf mich

Mit den neuen Medien? Ich habe keinen Bereich, in dem ich *nicht* sehr bewusst mit mir umgehe, und so auch in diesem Bereich. Ich benutze gern mein altes Smartphone, womit ich nur telefonieren kann. Zu Hause steht ein alter Computer, den ich im Prinzip gar nicht mehr benutze.

Ich habe ein Tablet geschenkt bekommen; da bin ich erstmal wie in einen Rausch gefallen! Merke aber, dass ich das nicht will; es ersetzt mir zwar den Computer und ermöglicht mir Sachen, die wichtig sind. Es ist aber nicht mein ständiger Begleiter!

Gerade gestern habe ich einen Mietvertrag für eine Ferienwohnung unterschrieben, um die ich mich jetzt kümmere. Die Wohnungsverwaltungsfirma wollte von mir eine Schufa-Auskunft sehen, sowie meine letzten drei Gehälter und eine Bescheinigung von meinem Vermieter, dass ich keine Mietschulden habe. Da habe ich richtig gemerkt, wie mich das ankotzt: dieser *gläserne Mensch,* der alles offenbaren muss und immer die Beine breit machen muss! Da habe ich ganz klar gesagt: nein, das mache ich nicht! Wenn das nicht anders geht, unterschreibe ich das nicht! Das kostet auch Geld!

Da war die Dame so perplex und meinte, sie müsse sich an die Vorschriften halten – und dann ging es mit einem Mal! Die wollte *gar nichts* mehr von mir sehen, nur den Ausweis! Und ich war richtig stolz auf mich! Ich habe so für mich gedacht: geht es dir besser, wenn du alles über dich ergehen lässt und hast den Vertrag sicher – oder geht es dir besser, wenn du dich wehrst?

Oder dieses Navi: Ludwig hat das immer beim Autofahren an! Dazu diese krächzende Stimme – mich kotzt das so an! Ich kurbele lieber mal die Scheibe runter und frage nach dem Weg, gucke auf die Karte oder orientiere mich selber – das geht uns *alles* verloren!

Eine Welt ohne Grenzen

Meine Vision? Das kann ich sofort sagen: ich wünsche mir eine Welt ohne Grenzen! Ich sehe mich in dieser Welt umgeben von anderen Kulturen. Ich sehe mich mittendrin von bunten Frauen, die tanzen, trommeln – ja in der Richtung!

Mit den Klienten habe ich einmal eine Entspannung gemacht und eine ganz schöne Musik gespielt. Das ist so ein Moment, wo ich mich auch zurücklehnen kann. Da habe ich gesehen, wie ich am

Strand sitze und ein warmer Wind mich umweht, und vor mir im Sand tollen all die Flüchtlinge herum, die mich in meinem Leben umgeben. Ich habe das von weitem betrachtet und war total glücklich, dass *sie* glücklich sind.

Dieses Bild hat mich sehr lange bewegt.

Zwischen Überforderung mit vier Kindern und Selbstverwirklichung

Maria, geboren 1969

Das erste Interview im Jahr 2000
Maria ist 30

Wie ich mich selbst beschreiben würde? Das ist nicht so einfach! Ich denke schon, dass ich was Positives ausstrahle. Manchmal bin ich vielleicht zu umständlich und ungewollt ein bisschen überheblich.

Ich muss lernen, zu akzeptieren, wie meine zehn Kolleginnen leben und dass sie andere Ansichten haben. Das fällt mir manchmal schwer. Es gibt so viele intolerante Menschen, und wenn ich das bei mir selbst spüre, ärgert mich das!

Manchmal bin ich auch aufbrausend, da könnte ich, wie mein Sohn, durch die Gegend stampfen, 'nen Besenstiel zerbrechen und die Türen knallen! Und das mach ich dann auch! Und sonst … hoffe ich, dass ich immer noch lernfähig bin.

Jugendliche Rebellin

Ich komme aus Dresden und bin das vierte Kind – mit großem Abstand zu meinen Geschwistern. Meine Mutter war schon vierzig, als ich geboren wurde. Als sie so unverhofft mit mir schwanger wurde, hat sich meine Schwester bereit erklärt, *auch* für mich zu sorgen. Sie war damals acht Jahre!

Das war bestimmt nicht der Grund dafür, dass meine Eltern mich behalten haben, aber unterstützt hat meine Schwester die Entscheidung schon. Sie war wirklich größtenteils für mich verantwortlich. Nach 'nem halben Jahr ist meine Mutter wieder als Hebamme in drei

Schichten arbeiten gegangen, und sie hat mich dann zur Krippe gebracht. Meine Brüder waren zu der Zeit auch noch da, aber sie waren 12 und 16 Jahre älter – und bei weitem nicht so zuverlässig! Meine arme Schwester musste mich zum Treffen mit ihren Freunden mitnehmen – also, sie hat bestimmt viel gelitten mit mir, obwohl sie das heute nicht so sieht! Mein Vater war noch in Greifswald, ist dort zur See gefahren als technischer Leiter der Marineschule. An ihn hab ich nicht so viele Erinnerungen. Aber das geht wohl allen Kindern so, dass die Väter immer irgendwie abwesend sind!

Was meine Kindheit sehr geprägt hat, war, dass meine Eltern ein Boot hatten und noch haben, womit wir jeden Sommer fünf Wochen und am Wochenende rumgefahren sind. Das sind wirklich ganz schöne Erinnerungen! Wir waren auch oft in unserem Garten an der Elbe. Was ich als Kind als unangenehm empfunden habe, war, dass meine Geschwister immer viel Ärger mit meinem Vater hatten, wenn sie mal zur Disco wollten oder ähnliches. Bei mir war es später überhaupt nicht so! Hab ihnen auch gar nicht erzählt, wo ich bin. War viel in der Kirche in meiner Jugendzeit, und viel unterwegs. Ich bin sogar jedes Wochenende an die Ostsee getrampt zu meinem Freund, das wollten sie dann gar nicht mehr wissen – das war ihnen zu viel! Ansonsten war mein Vater immer strenger; meine Mutter war zwar temperamentvoller, aber trotzdem liebevoll.

In der Jugendzeit ging das los mit der ganzen Kirchengeschichte. Mein Vater war in der Partei, und als Lehrausbilder 'n bisschen höher angebunden, da hab ich mich viel mit ihm gestritten. Ja, wir haben uns einmal sogar gegenseitig mit Kochlöffeln verhauen (lacht)! Das ging da um die Jugendweihe, die ich *nicht* gemacht hatte – sogar meine Mutter, die uns taufen ließ, war entsetzt darüber! Naja, mein Vater ist ja auch nicht ohne. Er fing dann an, so'n bisschen zu trinken, da ist man als Jugendlicher ja sehr empfindlich! Ich denk mal, er hat ein Problem mit dem Trinken; zwei von seinen Geschwistern sind auch daran gestorben, die hatten so schwere Leberschäden und waren beide Alkoholiker. Und er selber trinkt sehr, sehr viel Bier und Wein, fängt schon früh damit an. Also, es ist schon an der Grenze, er braucht immer so seinen Spiegel. Und das war damals schon so – ich war da knallhart zu ihm! Ich weiß noch, meine Mutter, die sonst die *Kontrollfunktion* hatte, war mal zur Kur, und da hatte er so viele kleine Schnapsflaschen im Kühlschrank. Da hab ich ihn angebrüllt: Du hast nur noch gute Laune, wenn du was getrunken hast! Aber ich glaube nicht, dass es so negativ war; es gehört einfach zum Erwachsenwerden dazu, dass man sich mit seinen Eltern auseinandersetzt! Dann kam die Wende, da war ich 19, und meinem Vater ging es nicht gut damit, ganz klar, für ihn ist da 'ne Welt zusammengebrochen! Ich bin immer auf diverse Kundgebungen gegangen, das war für meine Eltern sicher nicht so einfach.

Wohnung gefunden, Schloss dran gemacht – und gut war!

Irgendwie war mir das mit 16 zu Hause schon zu viel – jeden Abend haben meine Eltern Fernsehen geguckt, und ich saß da allein in meinem Zimmer … und dass ich Leute mitbringe, wollte mein Vater nicht so gerne.

Da bin ich bald umgezogen – das war ja vor der Wende noch relativ einfach: hast 'ne Wohnung gefunden, hast 'n Schloss dran gemacht – und gut war!

Eingezogen bin ich alleine, mir haben Freunde dabei geholfen. Die Wohnung hab ich erstmal entrümpelt, dann gingen noch die Öfen kaputt. Ich hatte nur *eine* Steckdose und bekam noch einen Mitbewohner, war 'ne lustige Zeit!

Mit 18 bin ich da ausgezogen. Kann mich nicht erinnern, dass meine Eltern Ärger gemacht haben, als ich von zu Hause wegzog! In Dresden lernte ich Physiotherapie, hab dort im Krankenhaus gearbeitet und habe hier auch Christian kennengelernt, der in Dresden studiert hat.

Ich bin schon ein Spätentwickler

Mir ist es nicht so leicht gefallen, jemanden kennenzulernen; ich hatte immer so'n bisschen Hemmungen. Es gab einige Freunde, aber das war nicht immer intim. Christian war der erste, mit dem ich eine richtige Beziehung mit allem Drum und Dran hatte. Kennengelernt haben wir uns in einem Dresdner Studentenclub. Und wie das so ist: es ging schon um das Äußerliche. Er hatte einen Bart und er war groß (lacht), das hat mir gefallen!

Und dass er *Hochdeutsch* sprach – was meinst du, wie das im *Bärenzwinger* auffiel! Auch das Ruhige an ihm hat mir gefallen.

Entgegen der herkömmlichen Meinung denke ich, dass sich die Frauen ihre Männer aussuchen. Denn ich hab mich so langsam in seine Nähe gewuselt und habe es herausgefordert, dass er mich zum Tanzen auffordert.

Seine Version ist, dass er schon einige Bier intus hatte und sich jemand anders ausgeguckt hatte – und da war ich neben ihm.

Am nächsten Tag hab ich ihn auf dem Striezelmarkt gesehen und bin ihm eine Zeit lang gefolgt, hab ihn nach einigem Überlegen angesprochen.

Seine Version ist, dass er mich auch wiedersehen wollte und sich deswegen stundenlang dort rumgetrieben hat, weil er wusste, dass ich da hin wollte.

Wir merkten, dass wir ähnliche Interessen haben und waren kurz danach im Weihnachtsoratorium.

Es hat mich *nicht* im tiefsten Inneren erschüttert

Am Anfang war ich voller Zweifel. Nach einem dreiviertel Jahr haben wir uns erstmal getrennt. Das hat auch was mit meiner Vergangenheit zu tun. Als Jugendliche wurde ich einmal vergewaltigt, und Christian habe ich kurz danach kennengelernt.

Ich hab ihm da *nichts* geglaubt: wenn er mal sagte, dass er mich lieb hat – da hätte ich drüber lachen können!

War damals nicht in der Lage, ihm zu vertrauen – das hängt mit der Geschichte zusammen.

Aber irgendwann hab ich ihm geschrieben, dass ich meine Entscheidung bereue – und er kam gleich wieder zurück! –

Naja, ich hab ihm von dem Vorfall erzählt, aber ich denke, das war zu hart für ihn.

Er weiß es halt, wie's ungefähr war.

Ein paar Jahre nach dieser Geschichte ging es mir so, dass ich es in regelmäßigen Abständen jemandem erzählen musste. Das war wie ein innerer Druck – danach war es auch wieder gut.

Um mir zu beweisen, dass ich mich von diesem Erlebnis nicht einschränken lasse, bin ich zum Beispiel *extra* getrampt oder bin nachts alleine durch die Stadt gelaufen.

Ich denke, das ist ganz vielen Frauen passiert und es ist wichtig für die Verarbeitung, wie gefestigt du in dem Moment bist.

Fühlst du dich nicht geliebt, wirst du durch so ein Erlebnis noch gestärkt in deiner Haltung – dann kann es zum Riesenproblem werden. Ich habe es nie als Angriff meiner Persönlichkeit gesehen, sondern eher mit Abstand – es hat mich nicht tief in meinem Inneren erschüttert.

In dieser Zeit ging es mir sehr gut – zum einen durch die Jugendgruppe der Kirche, zum anderen hatte ich viele Freunde.

Wenn ich mich nicht mehr wohlfühlte, hab ich konsequent was geändert

Nachdem unsere Tochter geboren wurde, mussten wir uns entscheiden, wo wir hinziehen. Da ich Mecklenburg sehr schön fand und mein Mann, ein Rostocker, sehr bodenständig ist, sind wir hier hoch gezogen.

Ich studierte Sozialpädagogik und da es keine Sonderstudienpläne mehr für Mütter gab, wie früher, brach ich das Studium ab. Auch mit der abgehobenen Theorie kam ich nicht klar, weil ich ein ziemlich praktischer Mensch bin.

Ich hab es immer so gemacht: wenn ich mich nicht mehr wohl fühlte, habe ich geguckt, woran es liegt und dann etwas konsequent geändert.

Ein weiterer Grund für den Studienabbruch war, dass wir damals schon in Mecklenburg in einem Dorf lebten, wo wir von Rechtsradikalen überfallen wurden. Spätestens da habe ich mir gesagt: jetzt ist Schluss!

Wir zogen dann in eine Kleinstadt am Meer; wollten aber gerne auf's Land, da wir auch alte Häuser lieben. Drei Jahre haben wir gesucht, was wir selbst sanieren können – Geld war ja auch nicht da. So haben wir uns für dieses Haus entschieden auf dem Lande, das so 'nen Speichercharakter hat.

War gewöhnungsbedürftig! Aber die Lage ist schön und es wohnen nette Leute hier, es ist nicht weit von der nächsten Stadt entfernt, wo viele unserer Freunde wohnen.

Ich sehe eigentlich nicht schwarz: wir haben es immer irgendwie hingekriegt, sogar mit dem Kredit Abzahlen, als wir beide zu Hause waren. Man muss seine Ansprüche herunterschrauben, und es geht dann nur noch *ein* Auto!

Jetzt ist für mich die Familie komplett

Noch während der Babyzeit entschieden wir uns für unser zweites Kind. Zwei Jahre später bekam ich Arbeit im Krankenhaus und war sehr froh darüber: sechs Stunden, Öffentlicher Dienst, Verdienst besser als in einer freien Praxis!

Hier arbeite ich in der Geriatrie, einer Station für Leute ab 60, die zum Beispiel Schlaganfälle hatten oder schwere Diabetes.

Denen versuchen wir wieder auf die Beine zu helfen, dass sie wieder selbstständig werden.

Hat mir großen Spaß gemacht; war aber körperlich sehr anstrengend. Das habe ich in der *dritten* Schwangerschaft gespürt.

Christian war als Bauingenieur ein Jahr zu Hause, was für unser Baby ganz schön war! Dadurch ist unsere zweite Tochter ein totales Papa-Kind.

Ob ich mir drei Kinder gewünscht habe? Eigentlich habe ich mir immer *vier* Kinder gewünscht! Jetzt ist es so, dass für mich die Familie komplett ist. Mit zwei Kindern war das nicht so – weiß auch nicht, warum.

Das ist der reinste Luxus – das dürfen wir eigentlich gar nicht!

Hier im Haus haben wir zunächst unten sehr beengt gelebt und ohne Bad. Ich hab gedrängelt, wollte mit drei Kindern nicht mehr so leben, und so hat Christian die obere Etage ausgebaut.

Als es endlich fertig war und wir hoch zogen, das war … ja, das war wie Weihnachten!

Zu Anfang sind wir durch unsere Riesen-Räume gegangen und haben gedacht: Das ist der reinste Luxus – das *dürfen* wir eigentlich gar nicht! Unsere alte Wohnung soll bald für Mieter bezugsfertig sein. Bin schon gespannt, was da für Mieter kommen, das ist ja so ein Problem. Am besten wären ältere Leute, die schwer hören – weil es ziemlich schallt – und die ab und zu auf unsere Kinder aufpassen (lacht)! Das wäre der Idealfall!

Die Kinder bräuchten mehr Aufmerksamkeit von mir

Diesen Gedanken habe ich öfter. Dabei weiß ich genau, dass es Quatsch ist: ich bin ja den ganzen Tag am Ball! Es gibt Frauen, die da selbstsicherer sind – *ich* habe immer das Gefühl, dass die Kinder zu kurz kommen. Unser Zweiter hat manchmal Wutanfälle, da denk ich, es liegt daran, dass es nun *drei* Kinder sind. Man muss sich als Mutter immer teilen und hat nie das Gefühl, es allen recht zu machen!

Was mir sehr am Herzen liegt: dass ich mein Gemüsebeet bestücke! Seit wir hier wohnen, merke ich, dass es mit der Gartenarbeit gar nicht so einfach ist. Will mich auch fit machen für die Arbeit und bin schon öfter abends gelaufen. Es ist nicht so einfach, sich seine Freiräume zu nehmen. Aber ich sag mir: *so lange* sind die Kinder ja nicht klein, da muss ich eine Zeit zurückstecken und das aushalten.

Das zweite Interview im Jahr 2001

Und jetzt hab ich eben vier Kinder

Letztes Jahr erzählte ich Dir doch, dass ich *eigentlich* vier Kinder haben wollte. Die Schwierigkeit dabei ist, dass es nicht so geplant war. Nachdem ich drei Kinder hatte mit drei Kaiserschnitten, hab ich mich sterilisieren lassen – das ist schief gegangen – und jetzt hab ich eben vier Kinder! Die letzte Schwangerschaft war sehr, sehr schwer, weil ich größtenteils allein war, da mein Mann woanders gearbeitet hat. Jetzt, muss ich sagen, find ich es lustig, vier Kinder zu haben! Es gab eine Zeit, wo ich immer gleich versucht hab, mich zu entschuldigen, weshalb ich nun vier Kinder hab – weil einem das oftmals angetragen wird … ja, das ist so! Inzwischen bin ich aber stolz und optimistisch; irgendwie ist es zu schaffen! Mir wird es trotzdem gut gehen!

Eine Zeit lang hatten Christian und ich Angst, dass uns das überfordert – ist aber nicht mehr so. Ich bin zu Hause, die Vorletzte geht in den Kindergarten, so dass wieder mehr Zeit ist für andere Sachen als nur Baby hüten.

Also: Julia ist acht, Linus sechs, Oona zwei und Mattis ist zwei Monate! Das ist ein gutes Zeichen, wenn man über bestimmte Sachen lachen kann und nicht mehr verzweifelt ist! Jetzt habe ich eine Haushaltshilfe, die ich auch dann behalten will, wenn ich kein Geld mehr dafür kriege. Schwiegereltern nehmen die Kinder auch mal, oder sie können mal zu den Nachbarn oder Nachbars Kinder sind bei uns.

Wochenend-Papa

Christian arbeitet leider die Woche über bis Februar noch in Berlin und betreut eine große Baustelle dort. Das Arbeitsklima ist gut, der Chef ist sehr human und sieht auch die familiäre Situation, und der Verdienst ist auch nicht schlecht.

Damit können wir endlich mal das Haus fertig bauen. Christian ärgert es ganz schön, dass er von den Kindern so wenig mitbekommt – aber es ist ja ein Ende abzusehen! Freitagmittag ist er schon zu Hause und muss Montag früh erst wieder weg. Er kümmert sich dann viel um die Kinder, nimmt sich mit ihnen etwas vor – all das, was ich wegen dem Kleinen jetzt nicht machen kann.

Es gibt Situationen, wo ich ungerechtfertigt auf die Palme gehe; zum Glück nicht mehr so oft.

In der Schwangerschaft war das ganz schön happig. Eine Situation werde ich wohl mein Lebtag nicht vergessen: da hab ich dem Großen richtig eine runtergehauen – das war ein nichtiger Anlass, aber ich war in dem Moment *so* fertig, aber auch so verzweifelt, dass die Kinder das nicht sehen! Die *können* das aber nicht sehen!

Als ich im siebten Monat schwanger war, bin ich mit Linus und Oona zur Kur gewesen.

Man, war ich *froh*, dass ich das durchgedrückt habe! Das war echt nötig, sonst hätte ich das nicht so gut überstanden! Das kam so: ich war in der Diakonie-Beratungsstelle – kennste das, wenn das

Familieneinkommen nicht so hoch ist, bekommst Du Geld für die Erstausstattung. Bin auch hingegangen, weil ich Hilfe brauchte: es fiel mir zunächst schwer, die Schwangerschaft anzunehmen, weil es so knapp hintereinander war und ja auch nicht gewollt.

Dann hieß es oft: um Gottes willen! Vier Kinder, vier Kaiserschnitte – *musste* das denn sein? Gegen diese Sachen muss man sich auch erst mal wappnen! Früher war ich da sehr empfindlich – jetzt stehe ich da total drüber.

Den Alltag organisieren

Nun versuche ich, mir den Alltag zu organisieren – das muss zackzack gehen und ich darf mir nicht so'n großen Kopf machen. Ich stehe um viertel sieben auf, wecke die Große, die zur Schule muss und die ich wegen ihrer Morgen-Muffligkeit antreiben muss. Unsere Nachbarn bringen die Schulkinder weg, dann esse ich mit Linus Frühstück; mit Oona vielleicht auch, wenn sie schon wach ist, oder ich stille zwischendurch Mattis … Halb neun fahre ich meine und die Nachbarskinder zum Kindergarten mit dem VW-Bus. Schläft Mattis, lass ich ihn hier – sonst kommt er mit. Danach hab ich Zeit für andere Sachen: Fußreflexzonentherapie oder Interview geben (lacht), einkaufen oder Leute besuchen. Mittags hol ich Oona wieder ab, das ist nicht weiter tragisch, weil sie dann drei Stunden schläft.

Nachmittags hab ich nie etwas geplant, da sind die Kinder alle da. Entweder geh ich mit ihnen raus oder wir spielen oder basteln. Um sechs ist Abendbrot, dann die Kinder waschen und fertig machen für die Nacht. Halb acht liegen alle im Bett – außer der Kleinste, der ist später dran. So, dann hab ich noch ein bis zwei Stunden Zeit für mich – das brauch ich dann auch! Meistens bin ich echt geschafft, lese etwas, schreibe 'nen Brief oder gucke nebenbei in den Fernseher. Am Wochenende ist natürlich alles anders! Da schlaf ich richtig lange – um neun sind alle Kinder bei uns im Bett und wir lassen uns richtig Zeit! Christian braucht das auch, er ist die Woche über voll im Stress.

Ich wüsste gar nicht, was ich ohne ihn wäre

Christian spielt für mich eine ganz, ganz große Rolle! Momentan ist es so, dass ich einfach auch Hilfe brauche; dass wir gemeinsam organisieren müssen. So 'ne absolute Zweisamkeit, wie es am Anfang war, ist erstmal nicht drin – logisch! Aber ich denke, dass es trotzdem ganz gut läuft mit uns beiden und dass wir uns auch Zeit nehmen. Er sagt manchmal am Telefon: Vermisst du mich denn auch? Oder geht's nur darum, dass du Hilfe brauchst? –

Weil ich manchmal den Kopf so voll habe … Aber es ist gut, wenn einer hin und wieder darauf hinweist, dass es noch was anderes gibt! Ja, ich wüsste gar nicht, was ich ohne ihn wäre! Wir gehören alle zusammen, alles andere ist irgendwie nicht vorstellbar. Wenn man im Bekanntenkreis sieht, wie so manche Beziehung auseinandergeht … Ich kenne etliche Frauen, die mit ihren Kindern alleine sind – da bin ich immer total froh und glücklich! Man kann zwar nie die Garantie für spätere Zeiten übernehmen, aber wenn wir ein bisschen aufeinander aufpassen, dass nicht einer zu kurz kommt oder sich übernimmt, dann könnte alles gut gehen.

Streit? Christian ist schon der Ausgeglichenere von uns beiden – bis *der* sich mal so aufregt! Wenn ich mal fertig bin und um mich rum motze oder versuche, ihn zu drängeln, er solle mal was machen, lenkt er immer ein und hat Verständnis.

Streiten tun wir uns selten.

Wenn *Christian* mal fertig ist, hat er manchmal *nicht* diese einlenkende Funktion und schlägt – sinnbildlich – zurück. Dann bin ich total erschrocken, merke, dass ich zu weit gegangen bin und lenke sofort ein!

In den ersten zwei Jahren haben wir uns öfter gestritten, aber jetzt so gut wie gar nicht mehr. Weiß nicht, ob das nun gut ist oder schlecht ...

Wir reden halt drüber, wenn was ist. Ich muss dazu sagen, dass wir in vielen Dingen wirklich dieselben Ansichten haben – gerade in Sachen Erziehung, das war schon immer ein Phänomen! Ich hab ja mal Sozialpädagogik studiert – und er macht das aus dem Bauch heraus. Damit macht er viel mehr richtig als ich. Viele würden unsere Beziehung vielleicht als langweilig bezeichnen! Gut, wir haben jetzt den Stress durch die Kinder und die Bauerei – trotzdem läuft es relativ harmonisch zwischen uns!

Manchmal hab ich ein bisschen Angst, dass da irgendwann mal ein Punkt kommt, wo man sich nichts mehr zu sagen hat ... wir versuchen, das zu verhindern.

Im Advent waren wir bei meinen Eltern in Dresden; ich wollte so gerne zum Mittelalter-Weihnachtsmarkt und meine Mutter sagte: Na, geht doch mal *alleine!* – Christian und ich sind daraufhin los: waren völlig perplex, haben um uns herum geguckt – und haben es dann richtig doll genossen! Die andere Seite ist: wenn der Zeitpunkt mal kommen sollte, werden uns die Kinder auch fehlen!

Freunde und kreatives Wirken sind wichtig zum Wohlfühlen

Freunde, oh! Wir treffen unsere Bekannten bei weitem nicht mehr so oft – die haben auch alle Kinder – und gleich *viele!* Wenn du mal 'ne Feier machst, ist das gleich ein Massenauflauf, da haste sofort 30 Leute zusammen!

Das hat die Sache schon erschwert. Aber Freunde sind für mich sehr wichtig. Ich würde mir hier einsam vorkommen, wenn ich nicht wüsste, dass ich Leute hab, die ich anrufen oder besuchen oder im Notfall mal um was bitten kann!

Wir haben recht viele Freunde hier – ehemalige Studienkollegen von Christian, wo ich mit den Frauen befreundet bin. *Er* ist derjenige bei uns, der Freundschaften so richtig pflegt.

Zeiten, wo ich ganz unten bin, gibt's auf jeden Fall. Der Grund ist immer eine Art von Überforderung. Was mir immer hilft: wenn ich mich etwas Neuem, Kreativen zuwende.

Zum Beispiel fühlte ich mich ziemlich *abgestellt,* als unser Zweiter geboren war und Christian gearbeitet hat. Da hab ich zu ihm gesagt: So, jetzt musst *du* dich mal um die Kinder kümmern! – Und ich hab mit dem Papierschöpfen begonnen – da ging es mir schlagartig besser!

Oder ich sag zu ihm: Du, ich muss mal ein Wochenende nach Dresden fahren – aber *ohne* dich und *ohne* die Kinder! – Da ist Christian zwar im Moment der Dumme, aber mir hilft das sehr.

Meine Pläne mit der Arbeit musste ich ja nun erstmal hinschmeißen. Hat mich echt geärgert, so dass ich mir gesagt habe: Du bist eben wieder die Doofe! *Du* musst da zurückstecken!

Das dritte Interview im Jahr 2002

Jeden Tag eine Stunde hin und eine Stunde zurückfahren

Linus ist in die Schule gekommen. Und am Anfang war das doch ganz schön schwer, so mit den beiden Kleinen, und man merkt *jetzt,* dass es einfacher wird. In der Woche kommt Christian erst abends um sieben nach Hause, also da haben wir nicht so viel voneinander. Immerhin arbeitet er jetzt in Rostock.

Wenn die Kinder ins Bett gehen, ist er aber da, und das ist wichtig. Er überlegt jetzt schon wieder (lacht), was er macht, denn im ganzen Baugewerbe sieht es nicht so gut aus und der Chef hat ihnen schon angekündigt, dass sie dieses Jahr wieder weniger verdienen werden. Es geht immer so systematisch runter und lohnt sich eigentlich nicht,

111

jeden Tag eine Stunde hin und eine Stunde zurück zu fahren. (Mattis jammert auf Marias Arm immer stärker) … Ich leg Mattis mal hin!

Jedes Kind kann im seinem Rhythmus lernen

Wir haben es uns nicht so leicht gemacht, in welche Schule Linus nun gehen soll. Die Lehrerin, die er hier an der Dorfschule kriegen sollte, hat uns nicht so gepasst. Wir hatten sie auch hierher eingeladen und mit ihr gesprochen, und ich fand ihre Vorstellungen ziemlich schlimm. Was also machen? In der nächsten Stadt wurde eine evangelische Montessori-Schule gegründet, und da geht er jetzt hin. Am Anfang hatte ich Panik, weil das ja 'ne andere Art und Weise ist, wie unterrichtet wird.

Die haben zum Beispiel Wochenpläne, die sie im Laufe der Woche abarbeiten müssen, wobei ihnen mehr oder weniger selbst überlassen ist, wie sie das machen. Linus hatte am Anfang auch Probleme, sich da rein zu fitzeln, aber mittlerweile bin ich sehr überzeugt von der Schulform. Da kann jedes Kind in seinem eigenen Rhythmus lernen, da gibt es auch Kinder, die machen schon Aufgaben der 2.Klasse. Linus ist einer von denen, die etwas hinterher sind, das ist eben auch in Ordnung. Und ich denke, hier in der Schule hätte er schon den Anschluss verpasst, oder er hätte ständig Strafen oder Zusatzhausaufgaben gekriegt, und hier kann er nach seinem eigenen Rhythmus lernen.

Dann machen sie auch viel drum herum: machen Ausstellungen, die man riechen kann, jetzt bauen sie gerade irgendwelche Sachen aus Holzresten und Schachteln … Auch, wie das Zimmer aussieht: so ganz heimelig, mit Tobe- und Kuschelecke; die Tische stehen ganz anders, das macht schon so viel aus! Dann sind da mal Arbeitseinsätze, aber sonst engagier ich mich nicht so doll an der Schule, weil ich bei Julia viel mache – da sind wir ja nur drei Eltern, die überhaupt was machen.

Mit dem Fahren ist es schwierig, da denk ich manchmal: ach, wenn er doch hier im Nachbardorf gehen könnte, dann könnte ich ihn früh mit seiner Schwester mitschicken! Zur Schuleinführung machen wir immer 'ne große Party, aus Dresden waren viele da, das hat Spaß gemacht! Die Julia hat jetzt angefangen, Klavier zu spielen, ich komme leider nicht mehr so oft dazu. Ich wollte das als Kind schon gerne machen, hab da aber Akkordeon gespielt. Dann spiel ich ab und zu Gitarre, hab im Studium mal ein Jahr Unterricht gehabt und mir den Rest selbst beigebracht – ich klimper nur so vor mich hin, aber es macht Spaß!

Du bist einfach nur fertig!

Was sich noch geändert hat: dass wir jetzt Mieter im Haus wohnen haben. Der Ausbau war doch ganz schön hart, da bin ich auch froh, dass das Kapitel zu Ende ist! Wir konnten uns irgendwie nicht so motivieren wie bei der eigenen Wohnung, das hat sich so hingezogen und der Handwerker hat uns noch so im Stich gelassen, och, das war wirklich schlimm (lacht)! Na, jedenfalls haben wir jetzt frei an den Wochenenden und Christian kann mal sagen: ich fahre heute mal in die Eishalle mit den Kindern – das war ja vorher gar nicht möglich!

Da musste ich sehen, wie ich die Kinder alle unter einen Hut kriege, und er musste da unten bauen, ne. Dass wir beide Zeit füreinander haben, passiert wirklich ganz selten. Selbst abends, wenn die Kinder alle im Bett sind, da gibt es immer irgendwelche Sachen, die du noch organisieren musst. Oder du bist einfach nur fertig! Wenn ganz selten mal Christians Eltern auf die Kinder aufpassen, gehen wir mal ins Konzert oder ins Kino. Das kannste aber an fünf Fingern abzählen! Das ist aber nun nicht ein Riesenproblem für uns – es wird ja auch besser.

Letztes Jahr im August waren wir drei Wochen alle zusammen im Urlaub, und obwohl da alle vier Kinder dabei waren, haben wir viel

Zeit gehabt, das war schön. Ansonsten muss man schon sehr aufpassen, das merke ich immer wieder: dass es schnell geht, dass man vor lauter Arbeit nur noch so nebeneinander lebt. Ich bin abends manchmal so fertig – da tut mir Christian dann immer leid – dass ich ihn nur noch anschnauze: Nun hilf mir doch mal, mach mal dies und das! Wobei er gerade von der Arbeit kommt und ziemlich geplättet ist ... aber wir kriegen das schon hin! Deswegen ist es ganz wichtig, dass wir uns den Dachboden noch ausbauen, damit wir so 'ne örtliche Trennung haben: das ist dann *nur unser* Reich!

Manchmal reicht auch schon eine längere Autofahrt, wenn wir alle gemeinsam zu seinen Eltern fahren, oder zu Weihnachten waren wir in Dresden. Das genieße ich dann immer, da kannst du dich über viele Sachen unterhalten und du kannst nicht weglaufen. Wenn ich manchmal traurig bin, rechne ich mir es immer so vor: sind die Kinder wirklich mal alt genug, dann hab ich ja immer noch 30, 40 Jahre Zeit, um mit Christian jeden Abend wohin zu gehen (lacht)!

Ich bin eine unsichere Kandidatin, das ist so!

Meine berufliche Perspektive? Ich will im Oktober wieder anfangen zu arbeiten, wenn der Kleine 2 Jahre alt ist. Bin jetzt meiner Chefin schon ein paar Mal auf die Nerven gegangen und hatte das so begründet, dass ich im Erziehungsurlaub noch eine Weiterbildung machen will.

Ich will mich weiterbilden, damit ich gezwungen bin, mich mit neuen Themen zu beschäftigen.

Ich verstehe meine Chefin aber auch: ich bin ja ein unsicherer Kandidat, naja, es *ist* ja so! Von ihrer Warte aus geht es um organisatorische und um Kostensachen, und da sind natürlich die anderen erstmal dran. Ich werde da gleitende Arbeitszeit haben, also bis halb neun muss ich da sein, ich kann jede Minute, die ich länger bleibe, wieder abbummeln, und sowas hast du woanders einfach nicht!

Mit den Kollegen komme ich auch sehr gut klar; ich bin ja schon wieder drei Jahre zu Hause, hab vorher zwei Jahre gearbeitet, und die laden mich immer ein, wenn irgendwas ist. Und ein gutes Verhältnis zwischen den Kollegen ist ja überhaupt das Wichtigste! Die Arbeit macht mir großen Spaß.

Nicht auf alles verzichten

Pläne? ... (lacht) Ein bisschen abnehmen will ich über'n Winter! Also, mir geht's eigentlich gut so, ich beweg mich auch ... Nach Oonas Geburt habe ich regelmäßig gejoggt, aber das geht jetzt einfach nicht, weil der Kleine so unregelmäßig schläft, manchmal nur 'ne dreiviertel Stunde, und da ist mir das zu stressig. Oona hat immer drei Stunden geschlafen! Also, mir fällt es schwer, so gänzlich auf alles zu verzichten, das ist für mich auch ein Stück Lebensqualität. Wenn ich nur immer Kalorien zählen müsste, das würde mich wahnsinnig machen! Darum mache ich es seit zwei Wochen *so*, dass ich bis mittags ganz normal esse, und ich koche mir auch richtig Mittagessen. Nachmittags und abends esse ich nichts mehr, da trinke ich ganz viel. Dann freue ich mich schon auf's Frühstück!

Bei mir sind die Fallen immer das Naschen zwischendurch, also gar nicht mal das Essen an sich. Und das fällt jetzt weg, weil ich mir sage: wenn ich nur bis mittags esse, koche ich mir auch was Gesundes und esse viel Obst! Habe dadurch schon drei Kilo abgenommen – schneller will ich das auch gar nicht.

Worüber ich im letzten Jahr ganz stolz war, dass ich eine Patchwork-Decke für meine Schwester genäht hab! Auch der Patchwork-Kurs über zwei Tage war etwas Schönes. Noch ein *ganz* schönes Erlebnis war, als ich mit Christian in Ulrichshusen war, da steht ein Schloss mit einer Scheune – der größte Konzertsaal von Mecklenburg. Da waren wir mal so einen ganzen Tag zu diesen Musikfestspielen – *ganz alleine!*

Vier Jahre zu Hause haben gereicht

Der Übergang von der Erziehungszeit zur Arbeit war ganz schön aufregend. Es war schon ein bisschen mit der Angst verbunden, ob das mit den Kindern alles so hinhaut.

Habe mich auf die Arbeit gefreut; die vier Jahre zu Hause haben gereicht! Das war das Wichtigste für mich.

Zweimal waren wir mit den Kindern im Urlaub; einmal im Harz, wo kinderreiche Familien Urlaub machen können. Das ist immer sehr schön dort – man hat viel Zeit füreinander und lernt seine Kinder mal von anderen Seiten kennen.

Etwas Wichtiges war das Schlammschippen in Dresden

Meine Familie wohnt ja in Dresden, und ich war total kribbelig, als ich die überfluteten Straßen meiner Gegend im Fernsehen sah.

Die Häuser meiner Geschwister waren zum Glück nicht betroffen, aber der Garten meiner Eltern war total überflutet. Eine Woche, nachdem das Wasser wieder runter war, bin ich mit Christian runtergefahren – die Kinder hatten wir alle verborgt.

Alle Geschwister und Neffen haben bei meinen Eltern 'nen Großeinsatz gestartet und den Garten entschlammt. Es war mir ein Bedürfnis, selbst mit Hand anzulegen!

Die Zeit vorher war aufregend – ich hab jeden Tag mit meiner Mutter telefoniert, die ganz allein in der Wohnung saß und da schon 'nen Koller gekriegt hat, denn mein Vater hat an der Bootsanlegestelle mit dem Schlauchboot zehn Tage alleine Wache gehalten. Dadurch konnte er Boot und Gartenhäuschen retten. Er war zwar im Häuschen voll ausgerüstet – aber er war die ganze Zeit alleine und ringsherum *nur Wasser!* Er ist dort mit dem Schlauchboot herumgefahren und hat auch die Boote von den anderen an die Bäume gebunden, weil das Wasser ja höher stieg – und ist auch ins Wasser gefallen!

Wir leben alle in einer großen Gemeinschaft

Wirklich wichtig ist mir meine Familie – auch soziale Kontakte aller Art! Darin sehe ich einen großen Sinn meines Lebens, und eigentlich müsste das auch bei den meisten Leuten so sein, weil wir alle in einer großen Gemeinschaft leben! Ich kann das immer ganz schlecht nachvollziehen, wenn jemand sich da rausnimmt und sagt: Ich brauche keinen, ich komme allein zurecht, ich bin keinem was schuldig und will auch keinem was schuldig sein! Wir können ohne andere Menschen nicht leben und es *muss* immer ein ständiges Geben und Nehmen sein!

Für mich ist es wichtig, dass ich gelassener geworden bin und sehe, dass bei allen Sachen etwas Positives herauskommt. Das ist ein Stück das Erbe meiner Mutter – sie ist so eine ganz Lustige! Christian ist oft anderer Meinung, weil er das in seiner Familie nicht so mitgekriegt hat. Aber wir ergänzen uns da. Zum Beispiel sag ich: Mensch, guck mal, wir haben doch jeden Monat unser Einkommen! – Da hat er eben Existenzängste. Ich denk immer: so schlimm kann's ja gar nicht kommen.

Für Veränderungen bin ich offen

Was die Angst vor'm Altwerden betrifft, hab ich keine Bedenken. Ich freue mich, wie sich die Kinder entwickeln und auch auf die Zeit, wo sie mal aus dem Haus sind, freue ich mich. Dass man auch wieder andere Sachen machen kann!

Für Veränderungen bin ich offen. Wenn es mit Christians Arbeit mal nicht mehr hinhaut, könnten wir uns auch vorstellen, nach

Norwegen zu gehen. Wir kamen darauf, weil es bei ihm schon lange Knatsch gibt, und die Stimmung bei mir im Krankenhaus hat sich auch verändert. Es wird von allen Seiten gedrückt und geguckt, ob man nicht noch jemanden einsparen kann.

Die Arbeit wird überhaupt nicht mehr geachtet; dir wird immer unterstellt, dass du nicht genug arbeitest. Und das geht einem auf die Nerven; die Motivation verändert sich.

In dieser Phase las ich einen Artikel, dass in Norwegen vor allem im Bau- und im medizinischen Bereich Leute gesucht werden. Keine Frage, da würde mir letzten Endes auch ganz viel fehlen. Bloß, ehe wir hier gar keine Arbeit haben ... doch, soweit würde ich auf jeden Fall gehen!

Ich wollte die Kinder – also muss ich es auch durchstehen

Mein Mann und ich werden manchmal unsachlich, einfach weil wir geschafft sind von den Tagen, die halb sechs losgehen. Sich dann noch konstruktiv zu streiten, ist schwer. Manches Mal knallen wir uns dann nur unsere Kritik an den Kopf – und das war's dann! Reden? Über Geldsachen können wir schlecht miteinander reden. Kompromissbereit sind wir aber beide, sonst wären wir nicht mehr zusammen.

Im Großen und Ganzen ist er nachgiebiger und kommt mehr auf mich zu. Er sieht die Sachen, die ich von mir gebe, wenn ich mit den Nerven runter bin, nicht so ernst. Das weiß ich sehr zu schätzen! Den Anspruch, dass wir uns die Arbeit mit den Kindern teilen müssen, habe ich schon lange nicht mehr – der ist einfach utopisch. *Ich* wollte die Kinder, also muss ich es auch durchstehen – auch wenn's manchmal schwer fällt!

Ich bin ganz stark harmoniesüchtig; ich ertrage es ganz schlecht, wenn schlechte Stimmung herrscht. Am glücklichsten fühle ich mich, wenn es auf der Arbeit gut gelaufen ist und wenn die Kinder nachmittags zufrieden sind – also, wenn es wenig Reibungspunkte gibt. Ich freue mich, wenn ich was Schönes genäht habe oder wenn wir draußen was Schönes unternehmen. Oder wenn ich mit Christian mal eine Auszeit nehmen kann, so wie letzten Sommer. Wenn die Kinder geschlafen haben, sind wir ans Meer gefahren, das war schön!

Die Wende kam, als ich 20 war

Für mich war es genau der richtige Zeitpunkt, weil ich noch auf der Suche war. Die Wende hat schon einiges gebracht! Ich gehörte ja nicht gerade zu den Begünstigten, durfte kein Abitur machen, weil ich die Jugendweihe nicht hatte und durfte auch nicht studieren. Was auch komisch war: Ein Drittel meiner Verwandtschaft ist beim Angriff auf Dresden umgekommen und der Rest wohnte in den alten Bundesländern. Die konnte ich *nicht* dort besuchen.

Nach der Wende konnte ich gleich studieren, auch ohne Abitur, weil ich schon einige Jahre Berufserfahrung hatte.

Negative Seiten? Man vermisst schon einiges. Wenn ich allein die Kinder ansehe! Ich war zu DDR-Zeiten in einer kirchlichen Jugendgruppe, wo es einen großen Zusammenhalt gab. Irgendwie habe ich das Gefühl, dass es solchen Zusammenhalt heute nicht mehr gibt. All die Unternehmungen und der Blödsinn, den wir damals gemacht haben … darauf würden die Jugendlichen heute gar nicht kommen!

Auch in dem katholischen Krankenhaus damals war ein Zusammenhalt, da bin ich Heiligabend hin und hab den Leuten auf'm Akkordeon vorgespielt – man fühlte sich so dazugehörig! Heute ist das schwieriger; es ist alles größer geworden – heute bestimmt das Geld alles. Das tut mir so'n bisschen weh.

Nach der Wende war ich noch 'ne Zeit in dieser Jugendgruppe und kam damit nicht klar, wie unpolitisch alles geworden ist. Früher gab es viele politische Aktionen und die Kirche hat Stellung genommen. Das wurde nach der Wende sogar richtig unterbunden! Bin dann nicht mehr hingegangen …

Die menschliche Psyche ist so gut beschrieben

Abends lese ich gern Krimis – da muss man nicht so viel nachdenken. Auch Kurzgeschichten lese ich total gerne, weil ich es toll finde, wie Autoren es schaffen, bestimmte Aussagen in kurze Texte zu fassen. Zu DDR-Zeiten begann ich, Gedichtbände zu kaufen. Mit klassischer Literatur tue ich mich schwer, weil das nicht meine Sprache ist. Von Steven King hab ich 'ne Zeit lang jedes Buch verschlungen – bei ihm wird die menschliche Psyche so gut beschrieben, wie sich bei einem ganz normalen Menschen im Alltag plötzlich alles verändert und irgendwie ein Wahnsinn ausbricht!

Ich höre gern ruhigere Sachen, zum Teil auch klassische Musik. Vom Jazz bin ich abgekommen – das ist mir jetzt zu aufregend. Klezmer-Musik höre ich sehr gerne, oder Folkloristisches, zum Beispiel Zigeunermusik. Es muss ursprünglich sein, dass man die Stimmung spüren kann.

Den Computer nutze ich gelegentlich für meine Hobbys und bestelle manchmal was. Beim Fernsehen ist es etwas geteilt: auf einer Seite denke ich: Mensch, was hast du jetzt für Trödel geguckt! Auf der anderen Seite mach ich immer was nebenbei, entweder lese ich – ja, das kann ich – oder ich mach Handarbeiten.

Ein-, zweimal in der Woche ist fernsehfrei, damit wir uns nicht daran gewöhnen. Unsere Große ist total scharf auf's Fernsehen und wir müssen bei den Kindern ganz genau bestimmen, was geguckt wird und wie lange.

Wir passen auf, dass sie nicht irgendwelchen Quatsch gucken. Ganz ohne würde es nicht gehen; sie müssen lernen, damit umzugehen und zu unterscheiden, was gut oder schlecht ist. Und das können sie nur, wenn man ihnen die Chance dazu gibt.

Die Kinder sollen aufpassen, sie selbst zu bleiben

Meine Aufklärung? Du, das war ganz komisch! Meine Mutter ist ja Hebamme und eigentlich 'ne aufgeschlossene Frau. Ich konnte sie viel fragen und mich mit ihr unterhalten.

Aber es gab einen kleinen Rest von Fragen, die ich mich nicht zu stellen getraut hab. Meine Mutter kam auch nicht auf die Idee, dass ich das nicht wissen könnte. Erst in der Fachschule, wo ich schon 16, 17 war, ist mir einiges klar geworden. Ich wusste zum Beispiel nicht, *wo* ich 'nen Tampon reinstecken sollte! Ist das nicht komisch! Von der Jugendgruppe hatten wir Wochenenden, wo uns ein Ehepaar aufgeklärt hat, aber das war mehr fachlich und christlich.

Wo die Kinder rauskommen, das wusste ich schon ganz früh, denn meine Mutter war ja Hebamme und ich hab am Wochenende bei ihr gearbeitet. Das wäre heute bei dem Versicherungsschutz undenkbar, dass eine Schülerin mit den Babys rumhantiert! In der Schule musste ich immer vor und es den anderen erklären, weil ich die Einzige war, die dabei keinen Lachanfall gekriegt hat.

Mit meinem Vater konnte ich überhaupt nicht reden; er war eher der Verklemmte. Meine erste Regel! Ich kann mich erinnern, dass wir einkaufen waren – da gab es solche Dinger, da war ein Netz drüber gespannt und das stand 'nen halben Meter über!

Was will ich meinen Kindern vermitteln? Das Allerwichtigste ist es, den Kindern klarzumachen, was dieser sexuelle Vorgang mit der Liebe zweier Menschen zu tun hat. Dass sie immer aufpassen sollen, dass sie *sie selbst bleiben* dabei und keine Sachen machen, weil der Junge es so will oder weil sie denken, das müsse so sein. Sondern dass sie nur etwas machen, was sie wirklich selber wollen! –

Und darüber hat mit mir *keiner* geredet. Ich denke, das wird bei den meisten heute noch so sein! Wichtig ist doch, die Ängste vor dem Ganzen abzubauen, dass die Eltern zum Beispiel sagen: Nur mit Gummi!

Ich denke bei allen Bemühungen, es besser zu machen, wird immer ein Rest bleiben. Man kann selber so schlecht über seinen Schatten springen!

Das fünfte Interview im Jahr 2004

Die elterliche Hilfe bricht weg …

… Das bereitet mir momentan Probleme. Meine Eltern sind relativ alt und nicht mehr belastbar, zum Teil auch krank. Christians Eltern sind beide krank … und wir sind mit kleinen Kindern noch in so einer Phase, wo wir Unterstützung gebrauchen könnten. Es macht mir zu schaffen, wenn ich selbst k.o. bin und eigentlich den Eltern noch Zuspruch geben müsste; das kann ich nicht mehr leisten. Aber vielleicht geht es ja allen in meinem Alter so? Es ist ein neuer Lebensabschnitt, wo die Eltern Hilfe von uns brauchen.

Mit meinen Eltern habe ich früher viel auf meine Neffen und Nichten aufgepasst – ich war ja so ein Nachzügler und es war ständig jemand bei uns zu Hause. Meine Familie kann das heute für mich überhaupt nicht leisten. Ist ja auch klar, weil ich so weit weg wohne, aber selbst, wenn ich da wäre, wäre es nicht anders. Auf der anderen Seite kann *ich* ihnen dadurch auch wenig helfen. Und bei Christians Eltern, die in der Nähe wohnen, habe ich nicht die Ausdauer und die Nerven.

Eine große Sehnsucht nach meiner Familie

Meine Eltern und Geschwister wohnen enger zusammen und haben dadurch mehr Kontakt.

Ich denke, die Sehnsucht, die *ich* nach meiner Familie empfinde, ist größer als die Sehnsucht, die meine Familie nach *mir* empfindet. Ich fühle mich außerhalb, weil ich nicht alles mitmachen kann.

Letztes Jahr gab es eine Phase, wo ich ganz doll Heimweh hatte; es hat sich schon gebessert, kommt aber immer mal wieder. Öfter fahre ich nach Dresden und die Familie kommt auch mal hierher. Man merkt aber, dass meine Eltern schon über 70 sind und alt werden – sie werden interessenloser und können nicht mehr so folgen wie früher. Das ist schon hart, mit anzusehen! Wäre ich zehn Jahre älter, könnte ich das sicher besser akzeptieren. Mein Vater hatte eine schwere Herz-OP und kann es sich einfach nicht mehr leisten, viel zu trinken. Er trinkt trotzdem: wenn er hier ist, guckt er immer erst, ob genug Bier im Kühlschrank ist. Es ist aber nicht mehr so extrem, und ich muss dir ehrlich sagen: ich bin auch toleranter geworden – ich meine: was soll's? Das ist immerhin auch *sein* Leben!

Man wird dadurch geprägt, was die Frauen in der Familie machen

Für mich war es durch die Entwicklung in meiner Familie klar, dass ich einen Sozialberuf ergreife. Ich freue mich noch heute auf jeden Tag, wenn ich zur Arbeit fahre. Und es tut mir für jeden leid, der das *nicht* so empfindet. Weil ich denke: das ist etwas ganz Wichtiges! Wenn ich mir vorstelle, dass ich mit Schrecken zur Arbeit fahren würde – bei dem ganzen Stress, der mit der Arbeit verbunden ist – das wäre furchtbar! Dann würde ich die Arbeit auch nicht machen. Diese Freude war schon immer wichtig für mich; aus dem Grunde habe ich auch das Studium aufgegeben, weil es nicht das gebracht hat, was ich mir vorgestellt habe.

Meine Arbeit in dem großen Krankenhaus-Kollektiv macht mir viel Spaß. Ich arbeite als Physiotherapeutin in der Psychiatrie – da geht es, grob gesagt, um die Funktionen des Körpers. In der Psychiatrie geht es um andere Dinge – und diesen Bereich *dazwischen* finde ich so spannend, dazu mache ich gerade eine Ausbildung, wo es darum geht, dass sich die Leute über die Bewegung und die

Gruppe selbst besser kennenlernen und ihren Körper wieder besser wahrnehmen. Und um die Vermittlung von positiven Gefühlen. Es sind viele Missbrauchserfahrungen unter den Patienten. Da gibt es wichtige Aspekte in der Gruppe: Warum verhalte ich mich jetzt so? Warum stört es mich, dass einer hinter mir steht? Kann ich dem anderen vertrauen? Kann ich mich entscheiden? –

Das ist sehr spannend und fordert mich! Furchtbar wäre für mich, wenn ich jeden Tag nur irgendwelche Programme abarbeiten müsste. Am Anfang war ich noch unsicher, aber jetzt habe ich ein gutes Verhältnis zu den Schwestern, Ärzten und Psychologen. Das Krankenhaus schreibt rote Zahlen und es wird immer noch Druck ausgeübt auf die Mitarbeiter und geschaut: wo kann man jemanden einsparen?

Mein Arbeitsplatz ist sicher, weil keine Kollegin mich vertreten kann. Sie sind fast alle älter als ich und sind noch von früher gewohnt: die Arbeitsplätze sind sicher. Aber es ist eben *nicht* mehr so! Man muss sehen, dass man sich spezialisiert, dass man wichtig ist! Auch wenn es anstrengend ist, die Weiterbildungen mit den Kindern zu organisieren, sage ich mir: ich muss noch 30 Jahre arbeiten und damit es mir noch 30 Jahre Spaß macht, muss ich etwas tun.

Mit wem kann man sich wirklich austauschen?

Die Arbeit ist ein wichtiger Teil meines Lebens geworden; darüber bin ich wirklich froh. (räuspert sich) … Mir tut es sehr weh, dass meine Familie so wenig Interesse zeigt.

Weder von meinen Schwiegereltern noch von meinen Eltern kommt mal eine Frage!

Die einzige Interessierte ist meine Schwester. Klar, kann ich mit Christian reden, nur kann ich ihm nicht jeden Tag damit die Ohren voll jammern.

Das ist ein Problem: *Wer* hat denn eigentlich jemanden, mit dem er sich *wirklich* austauschen kann?

Nur noch dasitzen

Egal, wann ich in den Kindergarten komme: meine Kinder sind relativ die Letzten. Da frage ich mich: was machen denn die anderen Mütter? Es scheinen nicht viele zu arbeiten, daran wird es liegen. Für meine beiden Kleinen ist es hart: morgens sind sie die Ersten und nachmittags zwischen halb vier und halb fünf die Letzten. Vorher habe ich Linus aus der Schule abzuholen, manchmal muss ich einkaufen – das ist schon eine Fahrerei!

Das Schöne ist, dass die Großen schon relativ selbstständig sind und auch mal auf die Kleinen aufpassen können. Trotzdem: wenn man nach Hause kommt, stürzen sich alle auf einen, wo man sich eigentlich zurückziehen will! Freitagabends sitze ich manchmal nur noch da und kann nicht mehr reden!

Gerade in unserem Alter
gehen Beziehungen auseinander

In letzter Zeit bemerke ich, dass Christian sich ... na, ich will nicht sagen, verändert hat, aber er ist empfindlicher geworden, was Stress betrifft. Vielleicht liegt es daran, dass er andere Pläne mit seiner Arbeit hatte – aber da kann ich ihm nicht groß helfen. Kann nur sagen: wenn du eine Idee hast, lass uns darüber reden und wir gucken.

Er bewirbt sich immer mal wieder, aber wenn man so hört, wie viele zu Hause sitzen, sind wir doch froh, dass wir beide arbeiten. Für ihn wäre es kein Weg, einfach zu Hause zu bleiben und zu sehen, was da kommt. Aufpassen muss ich, dass ich meinen Frust nicht bei ihm ablade. Gerade, wenn einer so ruhig ist wie er, reizt einen das sehr! Ich versuche ihn in seinem Tun ein Stück zu bestätigen.

Christian ist es von zu Hause aus nicht gewohnt, über Gefühle zu reden – egal, ob den Kindern gegenüber oder mit mir *über* die Kinder. Aber im Kopf hat er das, sonst würde es mit uns nicht so funktionieren. Ich habe schon das Gefühl, dass der jeweils andere versucht, etwas auszugleichen, wenn es dem einen mal nicht so gut geht. Trotz Aufpassen ist das schon eine gefährliche Sache!

Ich verstehe, dass gerade in unserem Alter Beziehungen auseinander gehen. Wir haben viele gemeinsame Interessen, auf die wir uns schon freuen: zwei vollständige Fotolabore warten im Keller auf uns, unser Interesse am Kino: wir sind Mitglieder in verschiedenen Filmclubs.

Ich passe auf, dass meine Interessen nicht zu kurz kommen; Christian ist da zurückhaltender. So gehe ich abends mal alleine weg – nur zusammen geht es momentan nicht. Für mich ist das kein Problem – da ist er eher etwas klammerig: Willste nicht mal zu Hause bleiben? – Aber wenn man nun gar nichts anderes mehr hat außer Familie und Arbeit, ist es doch blöd, oder?

Mich belastet die Organisatoren-Rolle

Was mich belastet, ist die Rolle, in die ich zu Hause so reingerutscht bin: *ich* bin der Organisator! Ob es allen Frauen so geht? Gut, Christian arbeitet zwei Stunden länger, aber darum geht es ja nicht, sondern darum, was man alles im Kopf haben muss! Da bin ich diejenige: ob das Klausuren der Kinder sind, Termine der Kinder, Geburtstagsgeschenke für alle Familienmitglieder.

Kürzlich waren Christians Eltern beleidigt, weil ich nicht angerufen habe und mich für das Geburtstagsgeschenk unseres Sohnes bedankt habe ... Das belastet mich! Und Männer geben solche Sachen einfach oft total ab! Und wenn andere mal sagen: Mensch, Maria, wie machst du das bloß – vier Kinder und dann noch arbeiten? Dann ist Christian noch beleidigt, so nach dem Motto: Ich habe doch *auch* vier Kinder und arbeite!

Dass es da einen Unterschied gibt, das kriege ich ihm nicht erklärt, weißt du. Dass ich neben der Arbeit noch zwei, drei Stunden die Kinder rumfahre, einkaufen gehe und das Wochenende organisiere – das ist für mich anstrengender als die Stunden vorher bei der Arbeit! Also: *viel* anstrengender!

Geht's dir auch so? Stimmt, ja, die Männer machen wieder andere Dinge – aber das sind keine Alltäglichkeiten. Egal, wie gut man sich versteht und wie guten Willens man ist: da gibt es ein *Ungleichgewicht!* Das ist mir jetzt erst klar geworden, und ich kann mir nicht vorstellen, dass es in anderen Familien besser ist.

Dann erschrecke ich schon, dass ich noch viele Jahre durchziehen muss; das wird noch schlimmer, wenn die Kinder alle in der Schule, Lehre und so weiter sind! Wo ich jetzt schon weiß: das ist alles *mein* Job! Das ist hart!

Wir sprechen und entscheiden natürlich über alles, aber es bleibt doch alles an mir hängen. Mir macht es trotzdem Spaß, mich zu engagieren: ich bin im Kindergartenbeirat und im Elternbeirat der Schule.

Siehste, *einen* wichtigen Abschnitt haben wir vor kurzem beendet: wir haben kein Kind mehr bei uns im Schlafzimmer! Den Jüngsten haben wir zu seiner Schwester ins Zimmer ausquartiert, das ist ein ganz anderes Gefühl. Manchmal ist es richtig beängstigend für mich, wie lieb die Kinder alle sind!

Klar, haben sie auch ihre Macken, und andere sind bestimmt mal genervt von ihnen.

Aber wir selbst sehen ja die ganzen Kleinigkeiten: wie sie Sonntagmorgens zusammen spielen und uns schlafen lassen, wie sie überhaupt miteinander umgehen. Das entschädigt mich für vieles. Ich denke, wenn sie solch einen Start haben, kann es in ihrem Leben nicht so schlimm kommen.

Mit der Intuition ist es so eine Sache, wenn man den ganzen Tag eingespannt ist

Auf der Arbeit muss ich allerdings sehr auf meine Intuition hören. Jede Gruppe und jede Behandlung, die ich leite, ist anders; jeder ist anders drauf und ich weiß nie, wie jemand reagiert. Zum einen braucht es Wissen und fachlichen Hintergrund, zum anderen muss ich im richtigen Moment meinem Gefühl nachgehen.

Um auf sein Gefühl zu hören, braucht man Zeit. Was ich in meinem Leben immer gemacht habe: wenn Probleme anstanden, bin ich in mich gegangen, hab mich gefragt: was fühlst du jetzt dabei? Gar nicht: ist das jetzt vernünftig? Sonst hätte ich viele Sachen anders entschieden.

Neulich habe ich vor meinen Kollegen einen Vortrag über Stress gehalten und wie man ihm aus dem Wege gehen kann. Da spielt es auch eine Rolle, dass man auf sein Inneres hört und sich nicht durch Ansprüche, die andere an einen haben, überfordert. Sondern dass man guckt: was sind die eigenen Möglichkeiten? Was will *ich* überhaupt?

Jemand, der keine Kinder hat, kann das nicht nachvollziehen

Wo ich eine Rolle spiele? Da fällt mir gleich die Beziehung zu meinen Schwiegereltern ein. Ich habe zu ihnen emotional überhaupt keine Beziehung, was mir total leid tut. Da spiele ich schon eine Rolle, weil … na, ich kann sie ja nicht anmotzen, wenn mir etwas nicht in den Kram passt. Wenn sie hier waren, fühle ich mich hinterher so richtig geschafft.

Bei meiner Arbeit bin ich ganz *ich* selbst; da kannste keine Rolle spielen, denn das würden die Patienten sofort merken. Zu Hause bei den Kindern bin ich ebenfalls ganz *ich* – wenn mir danach ist, *habe* ich eben schlechte Laune!

Das passiert aber nur ganz selten. Wenn ich mich nach der Arbeit am liebsten zurückziehen würde, weiß ich: das geht nicht. Es ist ein Moment der Überwindung und danach geht es wieder; die Kinder haben *alle* einen anstrengenden Tag hinter sich und brauchen erstmal ihre Zuwendung. Wenn sie später am Spielen sind, ist immer noch Zeit, mich zurückzuziehen.

Manchmal plagt mich das schlechte Gewissen: auf Arbeit geht's mir immer sehr gut, da bin ich in meinem Element! Zu Hause dagegen bin ich doch sehr gefordert und muss immer ansprechbar sein. Bei der Arbeit bin ich mein eigener Herr, kann selbstständig arbeiten und keiner redet mir rein. Wenn ich aber die Kinder alle eingesammelt habe, sie zu Hause versorgt und Abendbrot gemacht habe und Christian nach Hause kommt, bin ich oft am Ende. Bin dann nicht mehr dieselbe wie am Vormittag!

Bestimmt kommen noch viele Sorgen mit den Kindern auf uns zu. Diese Zeit, wo sie so klein waren, die war so … so elementar – man war überhaupt nicht mehr Herr seiner selbst. Weißt du, man war so fremdbestimmt, von früh bis abends, und die ganze Nacht auch noch durch. Es war eine sehr anstrengende Zeit, wo du nicht mal in Ruhe auf die Toilette konntest! Was das bedeutet, kann jemand, der keine Kinder hat, nicht nachvollziehen – und zum Teil auch die Männer nicht! Gerade, wenn du mehrere Kinder hast, geht das mächtig an die Substanz! Das wird jetzt von Monat zu Monat besser.

Mit weniger Gewicht fühlst du dich einfach besser

Letztes Jahr hatte ich mir vorgenommen, abzunehmen. Mit Beginn der Arbeit habe ich neun Kilo ab- und bald darauf wieder drei Kilo zugenommen. Wahrscheinlich kann man das als Normalgewichtiger nicht verstehen, aber manchmal ärgere ich mich dann über mich. Das ist ein Teil von mir, den ich nicht so liebe. Viele denken, dass ich ganz zufrieden mit mir bin … aber als ich abgenommen hatte, war ich schon 'ne Ecke selbstbewusster.

Als Jugendliche war ich schon dick, da war schon eine Unzufriedenheit in mir. Wenn mir jemand sagt, er sei mit seinen 90 Kilo zufrieden, dann nehme ich ihm das hundertprozentig *nicht* ab!

Es ist immer so ein kleiner Stachel, den du da hast. Was beim Abnehmen sexy ist, ist nicht etwa der Körper, sondern wie du dich gibst; dass du dich *besser fühlst.* Das macht es aus!

Aber es ist kein Thema, das meinen Alltag bestimmt. Bis ich 40 bin, möchte ich noch runter gehen mit meinem Gewicht, weil es danach noch schwieriger wird.

Den Kindern was Gutes vorleben

Was die Kinder anbelangt: ich habe dazugelernt. Ich lasse es jetzt irgendwie laufen. Weißt du, ich habe versucht, ihnen den Start so gut wie möglich zu machen – *mehr* kann ich nicht. Bin für sie da und beobachte, wie sie sich untereinander verhalten.

Mit der Schule hab ich mir lange Zeit Sorgen gemacht: wie kriegt man das hin? Auch das sehe ich inzwischen viel lockerer – sie werden schon ihren Weg finden. Wichtig ist, dass wir immer für sie da sind und wir ihnen was Gutes vorleben.

Das sechste Interview im Jahr 2005

Durch Selbsterfahrung an die Grenzen gestoßen

In Vorbereitung auf das Gespräch ist mir etwas aufgefallen. Ich habe eine Ausbildung für die Psychotherapie gemacht, und da ist viel Selbsterfahrung dabei. Alles, was die Patienten bei uns machen müssen, machen wir selber auch durch. Bei einigen Sachen bin ich an meine Grenzen gestoßen, habe mich aber auch besser kennengelernt.

Auch wenn es teilweise hart war: das war im letzten Jahr für mich am Wichtigsten. Aus dem Grunde kann ich dir jetzt sagen, dass ich mich vieles nicht getraut habe, zu erzählen in den letzten Interviews.

Ich hab über viele Äußerlichkeiten gesprochen – aber vielleicht ist es richtig so. Was ich noch merke: ich werde älter. Man hat Angst, nicht mehr jung und begehrenswert zu sein; das kommt so langsam. Ich habe keine Panik, aber ich merke, dass sich was verändert.

Durch die Selbsterfahrung ist mir bewusst geworden, dass ich Schwierigkeiten mit Entscheidungen habe – ich kann Entscheidungen oder unangenehme Situationen geschickt vermeiden. Welche Gedanken ich mir mache, um etwas zu vermeiden, das war schon auffällig! Wir sind eine Gruppe von 20 Leuten, von denen ich keinen kannte.

Habe über mich selber gestaunt, wie zurückhaltend ich erst war, von Zweifeln geplagt, nach dem Motto: kannst du den anderen überhaupt etwas bieten?

Als dann die ersten Interessen der anderen kamen, merkte ich, wie ich in der Gruppe wachsen konnte. Je länger man die Leute kennt, umso besser wird es – ich muss sogar aufpassen, dass ich nicht in die Arroganz reinrutsche. Das ist die andere Seite! Muss gucken, dass ich mich nicht so klein mache, aber dann nicht aus Strafe die *anderen* klein mache. Fand ich interessant, das mal zu merken.

In der Psychiatrie habe ich gemerkt, dass man mit normaler Bewegungstherapie nicht viel erreicht, wenn die Patienten Beziehungsstörungen oder Störungen im emotionalen Erleben haben. Das Krankenhaus hat mir die Finanzierung der Ausbildung *Kommunikative Bewegungstherapie* angeboten.

Es geht darum, über Körpersprache oder -wahrnehmung mit den anderen in Kontakt zu treten und dabei viele Sachen zu erspüren und auszuprobieren. Viele Patienten haben körperliche Beschwerden, weil sie ihre Gefühle nicht wahrnehmen oder äußern können – dafür nehmen sie ihre Magenschmerzen wahr. Um ihnen das klarzumachen, lasse ich mich ausbilden. Vom Alter her ist das genau die richtige Zeit dafür; jetzt kann ich mehr daraus gewinnen als noch vor zehn Jahren.

Finanziell wird von allen Seiten an uns gezogen

Ja, unsere Mietwohnung! Inzwischen sind schon die zweiten Mieter ausgezogen, weil sie mit dem Landleben, dem Hin- und Herfahren Schwierigkeiten hatten. Für uns war das ziemlich deprimierend – wir haben uns daraufhin eine Frist gesetzt: wenn wir bis dahin keine Mieter gefunden haben, machen wir eine Ferienwohnung daraus. Haben nun hauptsächlich im Sommer Gäste, und es ist ganz lustig mit den unterschiedlichen Leuten und Kindern. Es ist auch viel entspannter, weil man weiß, sie reisen nach ein, zwei Wochen wieder ab!

Schön war, dass wir alle zusammen im Urlaub waren zu einer Familienfreizeit von der Kirche. Wir brauchten nicht kochen und die Kinder waren viel mit anderen Kindern zusammen. Auch für uns gab es viele Angebote. Ein bisschen traurig bin ich, dass wir so etwas nicht jedes Jahr machen können – finanziell geht das nicht. Es kommt dazu, dass wir beide Bafög zurückzahlen müssen. Manchmal denke ich: wir sind in dem Alter, wo wir höchste Ausgaben haben und von allen Seiten ziehen sie an uns. Die Betreuungs- und Schulgebühren kommen dazu, das sind schon allein 500 Euro – also die festen Monatskosten sind heftig!

Das letzte Interview im Jahr 2018
Maria ist 48

Wie eine Zeitreise

Die Interviews zu lesen war schon komisch. Es war wie eine Zeitreise für einen selbst. Bei manchen Dingen hab ich innerlich die Augen verdreht und gedacht: oh Gott, oh Gott, was hast du da von dir gegeben? Auf der anderen Seite kann ich dazu stehen, weil man sich ja entwickelt – das wäre ja ein Ding, wenn man mit 30 dieselben Ideen hat wie mit 50. Insofern war das sehr interessant, nochmal zu lesen – auch habe ich gedacht, dass ich mich nicht mehr ganz so wichtig nehme oder dass vieles, was mich damals so umgetrieben hat, gar nicht mehr so wichtig ist.

Auffällig war, dass mich einige Themen immer noch beschäftigen – bei anderen Themen bin ich schon ein Stückchen weiter; es war schön, das zu sehen. Deutlich gelassener bin ich mit der Belastung in der großen Familie; zum einen, weil die Kinder größer sind, zum anderen habe ich wirklich gelernt, gelassener zu sein. Ich habe *viel* weniger Ängste, was die Kinder betrifft – ich habe das Gefühl: sie gehen schon ihren Weg, ich bin nicht mehr für alles verantwortlich und muss ihnen keine Wege mehr ebnen. Auch wenn manches auch schwierig ist, was sie entscheiden – damit kann ich jetzt anders umgehen.

Themen, die mich weiter begleiten: wie gehe ich in Kontakt mit anderen Menschen, wo bin ich eher ängstlich, wo mutig? Das hat sich in den Jahren wie in einem auf und ab geändert: es gab Zeiten, wo ich mutiger war, schneller Entscheidungen getroffen und mich in neue Sachen gestürzt habe. Aber es gab auch Zeiten, wo ich ganz vorsichtig war.

Was weiterhin ein Thema ist, ist die Arbeit an der Partnerschaft – da bleiben wir Gott sei Dank auch dran, mit allen Schwierigkeiten und Krisen, die wir erfahren.

Neue Projekte ins Leben gerufen

Ich habe zwar keine weiteren Kinder bekommen, aber andere Projekte ins Leben gerufen – das scheint etwas zu sein, was ich auch brauche: was Neues. Der Wiedereinstieg nach den ganzen Kinder-Erziehungszeiten war nicht so einfach. Von Anfang an hab ich mich weitergebildet und versucht, weiter zu entwickeln, habe Zeit und Geld dafür investiert. Weil ich gemerkt hab: ich profitiere davon, auch persönlich. So habe ich den Heilpraktiker-Abschluss gemacht und habe seit zwei Jahren neben der Arbeit in der Klinik eine eigene Praxis.

Das andere ist, dass ich selber wieder angefangen hab, mehr Musik zu machen und mir sehr gewünscht habe, das mit den Kindern zusammen zu tun. Dafür gab es keine Angebote – ich selber merkte, dass es mir zu viel wird, dass auch noch zu leiten. Mit einer Musikpädagogin habe ich ein kleines Kinderorchester gegründet, wo die Eltern zum Teil mitgespielt haben. Das hat sich zu einer Musikschule weiterentwickelt mit inzwischen über 200 Kindern und Erwachsenen, die eine soziale, christliche Ausrichtung hat. Wir wollen Kinder und Jugendliche erreichen, die nicht in eine normale Musikschule gehen würden, weil die Eltern das nicht unterstützen oder weil sie selbst nicht auf die Idee kommen würden, dass sie sowas können.

Ja, wir haben Angebote an den Schulen und in den Gemeinden und Kirchgemeinden im ländlichen Raum. Dort haben wir geguckt, wer etwas von den Personalkosten übernehmen könnte und wo wir als Verein etwas dazu geben können, so dass es kostenfreie Angebote für die Kinder sind.

Das geht los mit Gruppen, wo sie trommeln und sich dann entscheiden können, welches Instrument sie spielen möchten, ob sie Einzelunterricht bekommen wollen. Die Instrumente verleihen wir kostenfrei. Wir bekommen viele Fördergelder dafür. Es gibt 14 Lehrer, die freiberuflich arbeiten, eine Sekretärin und eine Leiterin. Ich bin für die Koordination und die Verbindung zu Leuten zuständig.

Das macht mir so viel Freude! Vor zwei Wochen sind wir mit unserem Jugendorchester nach Marokko gefahren – das war ein schöner Abschluss für meine Kinder, die ja schon groß sind.

Schön ist es, wie sich die Musikschulkinder entwickelt und sich untereinander so gut verstanden haben.

Angestellt und selbstständig mit viel Verantwortung

Nach den Kindererziehungszeiten hab ich im Psychiatrie-Bereich angefangen, da wurde Gymnastik gemacht und die Oma aus dem Bett geholt – so in der Richtung. Durch die fachspezifischen Ausbildungen, die ich gemacht habe, habe ich viele Sachen mit eingebracht.

Zehn Jahre habe ich dort gearbeitet – dann gab es Konflikte; manchmal ist das eben so. Es war schon in Planung, dass eine Außenstelle eröffnet werden sollte, wofür ich mich auch engagiert habe und bin später auch dahin versetzt worden. Wir sind ein kleines Team, wo jeder alles macht, wo man sich aufeinander verlassen kann, wo ich auch viel Verantwortung habe – aber es macht totalen Spaß! Ich mache da auch Musiktherapie, das ist wirklich eine schöne Art zu arbeiten. Irgendwann wurde ich doch unzufrieden, weil ich doch bedeutend mehr mache und mehr Verantwortung habe, als mein Angestelltenverhältnis beschreiben würde. Die Bezahlung hat sich auch nicht groß erhöht.

So dachte ich, es wär schön, wenn ich alles, was sich an Wissen und Erfahrung angesammelt hab, auch für *mich* nutzen kann und ich damit gerecht entlohnt werde. Es gibt viele Menschen, die nicht unbedingt sagen würden: ich bin schwer psychisch erkrankt oder brauche eine Therapie oder muss in die Klinik, aber ich hab trotzdem bestimmte Anliegen, mit denen ich nicht klar komme oder die ich verändern möchte.

Da entstand die Idee, eine Heilpraktiker-Praxis für Psychotherapie aufzumachen. Das läuft gut, es werden immer mehr Anmeldungen, wo ich mir gar nicht im Klaren bin, wie das zustande kommt. Es geht meistens über's Internet, weniger über Mund-zu-Mund-Propaganda.

Das ist sehr interessant, ich arbeite dort sehr eigenverantwortlich; manches ist auch eine Herausforderung – es sind ja oft schwer kranke Menschen – aber ich kann gut damit umgehen! So dass ich nicht zu Hause noch stundenlang weiter grübele oder nicht zur Ruhe komme. Vielleicht kann ich auch durch die Musik ganz gut abschalten.

Die Praxis habe ich auch deshalb gegründet, weil die Arbeit in der Psychiatrie sehr anstrengend ist. Wenn ich das nicht mehr schaffe, kann ich in der Praxis noch gut weiter arbeiten – vielleicht sogar über die Rente hinaus.

Das finde ich auch wichtig, dass man dann eine Aufgabe hat. Ich glaube, das war auch ein Grund für die Erkrankung meiner Mutter: aus einem ausgefüllten Leben heraus musste sie plötzlich mit der Wende aufhören zu arbeiten, weil nicht mehr so viele Hebammen gebraucht wurden.

Manchmal wäre vielleicht Stillstand auch nicht schlecht – aber dann krieg ich wieder meine Flausen oder das Nächste interessiert mich! Bei Handarbeitssachen wechsele ich auch öfter.

Jetzt sind wir 'ne totale Spießer-Familie!

Als die Kinder alle noch zu Hause waren und älter wurden und alle ihre Hobbys hatten, das war sehr krass! Da hab ich manchmal zwei Stunden noch irgendwelche Fahrten gemacht – das ist eben Landleben – und ich habe das ganz schön verflucht! Aber da gab es keine Alternativen: wir mochten auch nicht deswegen in die Stadt ziehen.

Als das erste Kind das Abitur hatte und ausgezogen ist, war ich erleichtert! Ich glaube, Julia hatte es schwerer als wir, denn *wir* waren ja noch fünf! Sie war 18 und wir waren noch sehr gefragt, noch sehr mit ihrem Zustand beschäftigt, dass sie manchmal auch nachts anrief. Wenn man aus so einer großen Familie weggeht, wo immer jemand da ist, wo man sich nicht um Kontakte sorgen musste, dann ist es nicht leicht.

Als der Zweite raus war, war es schon deutlicher zu merken. Oona, unsere Dritte, sagte dann, fast beleidigt: Jetzt sind wir 'ne totale Spie-

136

ßer-Familie (lacht)! Vater, Mutter und zwei Kinder! Die Jüngeren haben die großen Geschwister sehr vermisst. Für uns ist es vom Organisatorischen her leichter geworden, finanziell auch, obwohl wir die Studierenden unterstützen – aber wir verdienen jetzt mehr.

Ein bisschen kindermüde

Klar, seit Jahren können Christian und ich abends wieder etwas unternehmen – die Frage ist nur, wieviel Energie dafür noch da ist! Jeder hat auch so seine Sachen, dass wir uns drei, vier Abende in der Woche gar nicht sehen! Da tun wir ab und zu mal unseren Unmut kund! Es ist abzusehen, dass die Nächste aus dem Haus geht, das wird noch eine spannende Zeit, auf die ich mich freue. Die Kinder werden Partner finden, Familien gründen ... ach, ich würde mir wünschen, dass vielleicht eines der Kinder irgendwann wieder zurück kommt ... also hier passen noch zwei Familien rein!

Wünschen kann man ja! Ich merke aber auch: es ist gut erstmal *ohne* Kinder. 20 Jahre mit Kindern ... manchmal merke ich, dass ich ein bisschen *kindermüde* bin. Wenn es früh heißt: Mir tut mein Kopf weh! – denk ich: lass mich in Ruhe! Das ist dein Problem! Diese Mütterliche fällt mir manchmal schwer – obwohl die Kinder es noch brauchen.

Älter werden und Abschied

Eine Erkenntnis, die ich hatte: dass das Älterwerden gar nicht *so* schlimm ist – eine Zeit lang, um die 40 herum, hatte ich damit zu tun und fand ich es schwierig.

Was mich jetzt sehr beschäftigt, sind meine Eltern. Meine Mutter hat seit acht Jahren Demenz, was immer schlechter wird – sie ist jetzt im Heim. Mein Vater lebt noch alleine in der Wohnung mit Ende 80. Das war eine schwere Entscheidung letztes Jahr: mein

Vater ist nicht mehr klargekommen mit meiner Mutter. Dieser Abschied von meiner Mutter, der sich so lange schon hinzieht, beschäftigt mich doll. Das ist in meinem Alter auch so eine Lebensaufgabe: die Kinder gehen und die Eltern dann auch!

Visionen für mein Altwerden? Naja, träumen kann man ja mal (lacht)! Gerne würde ich die Kinder in der Nähe haben oder weiterhin guten Kontakt zu ihnen haben – was ja nicht selbstverständlich ist. Ich wünsche mir auch, dass sie untereinander Kontakt behalten und auch zu uns. Ich möchte mit meinem Mann zusammen alt werden – ich könnte sicher auch alleine leben, aber das fände ich schon schön! Ich möchte gesund bleiben.

Gefühle und Kränkungen kamen noch einmal hoch

Partnerschaft erlebe ich nach wie vor als etwas, wo wir immer drum ringen. Es gab Phasen, wo es schwierig war, wo das Vertrauen auch schwieriger war. Aber: toi, toi, toi! Wir haben das immer wieder hinbekommen, uns wieder aufeinander zu zubewegen. Auch gab es eine Phase, als die Kinder schon größer waren, da kamen Kränkungen und Gefühle bei uns beiden nochmal hoch, aus der Zeit, wo die Kinder noch so klein waren. Worum wir uns damals gar nicht so kümmern konnten. Dass wir uns vom Partner vernachlässigt oder nicht gesehen gefühlt haben, dass man gemeint hat: man hat so viel zurückgesteckt. Es sind ja sehr eindrückliche Empfindungen, wenn man am Rande seiner Belastbarkeit ist. Das kam irgendwann nochmal hoch, obwohl das schon gar nicht mehr so war.

Christian hat es schwer mit seiner beruflichen Entwicklung, aber er verstärkt jetzt mehr seine Hobbys und empfindet da mehr Freude. Interessanterweise hat er jetzt *viel* mehr soziale Kontakte – früher war ich da im Täglichen mehr unterwegs, zum Beispiel in unserer Frauengruppe. Das hat sich jetzt umgekehrt. Er liebt es, mit Freunden Bier zu brauen – obwohl ich gar kein Bier trinke, ich verschenke das immer.

Zuerst hatte ich da meine Probleme mit dem Bier im Haus und den jugendlichen Kindern. Überhaupt bin ich sehr empfindsam, was Alkoholkonsum und Drogen betrifft. Weil ich einiges nicht hinnehmen konnte, hab ich mich schon mit einigen Leuten angelegt. In dieser Hinsicht bin ich manchmal auch hart – wenn die Eltern konsumieren, wenn unkritisch darüber gesprochen wird; wenn Marihuana zum Beispiel bagatellisiert wird. Das hängt mit den Erfahrungen auf meiner Arbeit in dieser Richtung zusammen.

Das gönne ich mir

Ich hab lange gesucht nach einem Sport für mich: es gab Phasen, da bin ich gejoggt und andere, wo ich gewalkt bin … jetzt bin ich ganz banal in 'nem Frauen-Fitnessstudio; da gehe ich zweimal die Woche hin und mache mir zwei Wellness-Stunden. Erst Fitness und Muskelkräftigung, dann kann man in die Sauna gehen und ich habe so einen tollen Massagestuhl – das gönn ich mir dann auch! Da müssen die Kinder dann selber sehen, wie sie von A nach B kommen!

Pläne hab ich auch noch! Ich würde gern noch weitere Therapieausbildungen machen, jetzt wo es zeitlich und finanziell leichter ist. Gerne würde ich mehr reisen – das war bisher auch nicht so möglich. Als wir in Marokko waren, habe ich wieder gemerkt, wie anregend es ist, andere Erfahrungen zu machen, mit anderen Menschen in Kontakt zu kommen! Auch hier habe ich Dinge dadurch anders wahrgenommen – das finde ich toll!

Der Umgang damit macht es aus

Ja, ich habe ein Smartphone und ich nutze das, um in Kontakt zu sein mit meinen Kindern, meiner Familie und mit Freunden. Ich würde meine beiden Großen jetzt nicht ständig anrufen – alle drei

Tage schicke ich mal eine kurze Nachricht oder ein Bild, und sie lassen mich auch so an ihrem Leben teilhaben. Auch die Praxis manage ich darüber, was ich erleichternd finde, weil ich das von überall machen kann. Aus Gruppen, wo so viele Nachrichten ankommen, bin ich auch schon rausgegangen – das mag ich nicht.

Wir haben auch ein Smart-TV, das ist ein Fernseher mit Internetzugang. Das find ich schön, da musste nicht auf das Fernsehprogramm warten, sondern man kann sich die Sendung ansehen, auf die man gerade Lust hat. Am PC mache ich kaum was, drucke höchstens mal ein paar Rechnungen aus oder entwickele einige Arbeitsblätter. Ich finde, der *Umgang* damit macht es! Habe mit meinen Kindern viel darüber geredet, was die Offenheit im Internet betrifft: ich bin ja erstaunt – ich finde, sie machen das gut. Vielleicht sogar besser als mancher Erwachsene!

Leben im Bauwagen oder:
Et kütt, wie et kütt (Es kommt, wie es kommt)
Gerd, geboren 1959

Ein bezahlbarer Platz zum Leben

Ich komme aus dem Rheinland. Wie ich mich in Mecklenburg fühle? Der Ort ist nicht das Entscheidende, sondern das miteinander Umgehen. Hier in diesem kleinen Dorf haben wir den Eindruck gekriegt, was diese *Familie Mecklenburg*, die Künstler, ausmacht; hier ist alles überschaubar.

Das hier ist schon ein besonderer Platz, wenn ich *den* nicht gefunden hätte, wäre ich nicht unbedingt in Mecklenburg. Ich hab mir die Welt vorher nicht unter dem Gesichtspunkt angeguckt: is et schön und schön Wetter? Oder ist da blaues Meer? Sondern du möchtest ja mit den Leuten dort leben, da gehört ein bisschen Platz dazu, das ist eine Voraussetzung für ein gutes Zusammenleben. Fühle mich sauwohl hier, hab alles an Optionen, wie ich mir das nur vorstellen kann. Ein Stichwort ist da: Garten; irgendwann wird wieder Kunst sein, und Haus bauen ist ja auch 'ne schöne Sache. Mittlerweile bin ich da aber in so einem Stadium: weniger wäre mehr. Naja, es wird wieder ein arbeitsreiches Jahr, hab ich auch Lust drauf.

Nach Mecklenburg sind wir durch eine Annonce gekommen: Grundstück für Windenergie zu verkaufen. Wir wollten schon lange aus unserer Ecke weg, weil es dort viel zu voll ist; Bauland konnte man dort nicht bezahlen. Die Aspekte waren, dass wir ein Haus oder Grundstück wollten, das bezahlbar ist und Platz für einen

Garten da ist. Und wir haben diesen Platz hier gefunden! Das war ein Super-Sommer damals: die Ausstellung von Freunden hier im Dorf, Feten, im Bus wohnen und im Herbst '94 dann die Bude aufbauen.

Ein Schlüssel in meinem Leben war Afrika

Kurzer Lebenslauf: Schule, Gymnasium, Abitur, faule Socke – nie Schularbeiten gemacht, brauchte ich auch nie. Als Jugendlicher war ich lieber in der Motorradclique als mit den Leuten aus der Schule zusammen. Hab dann die Lehre im Stahlwerk als Werkzeugmacher gemacht, genau wie meine beiden Brüder in der Rekordzeit von ein dreiviertel Jahren. Wegen dem Abi gab's Verkürzung und ich war einfach gut, hab neben der Schule immer schon gearbeitet, Mopeds geschraubt und sowas.

Würde gerne noch ein paar Freundinnen einwerfen. Sieben Schwestern aus dem Süddeutschen gab es da, ganz Wilde! Ich hab zwar keine hundert Freundinnen gehabt, aber die Beziehungen hielten immer ziemlich lange. Auch schräge und anstrengende Persönlichkeiten waren dabei; ich meine, ich bin ja auch nicht gerade der Einfachste. Auf jeden Fall kam Afrika dazwischen, dort hab ich meinen Bruder besucht und ein Jahr gearbeitet, Schwerlaster gefahren und repariert. Das war tatsächlich ein Schlüssel in meinem Leben, zu sehen, wie andere Menschen gerade mal existieren; wo der Spaß aufhört. Die hatten nichts und haben die Hälfte davon noch abgegeben. Übrigens sind alle meine drei Geschwister mit Afrika verbunden: meine Schwester hat einen Ghanesen geheiratet. Mein Bruder ist auch so ein Typ, der noch aus altem Schrott was Neues basteln kann, das ist in Afrika noch sehr gefragt und der Vater seiner Freundin hatte da 'ne Firma, so ist er dageblieben. Die Frau meines anderen Bruders leitet bis heute in Simbabwe ein Krankenhaus, sie wohnen seit acht Jahren mit zwei Kindern dort.

Studium, Jobs, Kunst und Politik

Im Sommer bin ich dann mit dem Motorrad durch Europa gefahren und hatte zwischendurch Jobs, höchstens jeweils für ein Jahr, zum Beispiel bei der Schlosserei, hab sonst alles mal gemacht. Ich hab dann so fünf, sechs Semester Objekt-Design studiert und mir dann gesagt: das ist es nicht, Schnick-Schnack für irgendwelche Geldsäcke zu machen oder diese Stadt zu möblieren – da brauchste nicht studieren. Die Grundlagenfächer waren aber gut.

War in der Zeit bei den Grünen im Stadtrat für zwei Wahlperioden und in der Autobahn-Bürgerinitiative; zwischendurch hab ich mit Hörsturz im Krankenhaus gelegen, weil alles zu viel war: Politik, Kunst und Arbeit. Später habe ich gemerkt, was Architektur für einen sozialen Stellenwert hat. Die ganze synthetische Umwelt ist Architektur und da fließen auch alle Handwerke zusammen, da fließt auch Kunst mit rein. Deswegen hab ich angefangen, Architektur zu studieren; nebenbei hab ich immer gearbeitet. Tatsächlich hab ich vier Jahre studiert, mittlerweile sind es 20 Semester, denn ich bin noch als Student eingeschrieben – ich hab da meine eigene Art zu studieren.

Vor siebzehn Jahren lernte ich die Birgit kennen auf der Fahrrad-rally unserer Clique. Da hab ich mich bei ihr vor das Fahrrad geworfen, weil sie mich auf der Fete vorher übersehen hat. So hat sie mich endlich wahrgenommen! Wir haben uns verknallt und das war ganz schön! Mit dem Motorrad haben wir die schönsten Urlaube gemacht.

Als Kinder hatten wir das Paradies

Du meinst, ich hätte nichts von meiner Kindheit erzählt? Ich hatte die besten Eltern, die ich mir vorstellen konnte. Jetzt, im *weisen* Alter, sehe ich mit mehr Weitsicht: meine Eltern haben 'ne traurige Beziehung, die haben heutzutage Kleinkrieg. Damals war das vom Alltag zugedeckt, für mich waren sie Seelen von Menschen.

Als Kinder hatten wir das Paradies! Klar mussten wir was machen, war ja auch gut so. Wir hatten 'nen großen Garten, das war alles Glück, Glück, Glück ohne Ende! Hatten mehr Platz als alle anderen. Ja, im Garten gab es zehn Pflaumenbäume, die mussten wir abpflücken. War 'ne schöne Scheiße, aber es musste halt sein.

Meine Eltern haben mich immer das machen lassen, was ich machen wollte. Ich sollte mal auf die Musikschule gehen, mit meinem jüngeren Bruder, wollte aber nicht. Habe noch zwei ältere Geschwister, die sind sechs und sieben Jahre älter. Ja, klar sollten wir gucken, dass wir durch die Schule kommen, aber da mussten sie sich keine Sorgen machen. Was wichtig war, dass wir eben ehrlich waren, und das haben unserer Eltern uns vorgelebt. Als wir noch klein waren, haben wir schon mal eene druff gekriegt, wenn wir Mist gemacht hatten, das war dann gerechtfertigt und passierte nicht oft. Ich kann mich noch an jedes einzelne Mal erinnern! Das Schlimmste war, als ich im Keller eins mit 'nem Kleiderbügel draufgekriegt hab, da hab ich laut geschrien. Ich hatte meinem kleinen Bruder 'nen Stein an den Kopf geworfen und gesagt, es wäre ein anderer gewesen!

Meine Mutter war Hausfrau und hat gearbeitet wie ein Tier: Opa und Oma pflegen, vier Kinder und Garten … Mein Vater war Schneider und war zehn bis zwölf Stunden, auch am Samstag, zu Hause in seiner Werkstatt und hatte zu seinen Spitzenzeiten fünf Näherinnen beschäftigt. Was nicht heißt, dass sie da viel Geld verdient haben. Meine Kindheit hat mich sehr geprägt, zum Glück! Wir lebten in Großfamilie, und das macht mein Leben reich, reich, reich!

Könnte mir auch vorstellen, nur Kunst zu machen.

Das ist immer im Hinterkopf. Früher mit *Farbfraß* haben wir mit Malerei angefangen, auf großen Flächen Schattenrisse und Grundierungen. Es war eine Mischung aus selbst in seiner Arbeit versinken und anderen diese Kunst näherzubringen. Diese offizielle

Kunst, die mittlerweile zum Beispiel auf der *Documenta* stattfindet, hat sich total entfernt. Das ist ja auch ein Unding: Kunstmarkt und diese ganze Scheiße, das hat uns noch nie gefallen.

Stichwort für dieses Jahr ist: Bauen; die Dächer fertig machen und die Werkstatt in der Scheune bauen, als Schlosserei und Arbeitsraum. Wir wollen eigentlich nächsten Winter in diesem alten Haus wohnen, was uns sicher gelingen wird. Es wäre gut, das im Sommer zu vermieten. Dieses Hin und Her vom Bauwagen zum Haus ist total blöd, deshalb haben wir jetzt den Computer in den Bauwagen geholt.

Mein schönstes Erlebnis war mein Sommerfest: ich habe im November geheiratet und im Sommer darauf hier gefeiert. Habe mich total gefreut, dass so viele verschiedene Leute von überall da waren. Die Stimmung war einfach total super!

Das zweite Interview im Jahr 2001

Leben in der schönen Laube

Ja, wir wohnen seit sechs Jahren in unserer schönen Laube! Der Nachteil: ist 'n bisschen eng. Naja, zum Duschen braucht man auch nicht nur den Knopf rumdrehen, sondern braucht zehn Minuten länger, weil man erst Wasser aufstellen muss – das ist nach wie vor 'ne Gießkanne! Schön den heißen Kessel in die Gießkanne mit kalt Wasser gemischt, die Finger rein: dann hast du die optimale Temperatur! Das fasziniert mich nach wie vor, wie einfach das eigentlich sein könnte!

Unsere Hütte war auf dem Campingplatz ein Wohnwagen, so zweifünfzig mal vier Meter. Ein Anbau war da dran von nochmal zweifünfzig, da kann man 'nen vernünftigen Tisch reinstellen, und rundherum Licht, das ist das Tollste dabei. Ja, und einen kleinen

Anbau für Klo und Dusche gibt es. Im Sommer ist das noch viel schöner, im Winter ist es schwieriger, das liegt auch am Ofen, der ist zu heiß; ich hätte da schon längst einen anderen rein bauen können. Aber dann denkste wieder, du hast ja genug am Haus, was wir einmal bauen wollen, zu tun, was soll das: lohnt sich nicht. Und dann wohnst du doch wieder ein Jahr länger drin! Es ist einfach ein wunderschöner Platz, wo die Bude steht: hinter der Hecke, da ist kein Wind und fünf Grad wärmer als überall anders im Dorf. Und wenn demnächst wieder der Holunder blüht … ich bin ja sowieso immer draußen, gehe nur zum Pennen rein.

Selbstversorger

Wir haben auch einen großen Garten, unsere Futterkiste halt, ne! Ja, das macht mir auch Spaß! Ohne den Garten wären wir vielleicht schon ein Jahr im Haus; er macht auch viel Arbeit, zumindest, bis er mal funktioniert. So langsam merkt man, dass es weniger wird, mit Mulchen und was weiß ich. Ich strebe schon an, dass wir uns selbst versorgen mit Gemüse. Wir haben jetzt immer noch Rote Beete und Kartoffeln, und Eingekochtes natürlich. Also, das kann man machen, ohne dass man sich überanstrengt: sich komplett selbst versorgen mit Gemüse! – Wir haben noch Hühner: meine drei Grazien, ja! Das ist schön, wenn man die rauslässt, die drei verschiedenen Charaktere! Die hören aufs Wort mittlerweile – ehrlich! Und davon ab: wenn es zehn Tage im Jahr waren, wo *kein* Ei da war, dann ist das viel!

Bauen macht keinen Riesenspaß

Ursprünglich war es so gedacht, dass wir auf unserem Grundstück ein neues Haus bauen wollten; da hängt auch ein Freund finanziell mit drin. Doch es hat sich ergeben, dass wir ein schönes, altes Haus im Dorf gekauft haben, welches schon lange leer steht. Das wollen wir nun sanieren und darin leben.

Was mich nervt: ich hab da einfach 'ne größere Gelassenheit; so wie wir das machen, *braucht es halt seine Zeit!* Kostet nur einen Bruchteil von dem, als wenn du *das alles* machen lassen würdest, dann wärst du in einem Jahr fertig. *Ich sehe das* – viele Leute sehen das nicht, das nervt mich, wenn die sagen: was ist denn das! Hab ich keine Lust mehr drauf! *Ich weiß halt, wie* ich vieles mache!

Wir haben ein neues Dach auf'm Haus jetzt, das ist das Wesentliche. Ansonsten: man baut und baut und baut, na, es nervt noch nicht, aber man muss noch ein paar Jährchen durchhalten. Mir fällt immer mehr auf, dass das Bauen nur eine total banale Sache ist, die mir keinen Riesenspaß macht. Aber, wo das Dach drauf war, das war schon ein großer Plob! In den fünf Wochen, als das mit dem Dach gelaufen ist, gab es schon Supermomente, wo das halbe Dorf mitgeholfen hat und Freunde aus der Heimat; vor allem, dass wir im Dezember noch so ein Glück mit dem Wetter hatten! Die Scheune, die zum Haus gehört, hat im Mai schon ein neues Dach gekriegt, das war auch toll, ist aber schon wieder Alltag.

Vier Nieren hat nicht jeder

Bei der Hausdachdeckung hab ich eine Nierenkolik bekommen. Hatte den Tag davor mit meinem besten Kumpel, der zum Helfen gekommen war, 'ne Flasche Whisky ausgetrunken. Da begann schon ein leichtes Ziehen und einen Tag später fing das wieder an. Mein Nachbar meinte, ich solle mal vom Dach runter gehen, das würde wohl 'ne Nierenkolik sein. Konnte nicht mehr laufen, hab keine Luft mehr gekriegt, hab auf dem Boden gelegen und mich hin und her gewälzt. Der Notarzt hat mich gleich ins Krankenhaus gebracht. Solche Schmerzen hab ich in meinem Leben noch nicht gehabt! Beim Röntgen haben sie drei Mal nachgezählt und sich gewundert: sind wohl *vier* Nieren! Hat man wohl nicht so oft! Naja, nach drei Tagen war ich wieder draußen und bin gleich auf's Dach.

Die Idee war es, im Winter in dem Haus zu leben. Aber war halt nicht so! Als ich das Dach abgerissen und die Mittelfetten gelegt hatte, hab ich erstmal gesehen, was für 'ne Riesenkiste das eigentlich ist. Ich komm da schon immer ins Grübeln, was man da eigentlich macht, aber zurück geht nicht.

Alltag im 20-Seelendorf

Mein Alltag ist ziemlich mühselig, und manchmal nervt das auch. Um viertel nach fünf klingelt Birgits Wecker, und dann ist es halt in so 'ner kleinen Bude mit Schlafen vorbei, ne. Ich bleib liegen, was soll ich machen? Kann auch nichts am Schreibtisch machen, weil das dann Frühstückstisch ist, sonst könnt ich morgens schon Planerei machen, aber das funktioniert halt in so 'ner Bude nicht, und im Winter ist das auch ziemlich schlecht, da kannst du morgens nicht raus … Aber dann: aufstehen, lecker frühstücken, Hühner rauslassen und irgendwas machen. Irgendwann vernünftig Mittag essen, wie sich das gehört.

Freunde bedeuten mir viel … sehr viel! Mit meinem besten Freund aus der Heimat kann ich über alles reden. Aber hier? Das dauert, bis da was gewachsen ist, ich bin da aber optimistisch. Ich glaube, ein paar Leute in unserem 20-Seelendorf haben einen ziemlich hohen Anspruch, einige haben einen Dickschädel und sind zum Teil auch schräge Typen. Aber wegen der Leute bin ich ja hier, da muss man was dran tun. Man müsste mehr Gelegenheiten schaffen, dass man miteinander reden kann, das schleift im Moment. Jeder macht irgendwas in Sachen weltliche Dinge, jeder bastelt an seiner Hütte und an irgendwelchen Jobs, und da fällt die Kommunikation hinten runter. Finde das schade, aber man kann nichts erzwingen.

Ich würde Kunst machen und segeln …

… wenn ich absolut vogelfrei wäre. Das sind die Sachen, die ich mir wünsche, wenn das mit dieser Scheiß-Bauerei mal weniger wird – ganz aufhören tut das ja nie! Die Scheune ist ein bisschen ateliermäßig, dafür hab ich mit 'nem alten Freund schon ein Projekt geplant. Wir werden auf jeden Fall mal ein *Farbfraß*-Märchenzelt darin machen … höchstwahrscheinlich.

Dass ich mal ganz unten bin, erlebe ich selten. Es gibt sogenannte Schicksalsschläge, wo ich dann nicht weiß, wie's weitergeht. Als wir nach Mecklenburg kamen beispielsweise, war klar, dass ich bei Freunden das Haus mitbaue. Kurz vorher hatten sie es sich aber anders überlegt – da saß ich nun in Mecklenburg und wusste nicht, woher das Geld kommen sollte und da war die Frage: wie geht's weiter? Vorher hatte ich *immer* Arbeit! Das war so der Moment, wo der Boden unter den Füßen weg war. Oft mache ich die Erfahrung: das Leben spielt mit mir und ich lass mir das gefallen! Bis jetzt habe ich viel Glück gehabt im Leben, von daher kann ich Tiefen wegstecken. Dafür hab ich schon genug Schlimmes gesehen in der Welt. Wenn man hier in Europa lebt, weiß man gar nicht, wie gut es einem geht! Mit diesem Bewusstsein ziehe ich mich aus den meisten Löchern wieder raus.

Mein sehnlichster Wunsch dieses Jahr ist, dass ich es schaffe, das Bauen nicht mehr im Mittelpunkt meines Bewusstseins zu haben.

Das dritte Interview im Jahr 2002

Tanz zwischen zwei Stühlen

Im Augenblick nervt es mich ziemlich mit dieser Bauerei. Das Schlimmste war, bei der Sparkasse den Kreditvertrag zu unterschreiben! Ich meine, gut, ich fahr auch keinen neuen Mercedes, das ist gar nicht mein Ding. Ich überlege, ob ich mir mal ein neues Werkzeug leiste, das ist das einzige. Und Winterschlussverkauf war jetzt, ich brauchte mal 'n paar neue Schuhe. Du konntest ja drei Jahre nix kaufen, weil die Farben so beknackt waren! Man, diese komischen Oma-Farben, das macht mich rasend, das ist ja schlimmer wie Planwirtschaft!

In der letzten Zeit hab ich die Birgit öfter mal zur Arbeit gefahren, weil wieder ein Auto kaputt war. Von den beiden hat immer irgendeins 'ne Macke. Danach geht der Alltag weiter, dann mach ich mir Frühstück, höre Deutschlandfunk und lese mal im *Spiegel,* und dann geh ich auf meine Baustelle. Oder im Moment muss ich Heizungsberechnung machen und diese ganzen Sachen. Beim Bauen bin ich bei der Rückfront-Fensterisolierung; da hab ich heute ein Stück Wand raus gesägt. Das ist doch nur Fummelkram, so 'ne scheißalte Hütte – also Neubau wäre 'ne andere Sache, ne. Aber hat natürlich auch 'ne ganz andere Fläche!

Ja, 19 Meter lang ist die Hütte und 9 Meter breit. Man kann zwei Wohnungen draus machen. Der größte Teil wird eigentlich vermietet, wegen dem Kredit. Das ist halt meine eigene Firma dann. Angedacht ist auch, Seminare da drin zu machen. Also zum Wohnen *alleine* ist das 'ne Nummer zu groß, das kann ich mir nicht leisten. Ich hab keine Lust, zu zweit dann von morgens bis abends zur Arbeit zu gehen, nur um so 'n Ding zu bezahlen. Das ist ein Tanz zwischen zwei Stühlen! Dann gibt's ja noch die Scheune, die ist auch fast 7,50 mal 10 Meter!

Pläne für dieses Jahr? Einziehen, logischerweise! In die Werkstatt zum Beispiel mal 'nen Fußboden reinmachen – das kotzt mich dermaßen an, wie oft ich da in der letzten Zeit im Sand rum gewühlt habe, wenn ich unterm Auto gebastelt habe! Aber ich hab nebenbei einfach 'ne Menge Geld verdient – wenn ich *das alles* hätte machen lassen!

Nachts knirsche ich jetzt öfter mit den Zähnen, und das geht mir total auf den Zeiger!

Ich muss mal gucken, wie ich Jobs rankriege, und das Haus muss ja auch noch mal fertig werden, irgendwie zwischendurch! Am Samstag ist noch Baustelle angesagt und Sonntag ist meistens Gartentag. So geht die Zeit ins Land – so schnell kannst du gar nicht gucken!

Die 30-Stunden-Woche ist längst fällig

Allgemein sollte man den Leuten durchaus mal sagen: die sollten sich einfach mal mehr kümmern! Da wird dann immer nach dem Staat geschrien – die sollten sich mal an die Nase packen, wer Staat eigentlich ist. Gewerkschaften werden kleiner, Vereine werden kleiner, keine Sau macht mehr Politik … *wer* ist der Staat denn eigentlich? Die Politiker, die da so bezahlt werden, sind angestellt bei uns; ansonsten sind *wir* der Staat. Traurige Geschichte. Oft bleibt das auf Stammtisch-Niveau stehen, aber so Patentrezepte, die gibt es einfach nicht. Da ist an der Wurzel schon 'nen Problem. Und das ist letztendlich die Familie! Solange nicht Halbtagsjobs von allen gefordert werden oder die 30-Stunden-Woche, die längst fällig ist, weil viel zu wenig Arbeit da ist. Aber viele, die einen Job haben, die wollen lieber mehr arbeiten, weil sie dann noch mehr konsumieren können. Viele Leute können auch nicht anders, zum Beispiel mit 'nem Häuschen oder so; das kenn ich ja von mir selber, wenn du da einmal drin hängst …

Keine Termine mehr machen

Letzten Sommer, wie jedes Jahr, sind Freunde aus der Eifel aus alter Zeit bei uns zelten gewesen. Die waren ja Ostern sogar da und helfen mir dann immer, da freu ich mich! Das ist so 'ne kinderreiche Patchwork-Familie mit Oma, die regelmäßig bei uns Urlaub macht. Die haben ihren Küchenwagen da unten auf der Wiese stehen, dann ist jeden Abend Feuerchen an. Das geht schon fast so lange, wie ich hier bin! In den Herbstferien waren sie auch da, also drei Mal letztes Jahr. Ein Freund war fast den ganzen Sommer lang hier und hat mich genervt mit seinem EM: das sind so Super-Bio-organismen, also, wo du sonst problematisch biologische Vorgänge hast, da läuft es mit EM besser ab. Die Struktur vom Wasser zum Beispiel verändert sich, das wird ein superfeines Wasser. Du kannst mit EM Wäsche waschen, putzen, trinken – es bringt die Darmflora in Ordnung und dient als Stärkungsmittel; es verdünnt in den Garten bringen, das wächst alles super damit, hab auch meinen Stall damit eingesprüht, wo Salpeter drin war – ist verschwunden!

Was dieses Jahr noch passiert, werden wir sehen. Ich will eigentlich keine Termine mehr machen, ist sowieso Blödsinn! Ich bin nach wie vor Buddhist! Nicht mit dem Kopf durch die Wand!

Der 11. September ist mir noch eingefallen. Mal sehen, was aus der Demokratie danach wird. Der gläserne Mensch ist sowieso in der Mache, und das ist nicht gut für die Demokratie. So beschissen das ist, was die Jungs da geliefert haben, und so wichtig das ist, dass man was dagegen tut.

Das vierte Interview im Jahr 2003

Der Sonnenschein in unserem Leben

Das schönste, was uns je passiert ist: wir sind jetzt zu dritt! Unser Sohn ist gut auf diese Welt gekommen und sowieso der Sonnen-schein in unserem Leben.

Ansonsten ist für mich das Leben schön genug, das muss keinen Sinn machen.

Hab gerade das Buch gelesen vom Dalai Lama: *Der Weg zum Glück* – ich finde den Typen faszinierend. Ich bin allerdings Abend-länder und er ist Buddhist, und ich will eigentlich Abendländer blei-ben – aber einer, der weiter kommt, als die Abendländer zur Zeit gekommen sind. Also, die übliche Weltsicht, die wir in unserem Kulturkreis haben, die ist daneben. Was Materialismus angeht, was dieses Planen und *ich muss jetzt unbedingt* das *erreichen* angeht, das ist der falsche Weg. Fließen lassen ist 'n ganz wichtiges Ding! In meiner Heimat heißt es: Et kütt, wie et kütt! – es kommt, wie es kommt – und so ist es auch! Das ist eigentlich purer Buddhismus!

Im Moment geht's uns einfach super, mal abgesehen von den Dingen, die mit Geld zu tun haben. Und wenn du in Mecklenburg bleiben willst – und das will ich – dann musst du dir irgendwelche Arbeit besorgen, und das hab ich mit der Ruine getan! Dieser Film: *Living Buddha*, wo sich so 'n Mönch wochenlang auf die Knie schmeißt, das sind so Highlights von Bewusstseinssprüngen für mich! Ich würd da ja selber nie hinkommen, aber allein dieses Sehen, dass man so existieren kann und das wahrnehmen! Dass so eine Existenz auf diesem Planeten *wirklich* ist und auch 'ne echte Alternative ist! Dass man sich selbst in Frage stellt: was machste denn eigentlich hier? Ich bereite mich auch pausenlos darauf vor: das ist einfach Schicksal und wenn was passiert, kann mich so schnell nichts mehr umhauen! Dass man gesund ist, hört sich zwar immer blöd an, aber das ist das Wesentliche, was man hat! Alles andere kommt Lichtjahre später!

Oft mache ich irgendwas und denke dabei schon wieder an zehn andere Sachen. Ich könnte ja mal mein Studium fertig machen und Architekt sein, dann würde das alles anders laufen. Aber das sollte nicht sein, dann würde ich anders leben. Jetzt könnte ich mir vorstellen, das Studium fertig zu machen, und dann in der nächsten Stadt als Dozent arbeiten. Aber erst muss ich hier mal das Haus fertig machen.

Wie mich andere sehen? … Ich hab mal gehört, dass schon Wetten laufen, ob ich schon drüben im Haus wohne, wenn ich Rentner bin! Gut, für Außenstehende ist das nicht ganz nachzuvollziehen. Normal ist 'n Haus in zwei Jahren fertig.

Handwerker bin ich nur notgedrungen

Ja, ich hab ein Dorf weiter eine Fachwerksanierung, als reisender Handwerker. Dort entsteht ein Gestüt, da stehen im Moment nur Ruinen, und das sind drei, vier Jahre Arbeit. Mit großen Firmen kann man das auch in zwei Jahren schaffen, aber es ist schlauer, das etwas ruhiger anzugehen: das wird besser so. Ich mach das zusammen mit einem Kumpel von mir, der Architekt ist. Das ist total harte Arbeit, es müssen dicke Hölzer bewegt werden!

Handwerker bin ich nur notgedrungen, also, wenn ich Geld da liegen hätte dann würd ich *auch* an meinem Haus bauen, aber auf jeden Fall auch Kunst machen und vielleicht Städteplanung, aber bestimmt nicht das, was ich im Moment tue!

Wir haben uns engagiert für die Wende

Die Wende? Ich war bei den Grünen damals, wir haben da Kopierer zusammengetrieben und haben die Leute hier in Mecklenburg damit versorgt. Schon während der Wende war ich mit meinem Bruder in Ahlbeck, wir wollten einfach dabei sein! Wir waren pausenlos unterwegs, haben uns mit Leuten ausgetauscht. Das war wahnsinnig interessant. Ich war schon immer dem Kapitalismus kritisch gegenüber. Man hätte was zum Positiven ändern können, aber genau *das* ist ja nicht passiert. Trotzdem bin ich Demokrat und wüsste nichts Besseres; das sind einfach die Leute, die das ausfüllen.

Hier im Dorf müsste es noch besser werden, da müssen noch ein paar Abende vergehen. Was ich dafür tue? Ich bin derjenige, der am meisten durch's Dorf läuft und quatscht. Weil mir da auch dran liegt. Aber ich bin nicht einer, der da drängelt. Da sind so Abende wie heute auch schön dazu!

Die besten Sendungen laufen in der Nacht

Bücher lese ich viel, hauptsächlich alles, was mit dem Lebewesen Planet zu tun hat und philosophischen Abhandlungen.

Im Fernsehen gucke ich hauptsächlich Nachrichten und Dokumentarfilme. Das Fernsehen ist ein Fenster, manchmal ein sehr beschlagenes Fenster zur Welt. Die letzten Nächte, die ich mal wieder vor'm Fernseher zugebracht habe, waren sehr interessant. Das ist Wahnsinn, was im Moment hier auf'm Planeten abläuft! Gerade so kluge Leute sind ganz wichtig, ich hoffe nur, dass die noch lange leben. Also, wir können mit unserem Computer im Bauwagen Fernsehen gucken, wenn wir 'ne Schüssel draußen haben – die will ich jetzt wieder anbauen. Eigentlich muss man 'nen Videorecorder haben, weil die informativsten Sendungen nachts um drei kommen! Der Computer ist 'n ganz interessantes Werkzeug; wir haben auch Internet. Aber damit haust du wieder so viel Zeit durch den Kamin! Einmal die Woche guck ich in den Computer. Kommunikation ist ganz wichtig. Wenn ich mehr Langeweile hätte, würde ich Fotos verschicken! Musik ist ganz wichtig, würde ich gern selber machen können. Tanzen tue ich total gerne, komme nur selten auf Feten dazu. Ansonsten höre ich gern Funk, Reggae, was Flottes. Afrikanisch, Karibisch, alles, was vom Rhythmusgefühl her kommt, ist mein Ding.

Keimzeit ist auch so 'ne Band, die ich mag.

Das fünfte Interview im Jahr 2004

Verträge per Handschlag

Komm gerade aus der Werkstatt. Meine Grundstimmung ist total gut.

Letztes Jahr war Arbeiten auf der Baustelle im Nachbardorf dran, schön mit dem Kumpel, müssen wir noch fertig machen, das wird 'n schönes Haus. Zwischendurch kommt immer der Gedanke:

wenn das zu Ende ist und nichts hinterher kommt, dann siehste ganz schön alt aus! Wenig Reserven, zu wenig Kohle an allen Ecken! Das versuchen wir halt zu verdrängen, einfach laufen lassen. Eigentlich bin ich mit dem Zeitplan schon wieder zurück, muss planen für dieses Jahr. Um es mal zu erklären: ich bin ja *Reisender Handwerker*, hab also kein stehendes Gewerbe, das heißt, ich darf also *frei* arbeiten, ohne Meisterbrief und so. Ich hab ja den Facharbeiter im Stahlbau, mach auch Holzbau. Ich geh halt auf die Leute zu und frag: Ist da jetzt Arbeit? Bin ins Nachbardorf gefahren und hab den Besitzer der Scheune dort abgegriffen und gesagt: Das sieht ja ziemlich kaputt aus, da muss mal was passieren! Mit dem Stahlbau hab ich das genauso gemacht, ich wusste vom Nachbarn, dass da Treppen gebaut werden sollen. Da hab ich dort angerufen und 'nen Termin gemacht, und dann hat er *ja* gesagt. Die meisten Verträge mach ich nur per Handschlag, wenn Vertrauen da ist.

Das *Laufenlassen* ist verführerisch

Ob ich mich selbst liebe? Dazu fällt mir spontan ein, dass ich diese Welt liebe, ich empfinde mich eigentlich nicht als *ich*. Bin glücklich, zu leben, ja. Kann das eigentlich nicht verstehen, wenn das einer nicht mehr sehen kann, was das hier für'n Paradies is!

Auf meine Intuition höre ich eigentlich zu viel, beziehungsweise ... ist das natürlich auch verführerisch, ne. Das *Laufenlassen*. Wenn ich dann Weihnachten in die alte Heimat fahre, spitzt sich das alles zu, dann muss noch dies und das gemacht werden, und da wird's immer später als geplant.

Ja, aber was den Job betrifft: da mach ich halt mit dem einen 'nen Vertrag, weil ich da überhaupt nicht mit meiner Intuition rankomme. Bei den anderen ist das nicht nötig, und ich bin damit auch nie auf's Maul gefallen.

Wo ich unheimlich viel Zeit investiere: mit den Steuern, Dinge organisieren, Werkzeuge heil machen; das wird alles nicht bezahlt und ist nicht korrekt, wie zur Zeit mit der Hände Arbeit bezahlt wird! Da kannste nicht von leben, das geht nicht!

Wir stehen total auf'm Zahnfleisch

Ich will kein Arbeitslosengeld haben oder irgendwas, ich will von diesem Laden nix haben, aber der soll mir auch meine Freiheit lassen. Was ich mit dem zu tun haben will, hat mit Bewusstsein zu tun. An den Werten mitarbeiten und politische Verantwortung: ja! Aber das ganze kapitalistische System, diese Versicherungskacke und Immobilien und alles so 'n Mist, das ist was ganz anderes! Das hat sogar mit Sexualität zu tun! Guck dir das an, das geht so weit, da stehn am Strand neue Schilder: FKK verboten! Der Kapitalismus ist da! Das ist eben absolut bezeichnend. Da sind nicht immer die Wessis Schuld, sondern es gibt mittlerweile viel schlimmere Ossis als Wessis! Das is aber in Afrika auch schon immer so gewesen: so manche Afrikaner, die zu Geld gekommen sind, sind schlimmer, als die Kolonialherren sich das denken konnten! Und diese ganze Welt entwickelt sich so: nicht gerade zum Positiven zur Zeit!

Das sechste Interview im Jahr 2005

Im Gegensatz zum vergangenen Jahr bin ich ganz gut drauf

Mir geht's im Moment finanziell einfach besser. Ich fange jetzt an zu bauen und hab Geld zum Bauen, was ich die ganze Zeit nicht hatte. Obwohl meine Treppen-Kundschaft nicht bezahlt hat – Schweinesäcke! Die haben einfach kein Geld; aber dann muss man einfach nichts bestellen – das ist scheinbar heute gang und gäbe!

Steuergeld haben wir ganz gut zurückgekriegt und ich habe einen weiteren Kredit bewilligt bekommen. Vor Weihnachten war es knapp; hab jede Menge Jobs gemacht und bis jetzt kein Geld gesehen. Was meinste, warum keiner mehr Handwerker sein will? Weil die Zahlungsmoral so schlecht geworden ist! Die Prognose hab ich schon vor 20 Jahren abgegeben. Die großen Firmen bilden nicht mehr aus, weil das auch Geld kostet. Das ist 'ne dekadente Dienstleistungsgesellschaft, die nicht nach links und rechts guckt – sehr enttäuschend!

Es nützt nichts, sich Druck zu machen, dem man nicht standhält. Das Leben muss auch lebbar sein. Die Perspektive, hier zu leben, ist nach wie vor phantastisch!

Das letzte Interview im Jahr 2018
Gerd ist 58

Wenn ich die Interviews lese, geht's mir nicht gut. Das war der größte Fehler meines Lebens, sich keine Zeit für Beziehungsarbeit zu nehmen; sich nicht um *uns* zu kümmern! Mein *größter* Verlust ist auf jeden Fall, dass Birgit und ich getrennt sind. Ich fühl mich ziemlich … Scheiße. Ansonsten bin ich Buddhist und muss gucken, wie ich aus der Situation, in der ich gerade stecke, wieder rauskomme. Wesentlich ist, dass ich Geld brauche, um am Haus weiter zu bauen – das ist meine Rente.

Große Verluste: vier Todesfälle in der Familie

Meine Schwester ist gestorben, ganz fies, an Magenkrebs; das hat sie nicht verdient. Und ich merk auch, dass ich total sensibel im Magen reagiere bei Stress. Unsere Mutter war im Altenheim und hat versucht, sich das Leben zu nehmen. Dann ging's weiter: mein

Vater ist 2005 gestorben, ein Jahr später ist mein jüngerer Bruder verunglückt und 2010 ist meine Mutter gestorben. Der Tod meiner Eltern und Geschwister, das war *ganz* bitter für mich! Doch ich kann mit diesem Schicksal leben. Aber es gibt ja auch große Gewinne: meinen Sohn, der überhaupt das Wichtigste in meinem Leben ist! Dann hab ich noch einen Bruder; die Beziehung versuch ich auch zu pflegen. Er ist ganz anders als ich, sehr konventionell – ein lieber Kerl, auf jeden Fall. Durch ihn war ich auch gleich nach dem Abi in Afrika. Am besten, du schickst jeden Jugendlichen für ein freiwilliges soziales Jahr nach Afrika, dann ist der ein vernünftiger Mensch und begreift, was hier falsch läuft. Wenn man die Zusammenhänge begreift, wie wir nach wie vor dieses Land unterdrücken, kaputtmachen mit unseren Exporten: Billigfleisch zum Beispiel. Monsanto kauft Ländereien, China auch. Seit 40 Jahren hat sich da nichts geändert – ist eher schlimmer geworden.

Arbeiten im Rheinland

Ich schlängel mich so durch den Alltag, der auch ganz schön ist. Mein Geld verdiene ich hauptsächlich im Rheinland; dort ist ein Freund von mir selbstständig, und es gibt immer gut zu tun: Stahlbau, Tore bauen und so weiter. Da wird die Arbeit einfach besser bezahlt, und ich brauch die Arbeit nicht zu organisieren. Ich arbeite da ungefähr zehn Tage im Monat, damit komme ich gerade so über die Runden. Hier müsste ich einen ganzen Monat für das gleiche Geld arbeiten! Das Wegfahren ist natürlich der Preis dafür, auch die ganze Packerei und die Lebensmittel durchgucken. Naja, der Job, den ich da mache, ist auch nicht gerade ökologisch, und mit Stahl immer dreckig. Würde auch gern mal wieder Messebau machen, mal mit anderen Materialien arbeiten. Hatte letztes Jahr 'ne tolle Baustelle in Schwerin, da hab ich auch einigermaßen verdient.

Ich brenne für meinen Planeten …

… und ich leide dementsprechend; kann kaum zugucken, was da passiert zur Zeit. Unglaublich, wie lethargisch die Gesellschaft ist. Ich … fühl mich total alleine, bin einer der wenigen, der das Ausmaß der Bedrohung kennt. Naja, es sind zehn Prozent, die aktiv was machen und fünf Prozent, die es *wirklich begreifen* – und danach kommt das große Schweigen. Du kannst jeden Tag in den Nachrichten sehen, dass es explodiert, weil wir nichts tun. Wenn du siehst, was der Koalitionsvertrag zum Inhalt hat, wird dir schlecht! Die Jamaika-Koalition hätte vielleicht was gebracht, weil die Grünen dann mitregiert hätten. Ich brenne für die Politik! Wir leben im Paradies; ich kenn große Teile von dem Planeten, die traumhaft schön sind! Ansonsten hat mich immer schon interessiert, was ich angefasst hab, Kräuter, Natur: wie alles zusammenhängt. Auf jeden Fall versuch ich den Fleischkonsum zu reduzieren: dreimal die Woche wird vegetarisch gegessen. Im Sommer gibt es Wildkräutergemüse und Kartoffeln aus dem Garten. Ein ökologischer Fußabdruck ist mir wichtig, obwohl ich leider mit dem Auto zum Arbeiten fahren muss, um das ganze Werkzeug mitzunehmen. Ich verbrauche in der Woche nur 40 Liter Trinkwasser.

Hast du schon Windgas, hast du grünen Strom?

Was wir tun können ist, jeden zu fragen: hast du schon Windgas, hast du grünen Strom? Das sind die wichtigsten Sachen für die Energiewende. Damit geh ich jedem auf den Sack! *Wir* sind diejenigen, die alles kaputt machen auf der Welt. Ich bin in sechs Vereinen, die von mir jeden Monat insgesamt 80 Euro bekommen: Campact zum Beispiel wäre ohne Unterstützung längst weg vom Fenster! – Die Mehrheit ist *blind!* Die AfD wurde gewählt – da fällt mir nichts mehr ein! Obwohl man sehen kann, was aus dem Trump wird! Wenn ich aus Protest Nationalsozialisten wähle, was kommt dabei heraus? Das Problem ist auch das Internet als Informationssystem mit diesen ganzen Filtern; die dich nur noch mit dem informieren, was du gerne hörst, damit du da mehr Umsatz machst und noch mehr von deinen Daten preisgibst: das ist ein *demokratietödliches* System, wieso erkennt das keiner? Thema im Bundestag ist *nicht* Klimawandel, sondern *Digitalisierung* – genau das Gegenteil passiert da! Das ist kein Scherz: wir haben noch ein Zeitfenster von zehn Jahren vielleicht! Die nachfolgenden Generationen werden uns verfluchen!

Riesig ärgert mich das, dass ich im Moment mit meinem Problem zu tun habe und mich nicht um Politik kümmern kann. Ich lebe mit 'nem ziemlich hohen Risiko zur Zeit.

Ich war mal besser drauf – und verändere mich gerade auch: der Druck wird größer.

Ich träume von 'ner neuen Beziehung

Meine Vision: eine Frau zu finden, mit der ich auf einem Level bin, also, dass sie mich versteht! Natürlich möchte ich überhaupt nicht alleine leben, das ist totale Scheiße. Ist halt nicht einfach, jemanden zu finden, der Lust hat, draußen zu schlafen, in so 'ner Hütte. Froh bin ich, dass ich hier in einem Ort wohne, wo man selbstverständlich miteinander umgeht, wo jeder sein kann, wie er ist; wo man sich lieb hat. Naja, Langeweile hab ich noch nie gehabt. Aber Weihnachten hat mir schon die Familie gefehlt. Ein Sommerfest mit der Familie wäre mal wieder dran.

Ich muss mich auch um *mich* kümmern: im Moment ist der Druck auf mich so hoch, dass ich Probleme mit dem Magen habe, hab Angst, dass mich so ein Krebs erwischt! Der Druck, alles das zu sehen – was ich da auch für Fehler gemacht habe! Ich bin teilweise verantwortlich dafür; das muss ich alles tragen und dann noch gesund bleiben, das ist das Entscheidende!

Eigentlich reichen Luft und Liebe

Meine Vision? Ich möchte natürlich leben, so lange es geht – es ist die spannendste Zeit jetzt, die ich mir vorstellen kann! Meine Hoffnung ist, dass wir diesen Planeten retten – die Hoffnung stirbt zuletzt! Dann will ich das Haus fertig machen, weil's meine Rente ist.

Meine Vision für's Alter: hier leben, im Garten sein, im Sommer einige Wochen auf die Ostsee verschwinden oder in die Karibik. Bier brauen. Kochen mit Wildkräutern. Ein Buch über meine Erfahrungen damit schreiben. Im Haus würde ich gerne Seminare geben zum Thema ökologisch leben. Ganz wichtig: mit jemand *zusammen* leben! Wenn ich eine Frau kennenlernen würde und es die Beziehung wert wäre, würde ich vielleicht auch von hier weggehen. Luft und Liebe reichen ja eigentlich!

Bei aller Verzweiflung optimistisch bleiben
Regina, geboren 1950

Das erste Interview im Jahr 2000
Regina ist 50

Manchmal bin ich zu ernst, mal wie ein Kind, sehr gefühlsbetont, sehr spontan, sehr temperamentvoll, ab und zu unüberlegt – was manchmal schief geht.

Wie mich andere sehen? Ich würde denken, sie mögen, dass ich hilfsbereit bin, wobei ich denke, es wird Zeit, mal wieder mehr nach innen zu gehen, anstatt nur außen wirksam zu sein.

Was anderen manchmal nicht so gefällt, ist meine Hartnäckigkeit. Ich ziehe Dinge, die ich mir vorstelle, unbeirrt durch! Ich nehme da nicht mal auf *mich* Rücksicht!

Meine Lebensdevise: jeden Tag ausschöpfen soweit es geht, *keinen Tag vergeuden!* Für mich ist Lebenserfüllung Arbeit und Tätigsein. Eine Maxime ist für mich, sämtliche Chancen, die sich einem bieten, auch als solche zu sehen und in irgendeiner Form für sich zu verwerten.

Kindheit geprägt durch autoritären Vater

Ich bin die Älteste von Vieren und hatte ein sehr autoritäres Elternhaus. Mein Vater war Richter, und wenn wir etwas angestellt hatten, hat er uns ins Gebet genommen, wie vor Gericht. Ohne mir darüber bewusst zu werden, hatte sich bei mir ein Autoritäts-Hörigkeitsgefühl entwickelt.

Geboren bin ich in Mulda; als ich drei war, sind wir nach Mecklenburg gezogen und lebten dort bis zu meinem achten Lebensjahr. Das war für mich eine wunderschöne Zeit und all die Jahre, in denen ich später in Sachsen lebte, war in mir eine unerfüllte Sehnsucht nach Mecklenburg, wo ich mich frei und leicht fühlte; die Mentalität der Leute sagte mir zu.

Später sind wir nach Schneeberg gezogen, weil meine Mutter das Klima hier nicht ertragen konnte. Nach weiteren zwei Jahren zogen wir direkt ins Gericht nach Aue, wo wir isoliert von anderen Kindern waren. Ja, ich hab im großen Gerichtssaal Hausaufgaben gemacht und hab sonntags am Fenster gestanden und vor den Gefangenen auf dem Hof die Nase gedreht! Als ich in der 12. Klasse war, hab ich das erste Mal rebelliert, als meine Eltern zurück nach Mulda gehen wollten. Ich wollte nicht mitgehen und sagte: nein! Das war für mich sehr schwer, weil ich in allem, was so außerhalb der Familie passierte, ziemlich blauäugig, naiv und unerfahren war. Wenn ich Probleme hatte, meinte mein Vater immer, *er* würde das schon regeln.

Mein erstes Erlebnis auf freier Wildbahn

Ich blieb also in Aue und hatte da meine zwei Zimmerchen. Da hatte ich gleich das erste Erlebnis: meine Freundin nahm mich mit in die Disco – bis dahin durfte ich nie in die Disco, das war alles tabu! Wir mussten durch den Wald in einem anderen Ort. Meine Freundin hatte einen Tanzpartner und ich saß den ganzen Abend wie ein Mauerblümchen am Tisch.

Je später es wurde, umso mehr sauer wurde ich: hatte überhaupt keine Ahnung, wie man sich da bewegte und das merkte auch jeder. Jedenfalls hat ein ausgesprochen hübscher und seriös aussehender Mann mich naives Ding beobachtet und zum letzten Tanz aufgefordert. Er lud mich zu einem Glas Sekt ein, was zu DDR-Zeiten etwas ganz Tolles war, ich fühlte mich wie eine Prinzessin! Ich ahnte überhaupt nicht, was da noch ablaufen sollte. Meine Freundin fragte, ob er mich heimbringen würde und ich willigte ein.

Ja, und dann wurde ich in diesem Waldstück vergewaltigt! Das war mein erstes negatives Erlebnis auf freier Wildbahn! Ich weiß noch wie heute: er wollte mir an die Sachen und ich hab mich gewehrt, da wurde er noch verrückter, schmiss mich zu Boden und drückte mir den Hals zu. Ich sah in den Sternenhimmel über mir und überlegte: wenn er *jetzt* zudrückt, dann bist du weg! Was ist nun besser? Die Vergewaltigung wirst du überleben … da hab ich es über mich ergehen lassen. In seiner Wildheit hat er mich fürchterlich zugerichtet, dann ist er aufgestanden und hat gesagt: Du dumme Kuh! – und ist gegangen. Und ich bin nach Hause, war pappe satt!

Am Montag kam mein Vater, dem ich alles erzählte. Er hatte eine ganz fiese Art an sich, guckte mich an und schüttelte nur mit dem Kopf über so viel Dummheit! Ich war so geknickt – und dieses Kopfschütteln hat alles noch schlimmer gemacht! Ja, ich hab es ihm erzählt, weil es in unserer Familie so üblich war, dass über alles geredet wurde. Wenn ich mal ein Problem hatte, wurde manchmal bis in die Nacht hinein diskutiert. Allerdings haben sie mich in meiner Meinung immer so beeinflussen wollen, dass ich am Ende erkennen musste, dass ihre Meinung die richtige war! Damals fand ich das völlig in Ordnung und meinte, meine Eltern wollen nur das Beste. Deswegen hab ich mich meinem Vater anvertraut.

Ich fühlte mich grässlich schuldig, dass ich so leichtsinnig war und dass er so traurig schien, weil mir sowas passiert ist. Er hatte die Art, mir ein schlechtes Gewissen zu machen; das lastete viel mehr auf mir, als hätte er einfach mal losgeschimpft! Das ist ihm bis heute nicht bewusst, was ich aus dieser Kindheit heraus für Probleme mit mir rumschleppe.

Was mir jetzt erst klar wurde: ich wollte vor meinen Eltern immer durch Leistungen glänzen, um mal ein Lob zu bekommen. *Und ich habe es nie bekommen!* Es wurde nur so kommentiert: wir haben es nicht anders von dir erwartet. Damit waren meine Bemühungen abgeschmettert und ich habe sehr darunter gelitten. Ich versuchte später, es mit meinen Kindern anders zu machen, sagte ihnen oft, wie stolz ich auf sie bin und wie lieb ich sie habe.

Jetzt wollte ich mir den *Typ Mann* genau angucken

Kurz nach meiner Vergewaltigung habe ich meinen späteren Mann getroffen, den ich vom FDJ-Lager kannte, wo er Gruppenleiter war. Dieser stattliche junge Mann war damals unerreichbar für mich, weil er ständig Mädchen am Hals hatte. Nun erzählte er mir, er müsse zur Armee; wir gingen ins Kino und trafen uns.

Er wollte gleich was Festes, ich war noch nicht bereit dazu; hatte mein Abi im Kopf und wollte das gut schaffen. Nebenbei machte ich Erfahrungen mit einem Jungen, der ausgesprochen hässlich war und mit mir Mathe übte. Wir hatten ein kleines Verhältnis miteinander. Die Vergewaltigung hatte in mir nicht ausgelöst: oh Gott, ich will mit Sexualität nichts mehr zu tun haben, sondern jetzt wollte ich mir den *Typ Mann* genau angucken! Ich schwor mir, mich von einem Mann *nie mehr* so behandeln zu lassen. Habe sonst all meine Kräfte ins Abi gesteckt und es sogar mit *gut* gemacht. Und meine Eltern? Die haben's nicht anders erwartet!

Irgendwie hatte ich mich für meinen Freund entschieden – damit begann für mich eine schwierige Zeit, denn er war ein komplizierter Mensch. Aber ich war beseelt von dem Gedanken: wenn ein Mensch einen guten Kern hat, kann man ihn umkrempeln. Mit Liebe wird alles gut, ja! Bin zum Lehrerstudium gegangen, während er bei der Armee war, wir haben uns wunderschöne Briefe geschrieben. Er war ein verschlossener Typ, ein Mecklenburger durch und durch, auch ein jähzorniger Mensch, was er damals noch unterdrücken konnte.

Heute weiß ich: irgendwie sucht man sich einen ähnlichen Typen wie seinen Vater! Auch mein Freund war sehr bestimmend, und das gab mir ein Gefühl von Sicherheit. Vier Jahre hab ich studiert und er hat mir viel Kummer gemacht. Weshalb ich ihn nicht einfach zum Teufel gejagt habe, liegt sicher in meiner Kindheit begründet.

Mein Vater war Ehescheidungsrichter und der Gerichtssaal war direkt neben der Küche. Anstatt abzuwaschen hab ich, als ich 14 war, mit der Tasse an der Wand gehangen und mir die Prozesse angehört. Draußen auf dem Flur hab ich die Ehepaare mit ihren verstörten Kindern gesehen und sagte mir: man lässt nicht so schnell einen Menschen fallen!

Dass man mehr an sich selbst denken kann, kam mir gar nicht in den Sinn, denn bei uns in der Familie gab es Grundsätze wie: Solange noch *einer* arbeitet, haben die anderen nicht das Recht, sich auszuruhen! Oder: Man hat immer zuerst Verständnis für andere aufzubringen, bevor man für sich etwas einfordert!

Vater Staat hat für alles gesorgt …

Wie dem auch sei – eines Tages heirateten wir und im dritten Studienjahr bekam ich ein Kind, da wurde es erst recht kompliziert! Mein Mann ist nach Plauen auf die Offiziersschule gekommen, ich hatte noch ein Jahr zu studieren. Die Wohnung in Plauen war in der Nähe der Russenkaserne – kalt und fürchterlich! Ich musste die ganze Woche in Leipzig sein, um mein Diplom zu machen – also musste meine Tochter in die Wochenkrippe.

Das hat zur Folge gehabt, dass ich viele Jahre zu meiner Tochter kein emotionales Verhältnis hatte. Gerade im ersten Lebensjahr ist die Beziehung zu einem Kind ganz wichtig! Damals hat das keiner gesehen: Vater Staat hat für alles gesorgt, man konnte als Frau alles unter einen Hut bringen.

In der Zeit ist mein Mann von der Armee weggegangen, weil er sich niemandem unterordnen wollte und ständig in Konflikt mit seinem Vorgesetzten kam. Wir hatten 200 Mark Kredit für unsere Möbel abzuzahlen und lebten nur von meinem Stipendium. Er hat nicht mal gewartet, bis ich Geld verdiente! Ich hatte noch eine Unterbrechung, weil ich in meiner Diplomarbeit steckte – das neue Gesetz kam ja gerade heraus. Als ich später als Lehrerin arbeitete, war unsere Tochter ständig krank – kein Wunder: man konnte in der Wohnung den Reif von den Wänden kratzen!

Meine Tochter war zwei, da kam mein Mann von einer Fete der FDJ-Leitung und erzählte mir, dass eine andere Frau von ihm schwanger sei. Und ich meinte: dann werden wir diesen Unterhalt eben zahlen! Wollte ich doch nicht mein Kind alleine großziehen! Damit lud ich mir eine neue Bürde auf – und für ihn war die Sache erledigt! Die zweite Tochter wurde geboren, und da wir in der kleinen Wohnung nicht einmal ein zweites Kinderbettchen stellen konnten, kam sie auch in die Wochenkrippe – es war bitter!

Wir kämpften um eine andere Wohnung und bekamen sie auch. Er bekam Arbeit bei NARVA; ich hatte als junge Lehrerin abends zu arbeiten und er ging in die Kneipe, wo ich ihn oft rausholte, wonach er oft jähzornig wurde und mich sogar schlug.

Und noch immer habe ich's nicht geschnallt, ich war auch in diesem großen Plauen so alleine; außerdem hätten sich meine Eltern bei einer Scheidung die Hände gerieben, weil sie meinten, mein Mann wäre ein Lump. Ich habe ihn mehr oder weniger aus Trotz geheiratet!

Da war sie schon entschieden zu lange im Wasser ...

Dann passierte etwas ganz Schlimmes. Meine Eltern baten mich, zum 50. Geburtstag meiner Mutter zu ihnen ins Erzgebirge zu kommen, wo ich mit den beiden Kindern schon in den Ferien war.

Als gehorsame Tochter bin ich gefahren, mit Mann und zwei Kindern. Am Tag nach dem Geburtstag hab ich für Ordnung gesorgt und meine Kinder waren draußen zum Spielen; meine Schwester bot sich an, auf sie und ihr eigenes Kind aufzupassen.

Hinter dem Haus fließt die Mulde, vier Meter breit und nicht sehr tief. Auf einmal kommt meine Schwester mit ihrem tropfend nassen Sohn auf dem Arm herein und sagt zu mir: Mein Sohn ist in die Mulde gefallen und ich find deine Tochter nicht!

Ich schrie auf, rannte raus; die ganze Familie suchte mein Kind! Mein Schwager fand sie dann im Wasser treibend, da war sie schon entschieden zu lange im Wasser! Ich weiß noch, wie ich daneben gestanden und mir die Wiederbelebungsversuche angesehen habe und dachte: was soll das, sie ist doch nicht mehr zu retten!

Dann kam der Krankenwagen und lud meine Tochter ein. Mein Vater meinte, ich solle nicht mitfahren und fuhr selber mit – ja, und gehorsam bin ich draußen stehen geblieben! Heute weiß ich: wenn ein Mensch sich nicht verabschieden darf von seinem Liebsten, dann wird die Trauer ewig halten und du kannst nicht loslassen. Und loslassen musst du! Die Autorität meines Vaters war so groß, dass ich nicht zurückgezuckt habe.

Am Nachmittag hat meine Schwester ihren Jungen vor meinen Augen spielen lassen! Am liebsten hätte ich ihn umgebracht, brüllte ihn aber nur an. War entsetzt, was mit mir ist, wie ich auf dieses unschuldige Kind reagieren konnte! Das war mein einziger Wutausbruch, ansonsten habe ich den Schmerz in mich reingefressen.

Das ist das schlimmste Kapitel in meinem Leben: meine Familie brachte zwar zum Ausdruck, dass es traurig war, aber: *Man ging zur Tagesordnung über!* Man akzeptierte, dass ich still war und weinte; doch einmal, als ich weinte, sagte mein Vater: Reiß dich zusammen, deine Tochter war doch noch Quark im Schaufenster! Sie war noch so klein, da muss man doch nicht so rum heulen! – Diese Gefühlskälte habe ich damals nicht verstanden, aber rebelliert habe ich auch nicht. Mein Mann hat versucht, mir beizustehen, indem er sagte: Ich würde die ganze Mulde ausschöpfen, wenn ich wüsste, dass die Anja dadurch wieder lebendig würde!

Nach zwei Wochen Trauerzeit musste ich wieder arbeiten und alles wegstecken, was mir nur mit Beruhigungsmitteln gelang. Auch fragte ich meine Schwester immer wieder, wieso sie einfach ins Haus gekommen sei und nicht weiter gesucht habe. Sie meinte, sie hätte Angst gehabt, dass ihr Sohn wieder ins Wasser springen könnte. Ich denke, sie hat nur an sich selbst gedacht und ich kann ihr das bis heute nicht verzeihen!

Meine Ärztin meinte, ich solle mir ein neues Kind anschaffen, das würde mir darüber hinweghelfen. Das haben wir mit Akribie versucht und ich wurde schwanger. Eigentlich hatte ich dann zwei Sorgen: den Schmerz zu verarbeiten und die Angst, das neue Leben könne daran Schaden nehmen. Wir sind umgezogen und mein Sohn wurde geboren, wir waren wieder eine runde Familie mit zwei Kindern … Mein Sohn war ein Sonnenschein, wir hatten eine recht glückliche Zeit.

Das hältst du nicht mehr lange aus!

1984 bekam mein Mann einen Herzinfarkt. Im November 1989 rammte uns in Chemnitz ein Streifenwagen der Polizei, die sich in Auflösung befand, und mein Mann erlitt seinen zweiten Herzinfarkt. Gut, dachte ich mir, als es ihm wieder besser ging, die einen werden eben krank und die anderen werden *nicht* krank.

Mit meinen Kindern hatte ich keine größeren Probleme. Nach einem Frauen-Sonderstudium wurde ich Direktorin an einer Dorfschule, wo ich nicht glücklich wurde. Die Lehrer waren versippt und die Bevölkerung abwägend.

In meinem Bauch war einiges nicht in Ordnung, meine Knie waren vom Unfall gequetscht und meine Seele war angeknackst. Habe so die Wendezeit im Krankenhaus erlebt. Dann hatten wir noch einen Unfall, wobei mein Mann verletzt wurde und den zweiten Herzinfarkt erlitt.

Nach der Wende lernte ich ganz schnell Marktwirtschaft. Zum Glück hatte ich die Fähigkeit, vieles aus dem Nichts zu organisieren. Als Genossin, die an der Basis gearbeitet hat, hab ich die Dresche von oben und den Unwillen von unten abgekriegt. So bemühte ich mich um Arbeit als Sozialpädagogin, denn durch die *Inquisition* bekam ich meine Kündigung an der Schule.

Mein Mann wollte sich nach seiner Kündigung im Wehrkreiskommando, nachdem er sich als Versicherungsvertreter versucht hatte, selbstständig machen mit der Vermietung von Wohnmobilen. Es schlug auch gut ein und wir arbeiteten wie verrückt – ja, auch ich, denn ich wurde arbeitslos. Er hat Wohnmobile rangeschleppt auf einen Platz, für den wir 700 D-Mark Miete zahlen mussten. Ich war der Meinung, er würde das verantwortungsvoll machen und habe ihm unsere Konten überlassen.

Leider hatte er ein gespaltenes Verhältnis zum Papierkram, Quittungen und Buchungen. Ich hatte das Gefühl, da kommt eine Katastrophe auf uns zu.

Ich bekam eine ABM-Stelle und musste auch noch meinem Mann helfen – fühlte mich richtiggehend gejagt!

Mein Mann war zunehmend abgespannt. Trotz Kündigung im Schuldienst, nachdem ich schon auf Delegierung des Oberschulamtes Chemnitz zwei Jahre studierte, konnte ich endlich nach vier Jahren mein Französisch-Studium abschließen und war stolz, das in meinem Alter noch geschafft zu haben. Leider hat man mir die erneute Arbeit in der Schule verweigert mit der Bemerkung: Der Staat hätte sich von mir verabschiedet und gemäß der Werteordnung des Freistaates Sachsen sei ich nicht mehr wert, als Lehrer hier zu arbeiten. Es wurden dringend Französischlehrer gebraucht. In einer ABM-Maßnahme sollte ich Lehrpläne für Heilpädagogik

171

aufstellen. Ich nutzte die Gelegenheit der Teilnahme an einem Lehrgang für Sonderpädagogik und konnte dadurch nach anderthalb Jahren mit meinem Abschluss mir eine neue Arbeitsstelle in der Werkstatt für Behinderte als Leiterin für Kindergarten und Frühförderung erarbeiten.

Aber meine eigene Arbeit, sein Gewerbe, der Studienkreis und dann noch die zwei Hunde meines Mannes gingen wahnsinnig über meine Kräfte! Ich hatte Schmerzen im ganzen Körper. Oft dachte ich: das hältst du nicht mehr lange aus!

Noch eine Katastrophe

An einem Abend 1995 kam die nächste Katastrophe. Mein Mann wollte meinen Sohn vom Kino abholen und kam dort nicht an. Ich wusste sofort: da ist was passiert! Fand ihn im Jeep an der Landstraße mit laufendem Motor, Erbrochenes rann über sein Gesicht. Er hatte einen erneuten Infarkt erlitten und war an seinem Erbrochenen erstickt. Zunächst war ich fassungslos, später trauerte ich, trotz allem, was er mir angetan hatte. Doch es hätte auch anders kommen können: bei Überleben wäre er nur noch ein Körper ohne Geist gewesen! So war ich dankbar, dass ihm und uns als Familie wenigstens *das* erspart wurde.

Was jetzt folgte, war eine blanke Odyssee; es stellte sich heraus, dass er Schulden über Schulden hatte, meine Unterschrift als Bürgin gefälscht hatte und, und, und! Ich konnte zwar das Erbe ausschlagen, musste aber für die Bürgschaft aufkommen und hatte die Wohnmobile am Hacken … Mir wurde klar: sein ganzes Leben hat er mit allen Mitteln seine Ziele durchgesetzt! Dass ich dabei nur Mittel zum Zweck und das gutmütige Dummchen war, wurde mir nach geraumer Zeit erst bewusst. Meinem Sohn hatte er mit seinem Größenwahn auch schon den Kopf verdreht; er konnte nicht gut mit Geld umgehen und hatte überhaupt kein Wertedenken.

Bei meiner ABM-Stelle erfuhr ich nur noch Mobbing, durchlebte eine Krise und musste wegen meines Bauches ins Krankenhaus. Finanziell wusste ich nicht weiter, ich verkaufte alles, was noch Wert hatte. Zum Glück gab es zwei rettende Engel, einer davon meine Hausärztin, die mir auf unbestimmte Zeit eine größere Summe Geld borgten, um einen Teil der Schulden zu begleichen und ein neues Konto zu eröffnen, sonst hätte ich mir wohl 'nen Strick genommen!

Nach dem Tode meines Mannes hatte ich einige Männergeschichten, hab mich benommen und gefühlt wie freigelassen!

Gesundheitlich hab ich mich total runtergewirtschaftet: nur gearbeitet, geraucht und getrunken; ich kam kaum zu Verstand …, dann bat ich um eine Kur, die auf sechs Wochen verlängert wurde.

Mein Sohn war damals in der 12. Klasse und leider viel allein auf sich gestellt . Für ihn war es nicht so schlimm, dass er bei einer winterlichen Spazierfahrt mein gerade abgezahltes Auto in Klump gefahren hat. Eine völlig verrückte Zeit war das!

Keine Witwe auf Dauer

Bei der Kur lernte ich Wolfgang kennen. Heute sagen wir uns: es ist ein Segen, dass wir uns gefunden haben und den Mut hatten, einfach zusammen zu ziehen, denn damit haben wir uns geheilt! Wolfgang war so angefüllt mit Leid und erzählte jedem sein ganzes Elend. Ich stellte viele Parallelen zwischen unseren Schicksalen fest. Er war ein sehr verletzter und Frauen gegenüber misstrauischer Mensch.

Dazu muss ich noch sagen, dass ich mich bei der Kur ganz bewusst umgeschaut habe. Ich wollte keine Witwe auf Dauer sein und alleine leben! Wenn du auf Arbeit bist, findest du niemanden. Single-Club? Hab ich ausprobiert: da läuft der größte Schrott rum! Annoncen? Damit hatte ich fürchterliche Erlebnisse!

Ich wollte ihn gern im Alltag testen

Bei Wolfgang spürte ich einen Gleichklang in der Seele. Es war eine wunderbare Romanze mit ihm! Wir liebten uns ständig und überall, redeten aber auch nächtelang über unsere Vergangenheit.

Nach der Kur haben wir uns oft besucht. Ich wollte ihn gerne im Alltag testen, so besuchte ich ihn und tat so, als wäre ich krank, so dass ich eine Woche bei ihm bleiben musste. Er bemühte sich sehr um mich, stand mir bei und erwies sich als sehr zuverlässig.

Nun war ich mir sicher, dass es gut gehen würde mit uns und zog zu ihm an die Ostsee. Bewarb mich als Lehrerin für 19 Stunden, um noch genug Zeit für diese junge Beziehung zu haben.

Als Lehrerin in der Großstadt, die ich ja nicht gewohnt war, wurde ich mit allem, was böse ist, konfrontiert: ich bekam die Hauptschulklassen! Wolfgang sagte mir dann Worte, die ich noch nie in meinem Leben gehört hatte: Es geht hier nur um dich und deine Gesundheit.

Wenn es das nicht ist, dann hörst du halt auf, irgendwie wird es schon weitergehen. *Es ging ihm um mich als Mensch!*

Mein Sohn war ihm gegenüber sehr sperrig, bis sie ein Schlüsselerlebnis hatten: Wolfgang ging mit ihm auf den Schrottplatz, um vom Moskwitsch eine Lichtmaschine für den Golf auszubauen. Sie reparierten gemeinsam, ohne in der Werkstatt viel Geld hinzulegen. So hat er ihm viel beibringen können! Meine Tochter hat schon gleich eine gute Beziehung zu ihm gehabt.

Das Leben in Mecklenburg wurde ein völlig anderes als in Sachsen. Dank der Hilfe meines Mannes wurde ich zu einer freien, selbstbewussten Frau.

Das Jahr 1997 war eins der glücklichsten und auch schwierigsten Jahre in meinem Leben überhaupt!

Eine intensive, stabile und glückliche Beziehung

Wenn du so willst, hat mich das Leben hier in Mecklenburg voll vereinnahmt. Damals bin ich angekommen und hatte das Gefühl, ich bin hier zu Hause, und heute stecke ich mit allen Dingen voll drin. Wenn ich nicht noch gewisse Sachen von meinem verstorbenen Mann abzuzahlen hätte, würde ich sagen: die vergangene Zeit ist sehr unwirklich geworden!

Auch in Bezug auf meinen jetzigen Mann: es ist so, als würden wir seit ewigen Zeiten zusammenleben, und ich kann mir nicht mehr vorstellen, wie ich damals alles ertragen konnte. Mein schönstes Erlebnis des vergangenen Jahres ist kein Augenblickserlebnis, sondern die Erfahrung, dass unsere Beziehung, die wir als *Kurschatten* begonnen haben, sich als das erwiesen hat, was ich mir vorstellte. In meinem ganzen Leben habe ich noch nie eine so intensive, stabile und glückliche Beziehung kennengelernt. Habe mir das schon immer gewünscht! Das Angenehmste ist, dass ich dadurch wieder gesund geworden bin. Abgesehen davon: Schwächen hat jeder! Diese Beziehung ist mir so heilig; wenn sie in Gefahr geriete, würde alles andere zurücktreten. Leider kann ich durch das sogenannte Personalkonzept immer noch nicht voll arbeiten gehen, obwohl wir mehr Geld schon gebrauchen könnten. Aber da mein Mann hinter mir steht, kann es gar nicht schlimm genug kommen, du weißt ganz genau: du schaffst es!

Mein Gott – du hättest was tun können!

Denke ich an das Jahr 2000 zurück, möchte ich es fast aus meinem Gedächtnis streichen. Die Freundin meines Sohnes hat sich das Leben genommen! Zwischen ihnen lief es nicht besonders, ganz große Schwierigkeiten gab es in der Sexualität. Das Elternhaus der sensiblen jungen Frau ist sehr introvertiert und ein Gespräch mit ihr kam fast nie zustande.

Es kam ein Brief; sie schrieb, sie sei die Älteste von drei Kindern und die Mutti habe sich mit 36 noch ein Baby angeschafft. Sie würde der Zuwendung ihrer Eltern hinterherrennen wie ein Hund den Salamischeiben. Ich habe diesen Brief nicht so ernst genug genommen, wie sich später zeigte.

Mein Sohn kam nach einer Knieoperation an einem Wochenende zu uns; am Montag darauf wurde sie bei ihrer Ausbildungsstätte vermisst. Mein Sohn ist sofort losgefahren, sie zu suchen. Die Polizei hat uns nicht geholfen, da keine Unfallanzeige eingegangen war. Mein Sohn fand sie dann selbst in einem Waldstück. Sie hatte sich die Halsschlagader aufgeschnitten. Er sagte nur immer: Sooo ein Loch! –

Für mich ist das wie eine Hinrichtung und meine Gedanken gehen oft zurück: mein Gott, das hättest du früher merken können, du hättest was tun können! Mein Sohn leidet seitdem natürlich fürchterlich! Wenn er eine neue Beziehung hat, blockt er ab, sobald es festere Formen annimmt.

Meine Gefühle sind einerseits Zorn, dass sie meinem Sohn so etwas angetan hat, anstatt sich zu öffnen, auf der anderen Seite ganz fürchterliche Trauer!

Es muss etwas ganz Entsetzliches passiert sein, dass sie einfach nicht in der Lage war, jemandem davon zu erzählen und so eine Verzweiflungstat begangen hat. Und mein Sohn hat natürlich einen Knacks weg! Bin heilfroh, dass er nicht auf dumme Gedanken gekommen ist und nicht Hand an sich gelegt hat!

Tanzen auf Spitzenschuhen – mein Mädchentraum

Im Sommer haben Wolfgang und ich uns völlig verausgabt, indem wir an unserem Bungalow gebaut haben. Obwohl wir ganz dringend Urlaub gebraucht hätten, haben wir richtig rumgewütet, sind ein bisschen unter Stress geraten.

In meiner Freizeit gehe ich zum Ballett. Am Anfang hab ich es wegen meinem Bandscheibenschaden gemacht und um Bewegung zu haben. Jetzt gefällt mir das Tanzen! Beim Klassischen Ballett konnte ich ausprobieren, wie das ist mit Spitzenschuhen, das war als Mädchen schon mein großer Traum! Wollte auch wissen: wie weit kann ich meinen Körper ausreizen? Wenn du dich voll auf die Bewegungen konzentrieren musst, fällt der nervliche Stress von dir ab – hinterher fühlt man sich richtig gut!

Donnerstagabend bilde ich mich im Französischen Institut weiter, und damit hab ich mir die Woche *zuorganisiert!* Als die Proben auch noch am Wochenende stattfanden und die Aufführungen, da war die Woche voll.

Ja, ich hatte meine ersten Auftritte beim Ballett! Du, das ist, als wenn man irgendwie Blut leckt! Diesen ersten Schritt auf die Bühne zu tun, war unheimlich schwer. Aber auch ein Schritt zur Selbstverwirklichung. Für die Ballettmädchen ist das ein sagenhafter Gewinn für ihre ganze Perspektive.

So etwas gehört sich nicht

Ich wirke sehr lieb, ja. Es ist mein großes Problem, dass ich als Kind immer lieb sein musste. Die Wörter *ich will* darf ich nicht mal *heute* in Gegenwart meiner Eltern sagen! Dann ermahnt mich meine Mutter – mich mit 50 Jahren: so etwas gehöre sich nicht!

Mittlerweile habe ich gelernt, Dinge durchzusetzen; mein Schwachpunkt ist aber, dass ich es nicht immer mit den richtigen Methoden tue. Es ist schlimm, wenn man das in der Kindheit nicht gelernt hat!

Auch im Beruf hab ich da zuerst meine Probleme gehabt. Ich bin mit Leib und Seele Lehrer geworden, nachdem mein erster Studienwunsch Tierarzt durch meinen Vater zunichte gemacht wurde. Ich gehe mit meinen Kindern in der Schule gern so um, dass man miteinander scherzt und dass sie auf das gesprochene Wort reagieren. Denn nur mit Ehrlichkeit und Konsequenz kann man ein guter Lehrer sein.

Wolfgang sagte neulich zu mir: Weißt du, du kämpfst jeden Tag gegen deine eigenen Unzulänglichkeiten an und fängst immer wieder von vorn an! – Ich war ihm sehr dankbar, dass er es so ausgedrückt hat. Früher hätte ich es anders gesagt bekommen: Das ist ja unmöglich, oder so. Er merkt, dass man mit sich selbst nicht zufrieden ist und trotzdem versucht, das Beste daraus zu machen. Manchmal bin ich ein schrecklicher Umstandskasten: einerseits kann ich gut organisieren, auf der anderen Seite bin ich schrecklich hilflos und überfordert. Dann verbrenne ich mich regelmäßig am Backofen – ja, ich kann ziemlich tolpatschig sein!

Wenn ich zu viel rede, schneid den ganzen Kram raus, ja!

Wenn die Ferienzeit ran ist, merkst du auch: du bist reif!

Mein Alltag ... beginnt mit gemeinsamem Aufstehen, Duschen und Frühstücken mit Wolfgang. Alleine schon durch den Fahrtweg spielt die Schule eine große Rolle. Über die neue Autobahn fahre ich nur noch ʼne dreiviertel Stunde. Nachmittags gehen wir so um halb fünf eine Stunde mit dem Hund spazieren. Danach Abendbrot, ja und dann drängt sich alles: Training, anschließend meine Stundenvorbereitung auf die Reihe kriegen.

Ich habe mich trotz der geringen Wertschätzung der zweiten Fremdsprache immer auf meinen Unterricht vorbereitet. Mir war es wichtig, den Unterricht auf die Situation in der Klasse auszurichten.

Schwierig sind die Hauptschulklassen, denn wir bekommen sehr viele verhaltensgestörte Kinder. Da kommst du nicht mit einem toll vorbereiteten Unterricht weiter, sondern nur mit einer ausgesprochenen Ruhe und Überlegenheit, wo du ganz klar sagst: Das will ich und das macht ihr jetzt! – Wo du keinen Deut locker lassen kannst. In Französich ist es überhaupt kein Problem, da kann man den Unterricht viel freier und lockerer gestalten. Die Kinder in den kleinen Französich-Gruppen machen natürlich auch nichts, sind nicht fleißig. Aber die Atmosphäre ist eine andere.

In den Hauptschulklassen gibt es Dinge, die gehen bis unter die Gürtellinie, aber man darf sie nicht so weit gehen lassen! Wenn du es einmal zulässt, gerätst du in ein emotionales Räderwerk. Und dann tun sie dir ständig weh! Wenn die Ferienzeit ran ist, merkst du auch: du bist reif! Du musst den Abstand haben, damit du mit Überlegenheit wieder reingehen kannst. Ich sage meinen Kindern ganz klar: du störst jetzt und ich möchte dich bitten, das zu lassen. Wenn es so nicht geht, verweise ich sie auch mal des Raumes, was man eigentlich nicht darf, oder es folgt eine angekündigte Maß-nahme – Konsequenz ist ganz wichtig! Ich vermeide es, zu schrei-en, ich finde schreiende Lehrer unmöglich! Je mehr Ruhe du aus-strahlst, desto mehr bist du in einer besseren Position!

Beide Kinder haben sich an den Vater gehalten

Diese Frage, welche Rolle meine Kinder heute für mich spielen, ist ein schwieriges Ding. Ich habe ja mit 40 nochmal angefangen, Französisch zu studieren. Damit habe ich vier Jahre keine Zeit für die Kinder gehabt, weil ich diese Sprache von Grund auf lernen musste. Meine Motivation war: wenn mal irgendwas passiert, was ja auch eingetreten ist, wollte ich nicht ohne berufliche Existenz dastehen. Dadurch ist mir mein Junge entglitten, weil er in den Jahren vom Vater erzogen wurde. Beide Kinder haben sich sehr an den Vater gehalten, der als Vater sehr nett und hilfsbereit war. Aber er hatte Eigenschaften, die für sie gar nicht gut waren – daran ist er ja selber kaputtgegangen. Ich sage ihnen oft: überlegt doch mal, warum euer Vater so zeitig gehen musste, versucht mal, diese Fehler nicht zu machen!

Auf der einen Seite will ich immer für sie da sein – bin ich ja auch – aber wenn sie hier sind, hab ich das Gefühl, mein eigener Mann steht vor mir! Diese Schatten der Vergangenheit sind für mich ganz fürchterlich, da leide ich richtige Höllenqualen! Ich bin froh, dass wir beide hier alleine leben und dass mein Junge in Sachsen seine Ecken und Kanten alleine abschleifen muss.

Ja, und Wolfgang hat meine Tochter und ihren Mann in unsere Stadt geholt; es tat ihm leid, weil mein Schwiegersohn arbeitslos war, er bekam hier durch ihn Arbeit. Aber ich war nicht sehr glücklich darüber! Mit einem Mal kamen wieder meine Mutterpflichten an die Tagesordnung und mein glückliches Prinzessinnenleben sollte vorbei sein. Du musst als Mutter auch die Augen zumachen, wenn du in ihre Wohnung gehst ... Zu meinem Enkel, der vier ist, habe ich nicht dieses ganz herzliche Verhältnis; er ist ein kleiner, gewiefter Pfiffikus, für meine Begriffe fast ein bisschen hämisch; ich will nicht nachdenken, von wem er's hat!

Die Vergangenheit begraben

Habe da einen Spruch gelesen: Loslassen ist die erste und schwierigste Lektion des Lebens. Ja, es ist so: du hast dein Kind nur für dich, solange es im Mutterleib ist. Manche Eltern meinen, sie haben immer ein Anrecht auf die Liebe ihrer Kinder. Für meine Begriffe ist das Quatsch, weil *du* dieses Kind ja gewollt hast – nun musst du ihm auch die Freiheit lassen, so zu leben, wie es glaubt, leben zu müssen.

Die meisten Eltern wollen ein Ebenbild von sich schaffen, welches besser gelungen ist als sie selber. Geht nie gut! Ich könnte zum Beispiel pausenlos über meine Tochter schimpfen, tu's aber nicht, weil's nichts bringt.

Meine Eltern sind heute noch ein schwieriges Kapitel für mich. Es ist nur ein Glück, dass dieser räumliche Abstand da ist.

Wolfgang und ich haben beschlossen, die Vergangenheit zu begraben, indem wir jedem verzeihen, mit dem wir Probleme haben und sie so nehmen, wie sie sind.

Unsere wichtigste Erkenntnis: die Menschen schrauben ihre Erwartungshaltung zu hoch, und daraus entsteht der Frust dem anderen gegenüber. Wenn du einem anderen eine Freude machst, musst du nicht erwarten, dass er dir die Füße küsst, denn du hast es allein von *dir* aus getan! Wenn du es nicht tun willst, dann lass es bleiben!

Wenn man mit so einer Haltung an die Dinge herangeht, empfindet man die anderen nicht als Belastung oder als unangenehm.

Auch den Ballast mit meiner Schwester habe ich abgeworfen; ich muss sie so annehmen, wie sie ist, denn ich kann sie nicht ändern.

Das Verhältnis zu meinen Eltern ist nicht übermäßig herzlich. Mein Sohn wohnte drei Jahre bei ihnen, da er nicht mit mir nach Mecklenburg gehen und seine Lehre dort machen wollte. Aber als er nach der Schule zu ihnen ins Haus kam, hatte er immer wieder Probleme mit meinem Vater wegen Bevormundung und Verhaltensvorschriften. Meine Mutter versuchte, zwischen beiden zu vermitteln, was oft nicht gelang.

Ihm ging es so schlecht, als das mit seiner Freundin passiert war und er hätte sich so gewünscht, dass der Opa ihn mal drückt oder irgendein Mitgefühl zum Ausdruck bringt – nichts!

Das Leben ging für meine Eltern normal weiter – ja, genauso ging es mir damals mit ihnen, als meine Tochter ums Leben kam!

Eigentlich war ich ihnen bitterböse.

Aber irgendwann hab ich mir gesagt: mein Gott, wenn ich in ihrem Alter wäre, wie würde *ich* denn reagieren?

Wäre das nicht schon eine Zumutung, wenn plötzlich wieder ein junger Mensch bei dir wohnen würde? Es ist doch schon viel, dass sie es überhaupt versucht haben!

Die Frage ist: willst du Familienfrieden oder ewige Fehde haben?

Wolfgang hat mir bei der Entscheidung sehr geholfen.

Ich schmeiße mitten in das Grau 'nen roten Punkt!

Das Gefühl, ganz unten zu sein, habe ich schon manchmal. Aber ich gebe dem Gefühl nicht lange Raum. Ich lenke mich ab, indem ich irgendetwas, manchmal Unsinniges, tue. Ich kann auch sehr depressiv sein, das mag ich eigentlich nicht. In den Wechseljahren kommt diese Depressivität häufig als körperliche Seite mit. Ich steuere dann dagegen, indem ich mich an irgendwelchen Dingen erfreue. Gehe dann spontan mit Wolfgang weg oder organisiere was aus dem Hut heraus. Schmeiße mitten in das Grau in Grau so 'n roten Punkt! Und wenn ich Abstand habe, relativiert sich vieles.

Was ich gar nicht kann, ist krank sein! Bin ein ganz ungeduldiger Kranker, nach einem Tag flach Liegen muss ich wieder hoch. Wenn ich das Kranksein zulassen würde, würde mein Kreislauf dermaßen aufklatschen, dass mein ganzer Körper über längeren Zeitraum nicht auf die Beine käme. Wenn man selbst nicht in der Lage ist, sich aus solchen Tiefs herauszureißen, geht man abends mit demselben Gefühl schlafen, mit dem man morgens aufwacht. Man muss sich zwingen, etwas dagegen zu tun, sonst kommt man da nicht wieder raus. Ich habe gelernt, meinen Angstpunkt zu definieren. Über diesen Graben musst du springen!

Das dritte Interview im Jahr 2002

Damit überrumple ich ihn manchmal

Wir haben endlich eine neue Wohnung bezogen, das ist eigentlich ganz spontan passiert. Ich bin vom Typ her 'n bisschen spontan, da fällt es Wolfgang manchmal schwer, sich so schnell darauf einzustellen. Meistens checke ich für mich persönlich Gelegenheiten irgendwo ab: ist das jetzt gut oder ist das schlecht für mich?

Und was kann man daraus machen? Dann entscheide ich relativ schnell und sage: das ist in Ordnung, das machen wir jetzt! Damit überrumpele ich ihn manchmal, das war mit der Wohnung auch so. Anfang Oktober habe ich die Wohnung hier im Bau gesehen, fand sie gut, weil sie schön groß und sonnig war und unseren Ansprüchen genügte.

Wir wollten immer in der Innenstadt bleiben und eine offene Wohnung haben, mit Wohnküche, die modern ist, nicht so provinziell: Wohnraum, Schlafraum, Küche usw. Da habe ich Wolfgang einfach zur Maklerin geschleift und gesagt: Besser wird das auf gar keinen Fall, die müssen wir unbedingt nehmen! Ich wollte einfach aus diesem Hafenviertel nicht weg, weil ich das Gefühl hatte: ich bin hier zu Hause, bin angekommen nach langer Suche in meinem Leben, wo ich mich richtig wohl fühle.

Wolfgang hatte damit ganz große Probleme, sich Hals über Kopf daran zu gewöhnen, umziehen zu sollen, nochmal viel Arbeit zu haben. Was ich eigentlich sonst nie an ihm erlebe: er hat regelrecht gesperrt, wenn er von der Arbeit kam, sich hingesetzt und nichts gemacht!

Ich fühlte mich ziemlich alleingelassen und überfordert im Herbst damit!

Belastende Bauerei gemeinsam entschieden

Das ist der ganze Gegensatz gewesen zu dem, was er zum Beispiel mit dem Bungalow gemacht hat. Da haben wir, nachdem wir beschlossen haben, dass wir den ausbauen, bei Minusgraden uns Samstag wie Sonntag raus geprügelt, zu essen mitgenommen, den Gasheizer angeworfen – es war lausekalt in diesem Bungalow – drei Hosen und drei Pullover übergezogen und haben da drin gearbeitet! Da habe ich nie das Gefühl gehabt, dass er irgendwann mal keine Lust hatte, und wenn, dann hat er das einfach weggedrückt und gesagt: es muss sein und wir machen das jetzt! Da haben wir dermaßen gut gearbeitet, das war richtig toll! Aber nun sage ich mir: mehr muss ich von Bauerei nicht haben; es war sehr belastend! Es war mit der Wohnung so, dass er sich völlig überrumpelt fühlte, und das mit dem Bungalow haben wir gemeinsam entschieden. Und er sagte mir auch: wenn ich zurückgetreten wäre, dann wäre mir dein Wortschwall auf den Kopf gefallen!

Ja, ich bin so, dass ich ihn dermaßen mit Argumenten belege und solange mit ihm diskutiere, bis er am Ende einsieht. Und das wollte er sich ersparen (lacht), und hat sich gesagt: du ziehst sowieso den Kürzeren, also lass es! Aber ich wusste auch genau, dass wir das Richtige tun und er sich hier wohl fühlen wird, dass er auch mal 'nen Platz für sich braucht zum Arbeiten. Was in der kleinen Wohnung gar nicht gegeben war, weil ich mich immer mehr ausbreitete. Ich hatte also zunehmend das Gefühl: hier muss sich etwas ändern, ansonsten verkümmert er mir! Ich hatte ja mein Ballett zweimal in der Woche, und er saß abends vor'm Fernseher. Und jetzt sitzt er vor seinem Computer, wenn ich komme, wir haben ja jeder einen. Es ist also irgendwo ein getrenntes Tun, und man kann sein Zeug liegen lassen, woran man gerade gearbeitet hat. Das geht jetzt ganz wunderbar!

Im Herbst hab ich alles zusammengepackt, die ganze Wohnung, und Wolfgang hat im Grunde genommen immer nur die Hände weggeschoben. Ja, und als es dann wirklich akut wurde, dass wir hier einziehen mussten, von da an wurde er sehr aktiv. Da hat er das Ding angenommen und innerhalb einer Woche war der Geisteswandel vollzogen! Da fand er das ganz toll und schön!

Weil du sonst nicht so abgesichert bist

Im Januar waren wir fünf Jahre zusammen. Und jetzt im Januar 2002 haben wir geheiratet. Ja, das erzähle ich deswegen so nebenbei, weil die anderen Aktionen richtig groß und richtig aufwändig waren. Die Hochzeit ist noch so frisch, dass ich mich noch gar nicht so richtig damit identifizieren kann. Wir hatten das beide durchaus vor, irgendwann zu heiraten, um den anderen abzusichern. Und dass wir zusammenbleiben, das war überhaupt keine Frage. Aber das Heiraten war nicht unbedingt dran; Wolfgang hat nun die dritte Ehe. Damit war er auch schon etwas geschädigt.

Ich wollte ihm das nicht unbedingt antun. Ich selbst hatte auch so meine Probleme mit diesem Verheiratetsein. Es ist ja doch staatlich sanktioniert, und vorher fühlte ich mich freier in meiner Entscheidung. Das heißt, man konnte, wenn mal später irgendwann etwas sein sollte, diese Verbindung einfach auf eigene Art lösen. Ohne dass einem ein Rechtsanwalt dazwischenfunkt, ohne dass man zu einem Gericht gehen muss und Ähnliches. Ich fand das auch zeitgemäßer, denn letztendlich ist das von uns beiden 'ne persönliche Entscheidung gewesen zusammenzuziehen, und genauso einfach wäre es, wieder auseinanderzugehen. Es ist eben bloß so, dass man, wenn man älter ist, diesen staatlichen Schutz einer Ehe bedarf, weil der eine oder der andere sonst vielleicht nicht so abgesichert ist. Wenn irgendwie mal was passiert, und der Gedanke ist mir schon öfter gekommen, weil ich täglich diese weite Strecke nach Rostock zu fahren habe, dann steht er doch ziemlich ungeschützt da. Ich meine, die Witwenrente ist schon eine gewisse finanzielle Hilfe, du kannst doch anders hantieren, als wenn du nur deinen normalen Lohn hast.

Ich bin einfach der stärkere Teil

Die Hochzeit war natürlich ein schönes Erlebnis. Auch die Zeit davor war wie eine Hoch-Zeit, wo wir eigentlich viel zu organisieren hatten, aber das Gefühl der Verbundenheit war mit einem Mal ganz, ganz intensiv. Und es ist auch bis heute geblieben.

Wenn man ihn umarmt und anschaut, dass man im Stillen denkt: es ist *mein Mann!* Es hat einen anderen Stellenwert! Es verdrängt auch den ehemaligen Begriff von *meinem Mann*, welches ja mein verstorbener Mann war.

Ich habe nur riesengroße Schwierigkeiten mit meinem neuen Namen. Obwohl mir die Vergangenheit schlimme Dinge bereitet hat, habe ich meinen Namen geliebt. Mein Mann fragt: warum? – Ja, unter diesem Namen habe ich meine Abschlüsse gemacht, habe diesen Namen zu etwas gemacht, zu etwas Positiven. Dahinter stand auch meine Identität.

Nun stand die Frage nach unserem gemeinsamen Namen. Ein Doppelname wäre mir zu blöd gewesen, ich wollte aber auch nicht, dass er meinen Namen annimmt, das wäre nicht gut für unsere Beziehung gewesen. Wenn Wolfgang jetzt noch den Namen gewechselt hätte, wäre er entwurzelt. Und ich glaube, ich bin einfach der stärkere Teil, obwohl auch ich mit dem neuen Namen zu kämpfen habe, denn: ich bin nicht mehr *ich!* Und dazu kommt noch, dass seine erste und seine zweite Frau mit diesem Namen hier rumlaufen! Nein, wir kennen uns nicht weiter, aber wenn das so wäre, würde ich mit ihnen nicht sehr sanft umgehen, ich bin nicht sehr gut auf sie eingestellt.

Meine Tochter ist Managerin in ihrer Ehe

Aber nun zu einem anderen Thema. Ja, mein Sohn ist über den Tod seiner Freundin hinweggekommen. Er schrieb mir im September eine E-Mail: Mutti, dein Sohn ist ganz doll verliebt! Er hatte von Anfang an das Gefühl, dass er gut zu diesem Mädchen passt. Mein Sohn hat gelernt, dass jeder seinen materiellen Teil mit in die Partnerschaft einbringen muss. Die beiden haben nach ganz kurzer Anlaufzeit beschlossen, eine neue Wohnung zu beziehen. Und da hat er völlig Recht: man kann viele Jahre lang zusammen gehen, und sich trotzdem nicht gut genug kennenlernen. Ich denke, sie machen es richtig. Und das Risiko, dass es schiefgeht, das muss man dann einfach tragen! Er ist ein ganz toller Autoverkäufer, und mich freut sehr, dass er die Dinge jetzt realistischer angeht. Zum Beispiel trennt er sich von seinem teuren Leasing-Auto, um seine Miete gut bezahlen zu können. Das sind Dinge, da erkenne ich endlich auch *meinen* Sohn!

Meine Tochter und ihre Familie haben eine neue Wohnung in der Nähe von Würzburg, weil mein Schwiegersohn nach seiner Arbeitslosigkeit dort eine Arbeit gefunden hat. Sie ist ja ausgebildete Historikerin und Germanistin und arbeitete bei Tele-Gate, was für sie absolut unterqualifiziert ist. Und mein Schwiegersohn ist Bauarbeiter, der hat hier oben keine Zukunft. Ja, es ist ein ganz ungleiches Verhältnis, sie hat sich, glaube ich, seiner Lebensweise angepasst. Er akzeptiert sie als Managerin der ganzen Ehe, ist froh, dass sie das macht und fügt sich eigentlich wie ein Hündchen. Und sie braucht das auch, weil sie von Natur aus alles bestimmen muss.

Vergangenes Jahr hatten wir ein paar ganz üble Reibungspunkte miteinander, sei es wegen der Betreuung des Kleinen, wo sie meinte: Oma und Opa sind ja da! Sie hatte gemeint, dass wir unsere erste Urlaubswoche doch den Kleinen zu uns nehmen könnten. Da wir das nicht einsahen, herrschte eine ganze Zeit eine frostige Atmosphäre. Mittlerweile haben wir ein normal nettes Verhältnis zueinander.

Immer weniger Zeit – immer schnelleres Tempo

Das Grundgefühl zu Wolfgang ist auch nach fünf Jahren so geblieben, wie es war. Ich habe nicht einen einzigen Tag bereut, dass ich diesen Schritt gegangen bin. Natürlich haben sich diese Schwingungen verändert. Was am Anfang große zärtliche Verliebtheit war, wo man im Grunde genommen nur noch aufeinander gehockt hat, das hat sich einfach gegeben, musste sich ja geben, denn man geht ja arbeiten! Manchmal bedauere ich es, aber unser Leben hier ist sehr vielschichtig geworden. Am Anfang hatte ich nur meine Arbeit, dann sind wir nachmittags schön durch die Stadt bummeln gegangen. Dann kamen der Bungalow und dessen Vermietung dazu, man hatte mehr zu tun – und damit bekam unser Leben ein schnelleres Tempo. Nun werde ich bald voll arbeiten gehen, da bleibt noch weniger Zeit.

Wenn wir in ein paar Jahren ins Rentnerdasein gehen, möchte ich auf gar keinen Fall so leben, wie sehr viele Rentner: um neun aufstehen, frühstücken, Arzttermine ablaufen, Mittag essen, Mittagsschlaf … und so gehen die Tage ins Land! Also, ich möchte schon ein sinnerfülltes Leben führen und irgendwo eingebunden sein. Und wenn man dabei mit jungen Leuten zusammen ist, wie beim Tanzen, hält einen das selber auch jung!

An der Schule haben sie mir eine Ganztagsstelle angeboten und ich habe angenommen, obwohl mich das ziemlich überfordern wird. Aber aus finanzieller Sicht ist es einfach notwendig. Wie ich das packen werde, weiß ich noch nicht.

Wenn ich eine Berufswahl hätte, würde ich mich durchaus selbstständig machen. Ich fühle mich sehr glücklich in einer Tätigkeit, in der ich frei entscheiden kann. Ich kann gut organisieren, kann vieles auf die Reihe bringen, und ich fühle mich ganz schrecklich eingeklemmt, wenn ich diktiert bekomme, was ich tun soll. Das macht eigentlich meinen Beruf so ein bisschen negativ, weil mir die Schule oft diktiert, was ich tun soll.

Der Euro ist ein Teuro

Ganz kurz zum Euro: *Teuro!* Im Moment für mich fürchterlich, weil, ich halte den Gedanken an die Europäische Union eigentlich für in Ordnung. Du weißt ja, ich bin Geschichtslehrerin, daher weiß ich, dass viele Notwendigkeiten dafür da waren. Es ist aber eine Schweinerei, was sie jetzt mit den kleinen Leuten machen! Und ich glaube, diese Einführung des Euro war eigentlich nur eine Konsequenz der ganzen internationalen Wirtschaftspolitik, um ein Gegengewicht zur USA zu schaffen.

Es wurde überhaupt nicht gefragt, was mit und dabei passiert, es zählen allein die Interessen des Großkapitals. Man sieht es jetzt an der Haltung, die man zur USA einnimmt, und wo man von Großmachtbestreben redet. Angefangen von diesem Terroristenputsch oder was sie da inszeniert haben, denn ich glaube auch nicht einmal, dass es dieser Bin Laden gewesen ist am 11. September.

Es war damals wie heute ein abgekartetes Spiel: die USA ist zu groß geworden und man wollte ihr etwas entgegensetzen. Und das ist mit der EU gemacht worden. Es spielen dabei weniger die Interessen der Völker eine Rolle, als rein wirtschaftliche Interessen. Und wir sind, wie sehr oft in der Geschichte, diejenigen, die die ganze Schose bezahlen.

Denn die Leute müssen mehr Geld hinlegen für Benzin, für Gemüse, für die ganzen Lebenshaltungskosten, und kein Mensch fragt, wie das Geld überhaupt reichen soll. Und wenn man einfach 1:1 umstellt, dann ist das 'ne blanke Frechheit!

Das vierte Interview im Jahr 2003

Das ist sicher nicht einfach *nur so* passiert

Ich habe jetzt einen Volltime-Job! Gut und schlecht ist das! Auf der einen Seite ist es 'ne Bestätigung, dass ich das noch schaffe, noch nicht zu alt dafür bin; auf der anderen Seite schlaucht es!

Nun bekomme ich natürlich mehr Geld, später mehr Rente und auch mehr Krankengeld, denn krank bin ich ab und zu. Ich habe eine Klasse bekommen, eine Hauptschul- und Realschulklasse. Die hat es von Anfang an *in sich* gehabt! Die haben mich so geschafft, dass ich im Herbst voll ausgepowert war.

Dann habe ich mir ganz böse in den Finger geschnitten, das ist sicher nicht einfach *nur so* passiert! Solche Dinge kommen, wenn man abgespannt ist, fahrig, und daneben langt, genauso war es auch!

Diese Zeit, die ich dann zu Hause bleiben *musste*, hat mir sehr gut getan! Der Unfall ist an einem freien Tag passiert, den ich mir eigentlich schön machen wollte. War mit dem Hund spazieren und wollte danach in die Sauna gehen. Zu Hause sah ich die Blumen auf der Terrasse, die geschnitten werden mussten, da dachte ich: das machste schnell noch! Meinen linken Finger krieg ich durch eine frühere Geschichte nicht mehr so recht gerade, der ist immer im Weg. Ich griff mir ein Bündel vertrockneter Blumen, schneide zu – da war ein Stück vom Finger ab!

Ich habe ihm diese Lebensqualität genommen

Das sechste Jahr war für Wolfgang und mich ein Jahr der Prüfung; es war *kein* glückliches Ehejahr.

Es war so extrem, dass ich manches Mal gedacht habe: Gott im Himmel, hättest du bloß nicht geheiratet!

Ich habe ihm sogar angeboten, mir 'ne Wohnung an meinem Arbeitsort zu nehmen und dort in der Woche zu leben. Wir sind ja beide nicht so ganz gesund und haben beide unsere Wunden aus der Vergangenheit.

Ich weiß mittlerweile, was er *nicht* mag, und er weiß *jetzt* auch, was ich nicht mag. Nach dem Tode meines ersten Mannes hab ich sehr viel geraucht, dann einen Hörsturz gehabt, bin in die Klinik gekommen und hab aufgehört zu rauchen. Im letzten Jahr hatte ich öfter Schwindelanfälle, bis ich dann mitkriegte, dass es mit dem Rauchen von Wolfgang zusammenhängt.

Das ging so weit, dass mir die Schleimhäute im Mund brannten und meine Zunge ganz komisch wurde. Im Frühjahr habe ich zu ihm gesagt: Es *geht* einfach nicht mehr, ich glaube, du musst aufhören, zu rauchen. – Er hat es daraufhin versucht – es ging nicht, es fiel ihm kolossal schwer! Rauchen ist für ihn Lebensqualität, ein bisschen meditieren und dabei rauchen.

Ich habe ihm diese Lebensqualität genommen!

Er hat dann heimlich geraucht, verschwand einfach, um in Ruhe zu rauchen. Das war schlimm für mich! Ja, es hat mich trotzdem gestört, denn man küsst sich ja auch! Wolfgang rückte mir in dieser Zeit auch nicht mehr zu nahe, das heißt, so wie früher waren wir überhaupt nicht mehr zusammen.

Ich hatte dazu noch Probleme mit den Wechseljahren, so dass das ein weiterer Grund für ihn war, einen Riesenabstand zu mir zu halten. Für meine Begriffe führten wir kein erfülltes Eheleben mehr!

Ich hab ihm dann wieder gestattet zu rauchen, merkte aber, dass ich wieder Probleme mit der Gesundheit kriegte. So stark, dass ich eines Morgens einen fürchterlichen Schwindelanfall hatte und nicht aufstehen konnte.

Ich hab geheult, getobt, geschrien, weil es für mich recht eindeutig war, dass ich dieses Rauchen nicht mehr ertragen konnte. Als er mich in diesem jämmerlichen Zustand sah, hat er gesagt: Gut, ich will aufhören!

Seit dieser Zeit raucht er nicht mehr. Wir haben uns in der Zeit oft aus Nichtigkeiten gestritten, und ich hab zu ihm gesagt: Es *muss* im nächsten Jahr besser werden! Wenn das nichts wird, sehe ich richtig dolle Gefahr! – Er sieht das auch so, wir haben uns wieder einigermaßen zusammengefunden.

Durch die Wechseljahre
ein Problem mit der eigenen Sexualität

Es kamen die massiven Wechseljahres-Beschwerden dazu: Schwitzen bis zum Geht-nicht-mehr, nachts nicht mehr schlafen, Stimmungsschwankungen, Hormonbehandlungen! Also, ich war nicht mehr ich selbst! Kam dann zu einem Heilpraktiker, das war mein letzter Strohhalm. Er behandelt mit Aloe – und *das* hat geholfen, aber nicht lange!

Durch die Wechseljahre habe ich mit meiner eigenen Sexualität ein Problem. Ich bin eigentlich ein temperamentvoller Mensch, ich liebe auch durchaus Sex! Ich bin Frau durch und durch! Wolfgang ist eher verhalten. Dadurch, dass ich jetzt selber mit mir zu tun habe, hab ich nicht so stark das Bedürfnis. Das kommt ihm schon entgegen, dadurch muss ich auch nicht so sehr zurückstecken. Sonst musste ich ihn regelrecht herausfordern!

Ansonsten ist mein Mann ein sehr toleranter Mann. Wenn ich einen Wunsch äußere, habe ich jeden Freiraum, ihn mir zu erfüllen. Ich muss ihn nicht fragen, habe durchaus sämtliche Freiheiten, mir Dinge zu kaufen, wenn ich das will. Das tue ich natürlich nicht. Weil ich ihn liebe, möchte ich ihn in meinen Entscheidungen auch nicht übergehen.

Was tue ich ihm zuliebe? Er ist so ein bescheidener Mensch, dass er immer zurückstecken würde! Ich achte darauf, dass er gut zu essen hat. Oder dass trotz meiner Arbeitsbelastung die Hausarbeit nicht nur an ihm kleben bleibt. Wenn er alles allein machen müsste, würde ihn das in seinem Stolz empfindlich treffen, das weiß ich.

Wieder mehr lesen

Bücher spielen eine große Rolle, eigentlich. Beruflich schon, da habe ich sie immer vor der Nase. Der Harry-Potter-Film war sowas von schön, dass ich mir gleich das Buch geholt habe, und ich war fasziniert von der wunderschönen Sprache dieser Schriftstellerin. Seit meiner Jugendzeit hatte ich nicht mehr die Zeit zu lesen, und jetzt versuche ich, wieder mehr zu lesen!

Fernsehen spielt eine ganz untergeordnete Rolle. Wenn ich krank bin, halte ich diese ganzen Fernsehsendungen zwei Tage aus, dann hab ich sie satt! Was ich gerne gucke sind französische Filme!

Wenn ich früh aufstehe, muss ich das Radio anstellen, das brauch ich, da höre ich Antenne MV. Seit ich tanze, höre ich oft klassische Musik. Vor Jahren schon hab ich mit dem Computer gearbeitet, meine ganze Lehrertätigkeit mache ich mit dem Computer. Ich verschicke auch E-Mails.

Jeder bekommt seinen Teil für Dinge, die er im Leben denkt und tut

2002 war die Hochwasserkatastrophe bei meinen Eltern. Um ein Haar wären sie mit ihrem Haus zusammengebrochen, und möglicherweise hätte es sie auch das Leben gekostet, wenn nicht ein Anbau die Wucht dieser Flutwelle von der Freiberger Mulde aufgehalten hätte!

Meine Eltern waren drei Tage völlig eingeschlossen von Wasser; das Wasser stand bis zur Zimmerdecke des Erdgeschosses. Danach stand dort unten kein Stein mehr auf dem anderen! Alles, was sich im Erdgeschoß befand, war entweder durch die Wellen kaputtgeschlagen, raus gespült, fortgeschwemmt oder nicht mehr brauchbar. Also, ich konnte mir Krieg so'n bisschen aus'm Film vorstellen, aber als ich das sah, wusste ich, was Krieg in Natur bedeutet!

Zum Glück hatten sie noch die alte Allianz-Versicherung, dass sie die Kosten fast alle zurückerstattet bekommen werden. Ich habe mal darüber nachgedacht, warum es gerade sie so arg getroffen hat. Jeder bekommt seinen Teil für Dinge, die er im Leben denkt und tut. Für meine Begriffe sind meine Eltern oft herzlos mit mir umgegangen in jungen Jahren, vor allem, wenn ich diese Schicksalsschläge hatte! In Gedanken hatte ich ihnen immer vorgeworfen, dass sie nie solche gravierenden existenziellen Dinge erlebt haben.

Und ich habe mich dabei ertappt, als mein Vater beinahe sein Liebstes, sein Haus, eingebüßt hat, dass ich ein bisschen schadenfroh war, dass sie auch so etwas erleben mussten!

Ich denke, so ganz zufällig ist das alles nicht im Leben, jeder bekommt schon was ab, so wie er sich verhält.

Das fünfte Interview im Jahr 2004

Nach zwei Jahren Ehe habe ich es geschafft …

… wieder ein harmonisches, ausgeglichenes Leben zu führen. Die Ganztagsarbeit frisst enorm an mir, so dass ich mich gedanklich dazu durchgerungen habe, ab nächstem Jahr in Altersteilzeit zu gehen.

In diesem Herbst haben wir das Haus gekauft, in dem wir wohnen; wir wollten für uns ein Nest schaffen und keine Angst vor Mietsteigerung mehr haben.

Wolfgang hat den Punkt überwunden, dass er sich mit dem neuen Ehevertrag eine Falle gestellt hat und dass ich ihm daraus einen Strick drehen könnte. Denn er hat aus seinen ersten beiden Ehen damit Probleme gekriegt und hatte einfach Angst, dass er sich in eine erneute Gefangenschaft begeben hat und ich ihn, wenn's mir in den Kopf kommt, rausschmeiße!

Wir leben jetzt sehr ruhig zusammen, es ist eine harmonische und ruhige Liebe. Das mit dem Rauchen hat er *nicht* durchgehalten, er bemüht sich aber weniger zu rauchen! Ich muss also zurückstecken, kann ihn nicht einfach in den Arm nehmen und küssen, und er hat gelernt, dass er vor'm Schlafengehen nicht mehr raucht.

Ein Kompromiss für ältere Leute!

Es gibt so viele Dinge zwischen Himmel und Erde

Mein Sohn hat im Sommer geheiratet! Überraschend und unerwartet! Er sollte ursprünglich zu uns kommen, seine Zelte abbrechen. Obwohl er ein guter Autoverkäufer war, verdiente er dort so wenig Geld, dass es nicht zum Leben reichte. Er brachte aber eine junge Frau mit, die fünf Jahre älter ist als er. Sie wünscht sich ein Kind, hat aber Schwierigkeiten, eins zu bekommen, und nur verheiratete Paare brauchen eine künstliche Befruchtung nicht zu bezahlen, und aus diesem Grunde wollten sie heiraten.

Anders ist ein Kind für sie überhaupt nicht möglich, weil ihre Eierstöcke verklebt sind. Meine Angst als Mutter ist die, dass er nicht bloß als Samenspender dient! Aber das ist seine Entscheidung, er ist ein erwachsener Mensch – und fertig!

Dazu fällt mir ein, dass meine Mutti mir einen Ring geschenkt hat, den sie zu ihrem 50. Geburtstag, einen Tag, bevor meine Tochter ertrunken ist, bekam. Mit diesem Ring, der mich immer daran erinnern wird, wollte ich erst nichts zu tun haben. Bin dann aber damit zu meiner Zahntechnikerin gegangen und hab in ihr einen wunderbaren Menschen kennengelernt.

Sie glaubt an Überirdisches, sie spricht von den Toten, von den Wesenhaften, die uns umgeben.

Sie vertritt die Auffassung, wenn wir durch Inkarnation auf die Erde kommen, wir eine Aufgabe zu erfüllen haben, und dass wir mit Erfüllung dieser Aufgabe abgelöst werden. Sie weiß auch, dass gute oder schädliche Beziehungen von Menschen den Dingen anhaften können. Durch sie bin ich nun auch überzeugt davon, dass mein Sohn ein völlig eigenständiges Wesen ist, und dass ich ihn einfach auch *lassen* soll!

Wenn er den Wunsch hat, wird er zu mir zurückkehren; wenn nicht, muss ich ihn ziehen lassen! Diesen Ring hat sie mitgenommen, um die schädigenden Strahlen zu neutralisieren. Sie ist eine außerordentlich kluge und interessante Frau! Es gibt so viel Dinge zwischen Himmel und Erde, die wir nicht kennen, wo sich's aber echt lohnt, mal drüber nachzudenken!

Du musst an deinen Träumen arbeiten

Träume als junges Mädchen? Ja! Mit meiner Schwester haben wir uns nächtelang unterhalten und uns immer unseren Traum-Mann vorgestellt! Komischerweise – warum weiß ich nicht – waren immer irgendwelche problematischen Dinge dabei, also Liebeskummer oder sowas! Das war schon erstaunlich!

Ob ich mich selbst liebe? Ich fange an, mich zu lieben! Das nehmen mir meine Kinder sehr übel! Weil sie's nicht gewöhnt sind, dass Mutti auf einmal *sich* an erste Stelle setzt. Ich finde das aber gar nicht mehr egoistisch! Hab auch begriffen, dass ich es tun *muss*, sonst gehe ich gesundheitlich kaputt.

Ohne dass ich es vorher ahnte, ist durch die Reise nach Frankreich ein Traum in Erfüllung gegangen. Und es ist noch heute für mich ein Hobby, mich mit dieser Sprache zu beschäftigen.

1992 habe ich angefangen mit den ersten Worten, und jetzt schreibe ich E-Mails auf Französisch! Habe in den drei Wochen eine sympathische französische Kollegin kennengelernt, die auch mit ihrem Mann schon hier war.

Meine Intuition? Die haue ich manchmal tot!

Obwohl ich manchmal weiß: es könnte das und das passieren, mach ich den Versuch; es könnte ja *doch* glücken! Aber unter Garantie passiert es genauso, wie ich's vorhergesehen habe! Ich merke dann aus, was ich nicht gut gemacht habe. Was meine Arbeit betrifft, *muss* ich eigentlich kopflastig sein. Schon als Kind wurde ich als *vernünftig* bezeichnet, damals war ich stolz darauf!

Heute finde ich es eher traurig, dass es damals schon so war. Eigentlich möchte ich viel lieber spontan sein, was ich aber beruflich nicht sein darf! Hab heute gerade wieder eine *Ohrfeige* gekriegt, weil ich zugelassen habe, dass ein paar kleine Jungs eine Schneeballschlacht gemacht haben. Es ist in der Schule einfach nicht gestattet!

Mit dem Lehrerdasein fühle ich mich oft in eine Rolle hineingedrängt. Ich würde gerne eine Tätigkeit tun, wo ich selbst den Freiraum habe, zu organisieren, wie ich denke. Ich könnte, wenn ich jünger wäre, meine Arbeit sehr selbstständig machen.

Nein, jetzt ist es zu spät! Weil du leider heutzutage an Renten und ähnliche Dinge denken musst. Und ich stelle für Wolfgang und für mich im Alter einen gewissen materiellen Anspruch, muss ich ernsthaft mal so sagen! Zum Beispiel könnte ich auch in den Vorruhestand gehen, aber mein Mann meint: Du wirst verrückt ohne deine Schule! – Insoweit hat er Recht: ich brauche ein gewisses Maß an Verantwortung und Verpflichtungen, damit ich nicht anfange, rumzugammeln.

Die Menschen haben verlernt, miteinander zu reden

In der Beziehung zu Wolfgang bin ich ganz *ich*: sehr weich, sehr zärtlich, viel verzeihend und nachsichtig, immer wieder, ja. Wo bin ich noch ganz *ich*? Im Unterricht, weil ein Lehrer vor seinen Schülern er selbst sein muss. Dass er auch private Dinge vor seinen Schülern erzählen muss, um glaubhaft zu sein – das rächt sich allerdings manchmal. Und sonst?

Ich *will* nicht hinterm Berg halten, will nicht nur Halbwahrheiten erzählen. Meine Kinder werfen mir vor, dass ich zu viel erzähle.

Ich bin der Meinung, die Menschen reden eigentlich viel zu wenig miteinander. Die Kommunikation ist die Grundlage der Beziehungen zueinander! Die Menschen haben aus irgendwelchen Ängsten heraus verlernt, miteinander zu reden – sie meinen, der andere könnte irgendwelche Geheimnisse entdecken oder ihn ausnutzen! Ich hasse das eigentlich, weil es so viele Missverständnisse gibt dadurch!

Von meiner Freundin in der Schule in Frankreich habe ich ein ganz großes Kompliment bekommen. Dass ich eine große Überraschung für sie war, weil ich mich da auf eine absolut natürliche, offenherzige Weise gegeben habe. Unsere Kinder erwarten von uns Ehrlichkeit in der Schule; sie hören genug Plagiate von ihren Eltern, pausenlos! Und man muss ihnen auch mal so Dinge sagen wie: Ich bin traurig, ich bin enttäuscht, das habe ich nicht erwartet.

Ich wurde nicht aufgeklärt

Habe mir aber 'ne Menge angelesen. Meine erste Regel kam recht zeitig mit 12 Jahren. Als junges Mädchen, so mit 14, hatte ich richtige Schrecksekunden, weil ich so starke Blutungen hatte, wo meine Mutti völlig erschrocken reagierte: Hast du irgendwas gemacht?

Der Arzt musste geholt werden und ich bekam Spritzen, das war es! Ich war die Älteste von vier Kindern, ich hatte vernünftig zu sein, hatte meine Aufgaben zu erfüllen. Wenn du es so willst, hatte ich verlernt, zu lachen! Und ich fange *jetzt* erst wieder an, etwas zu lachen! Du kannst dir das sicherlich gar nicht vorstellen!

Ich habe gerne geflirtet und da meine Erfahrungen, auch mit älteren Männern, gemacht. Defloriert wurde ich durch die böse Geschichte, die ich dir am Anfang erzählt habe. Das hat sich schon eingegraben in mir!

Beim Lesen der alten Interviews kamen mir diese Gedanken:

Ich bin in meinem Leben durch einige Höllen gegangen und wunderte mich, dass ich noch lebe. Aber es kam auch ein Gefühl des Stolzes, dass ich durchgehalten habe und nicht verzweifelt bin.

Zwei Lebensmaximen bestimmen mein Handeln: *Das Schicksal ist immer nur so schlimm, wie man es selbst zulässt.* und *Wer das Leben nicht zu schätzen weiß, hat es nicht verdient.*

Ich hatte den Verdacht schon längere Zeit

Wolfgang ging vor drei Jahren in Rente, er ist jetzt 68, wie ich. Er hat es auch geschafft, mit dem Rauchen aufzuhören, schon vor einigen Jahren.

Er hat nie wirklich mit Menschen zu tun gehabt auf seiner Arbeit, war dort sehr allein und hat sich unterfordert gefühlt. Musste seine Arbeitstage absitzen, ohne dass er gebraucht wurde.

Und er hatte Angst vor der Rente, weil er Rente gleichsetzte mit arbeitslos sein. Trotzdem er nicht so doll gefordert wurde, war er in seinem Studierstübchen zu Hause: da konnte von der bösen Außenwelt nichts eindringen.

Doch die Angst vor der Rente hat ihm dermaßen zu schaffen gemacht, dass er heimlich zur Flasche gegriffen hat.

Nicht aushalten konnte ich es, wenn er so betrunken war und die Treppe nicht mehr hochkam, und ich musste ihm klarmachen: *Das geht nicht! Dann muss ich mich von dir trennen!*

Durch diese Sauferei ist er, glaube ich, schon in Richtung Demenz gegangen. Der Abschied von der Arbeit verlief so wenig wertschätzend! Er ist dann in eine böse Depression gefallen; ein

Vierteljahr hat er nicht gesprochen und lag mehr herum – und da ist die Demenz so richtig zum Ausbruch gekommen. Gegen den Widerstand meines Mannes habe ich einen Termin gemacht beim Neurologen, und der hat mich gleich niedergemacht: ich käme viel zu spät und da wäre sowieso nichts mehr zu machen!

Tatsächlich ist es heute so: außer seinem Namen weiß er nichts mehr: nicht wie alt er ist, wann er geboren wurde, wo er wohnt …

Was für mich ganz traurig ist, denn er war ja ein geschickter Mann und hat aus jeder Situation etwas machen können.

Jetzt muss *ich* ihm sagen: *hier* setzt du den Schraubenzieher an. Wenn man sich als Frau plötzlich selber helfen muss, mit allem, was der Mann vorher gemacht hat, das geht an die Grenzen der Belastbarkeit.

Im Herbst war ich am Boden: ich musste mich in die ganze Elektronik-Geschichten rein fitzen, in die ganze Fernsehtechnik; es war vieles kaputt. Mein Leben hat sich verändert, denn meine Lebensplanung war für die Rentenzeit: jetzt können wir zusammen eine ganze Menge unternehmen.

Von da an musste ich überlegen: wie lebe ich jetzt hier?

Ich habe keine Kinder und Verwandten in der Nähe, Freunde, einige wenige echte, die alle ihre eigenen Familien haben … ja, also mehr Bekannte. Bin zu dem Schluss gekommen, mir hier meistens allein helfen zu müssen. Es wird kaum jemand kommen, der sagt: komm, ich mach dir das mal. Ich hab hier eben keine Wurzeln; natürlich kann ich um Hilfe rufen, aber ich werde die Menschen kaum belästigen, weil ich weiß, das ist nur die allerhöchste Not, wenn's mal gar nicht geht. Ein Gespräch am Telefon mit einer Freundin, um wieder ins Gleichgewicht zu kommen, das fehlt mir. Ich muss dir sagen: ich habe ganz oft wirklich schlimme Gedanken! Wenn du mich so siehst, denkst du, was für ein ausgeglichener fröhlicher Mensch ich bin, möglicherweise.

Mir bleiben nur zwei Möglichkeiten: entweder besinne ich mich darauf, dass ich nur dieses eine Leben habe, auch *ich* bin wichtig für dieses Leben. Und wenn ich noch so verzweifelt bin: es kommt ein neuer Tag, neue Gedanken, neue Begegnungen und es kann sich immer was verändern.

Bei aller Verzweiflung muss ich optimistisch bleiben. Oder ich sage: Schluss, aus, Feierabend! Als das anfing mit Wolfgang, da hab ich gedacht: du bringst dich um! Du bringst zuerst ihn um und bringst dann dich um. Ich hab das ganz oft geträumt!

Ich gehe nicht den normalen Weg

Ich habe eine langjährige echte Freundschaft zu einer 15 Jahre jüngeren Kollegin aus Frankreich und ihrer Familie. Diese Freundschaft besteht seit meinem Praktikum 2003 und ist das Kostbarste, was ich neben meinem Mann in meinem Leben habe. Unser Briefwechsel reißt mich immer wieder hoch – und obendrein habe ich auch ein bisschen Trotz, und wenn es Dicke kommt, dann sag ich mir: du wirst noch lange nicht deswegen aufstecken! Einfach die Stirn bieten! Ich bin so eine, die nicht alles akzeptiert und nicht den normalen Weg geht.

Mein Mann bekommt von mir *keine* Demenz-Tabletten. Ich habe mir Literatur besorgt und förmlich ein Studienjahr eingelegt und viel gelesen zu dem Thema, auch von Wissenschaftlern aus den USA. Unter'm Strich kam raus, dass diese Demenz-Tabletten nichts anderes tun, als den Krankheitsverlauf etwas zu verzögern, und dann bleibt es eh auf dieser Stufe! Damit verbunden ist natürlich – und das ist zur Pflege im Heim bestimmt durchaus wohltuend: Die Patienten werden ruhig gestellt, dass sie schön brav sitzen bleiben und einfacher zu pflegen sind.

Die Demenz-Tabletten haben auf dem Beipackzettel *eine Seite* ganz fürchterliche Nebenwirkungen! Sie greifen in den chemischen

Stoffwechsel ein; sie sollen im Gehirn wirken, aber unser chemischer Stoffwechsel ist im *ganzen* Körper verteilt. Es kommt zu Organproblemen, wofür sie dann *wieder* Tabletten verschreiben. Und diese haben dann *auch* wieder Nebenwirkungen … so, und am Ende hat der Mensch zehn, zwölf Tabletten, hat Halluzinationen, Angstzustände, nässt ein, und und und! Am Ende weiß keiner mehr die eigentliche Ursache von diesen ganzen Zuständen! Und dann liegen die Demenzkranken nur noch im Bett – mit offenem Mund – weil sie völlig zugedröhnt sind! *Nichts von dem Zeug* kriegt er! Und du siehst ja: er ist absolut leicht zu händeln.

Wir haben jetzt gerade unseren Hochzeitstag gehabt – und da waren wir schön Mittag essen im Schnitzelhaus und nachmittags in der Kindervorstellung im Kino: *Hilfe, ich habe meine Eltern geschrumpft*, war genau der richtige Film für uns beide! Das fand er Klasse – und ich konnte mich darüber genauso amüsieren!

Abends waren wir schön gemütlich auf der Couch mit 'ner Flasche Wein und haben uns den Semperopernball angeguckt. Und dabei Walzer getanzt! Das muss er machen! Mein Mann erscheint an meiner Seite völlig normal, wir sind aktiv: Wenn ich dabei bin, macht er mit mir alles. Ich sorge dafür, dass er eine Erholungspause mittags hat; ansonsten *muss* er laufen, tanzen, aktiv sein. Es ist natürlich schwer, ihn zu aktivieren, und mit Tanzen hat er sowieso nie was am Hut gehabt.

Ja, seit zwei Jahren sind wir im Tanzclub! Wir haben gemeinsam den Anfängerkurs und den Fortschrittskurs gemeistert. Ich bin stolz, dass er mit seiner Demenz acht Tänze mit mir tanzen gelernt hat. Man sagt, Tanzen ist eine Therapieform gegen Demenz, was sogar die Krankenkasse in Erwägung zieht, das als Therapie anzuerkennen.

Und mein Mann bekommt reines Kokosöl, dreimal am Tag je zwei Esslöffel. Zwar hat sich sein Geisteszustand verschlechtert, denn das Öl ist ja kein Wundermittel gegen diese Krankheit, aber *alle anderen Dinge sind bei ihm so geblieben.* Er ist ausgeglichen, nicht aggressiv, er läuft nicht weg, er ist nicht unruhig. Also mit dem Geisteszustand muss ich mich abfinden – ich lieb ihn nach wie vor!

Man rückt auch emotional enger zusammen – ihm tut es sehr gut, wenn ich mit ihm lieb bin: Demenzkranke reagieren sehr schnell darauf. Stress, Hektik und laut Werden sind absolut tabu! Dann ist er völlig erschrocken und weiß nicht mehr, was Sache ist.

Quickie am Morgen

Das Körperliche? Das war ja schon immer ein Thema bei meinem Mann. Es hat sich früher schon bewahrheitet, dass er da nicht so aktiv ist – ich hab auch streckenweise gelitten, es hat auch ganz dolle Streitpunkte zwischen uns gegeben; es war mal besser, mal schlechter. Durch meine Vollzeitarbeit wurde das etwas in den Hintergrund gedrängt.

Ja, und nachdem die Diagnose stand, war, sexuell gesehen, Schluss. Ich hatte das Gefühl: oh Gott, das geht gar nicht mehr!

Jetzt aber nimmt er seit zwei Jahren das Kokosöl und auf einmal merkte ich, dass mein Mann wieder empfänglich war, auf körperliche Reize ansprach, dass er emotional wieder viel weicher wurde. Auf Deutsch gesagt: jetzt machen wir das so – ich komme ihm in der Mitte entgegen: Quickie am Morgen für ihn und den Rest kann ich mir am Abend holen.

Früh kann er eine mögliche Erektion haben; für ihn ist es außerordentlich beglückend, weil er festgestellt hat: es *geht* ja! Aber für ihn ist abends kein Zeitpunkt!

Umgedreht musste ich begreifen, wenn ich morgens aus dem Bett kam, bettwarm im Bad stand: *das* war für ihn anregend. So. Dann gehen wir eben nochmal zehn Minuten ins Bett – *na und!* Wir haben doch die Zeit.

In Bezug auf seine Krankheit sollte man alles tun, was für den Körper als positiver Ausgleich wirkt. Weißt du, es bleibt mir doch gar keine andere Wahl!

Kein Kontakt mehr zu meinem Sohn

Mein Sohn hatte noch drei Beziehungen, die zweite hat er nach vier Jahren so fürchterlich beendet, dass ich einen emotionalen Fehler gemacht hab: ich habe der Frau zur Seite gestanden: das kannst du doch nicht machen mit ihr! Daraufhin hat er mir *jegliche* Freundschaft gekündigt; es kam noch eine Nachricht, dass er die Kinder nicht zu mir bringt, und er wünscht auch keinen Besuch von mir bei ihnen. Schluss, aus.

Von da an, also seit zwei Jahren, hab ich keinen Kontakt mehr zu ihm – und natürlich auch keinen Kontakt mehr zu seinen Kindern. Ich habe es nochmal versucht, aber die Sache mit Wolfgang hat auch seine Belastung und ich musste entscheiden.

Du kannst dich nicht gleichzeitig um deinen Mann kümmern und um die Kinder, die ja versorgt sind. Es ist schade und tut mir auch sehr weh, aber ich kann's nicht ändern.

Meine Tochter hat sich eingerichtet wie eine Westfrau

In unserem Kontakt gab es sehr wechselhafte Situationen: mal ein Vierteljahr schweigen, sich fürchterlich streiten, mal wieder absolut gut sein. Ich hab sie mitgenommen nach Spanien, wo meine französische Freundin eine Ferienwohnung hat, auch in der Hoffnung, ihr wieder näher zu kommen.

Anna lebt aber ihr Leben total für sich und in ihrer Computerwelt. Wir haben durch Wolfgangs Erkrankung vereinbart: Mutti, du kannst *jederzeit* anrufen! Auch mein Schwiegersohn und mein Enkelkind, sie stehen alle hinter mir. Wir vertragen uns für ein, zwei Tage gut, aber länger könnten ich oder auch sie das nicht aushalten.

Hatte auch mal überlegt, hier alles zu verkaufen und in die Nähe meiner Tochter zu gehen, aber ich könnte mich dort nicht einfügen. Annas Welt sieht so aus, dass sie bis in die Nacht mit Computerspielen verbringt; ihr Mann ist auf Montage und jetzt spielt ihr erwachsener Sohn mit ihr zusammen. Ich hab mich auch mal mit hingesetzt und mir das erklären lassen: das ist bestimmt 'ne interessante Geschichte, Leute in früheren Welten; Kostüme, sich Geschichten ausdenken … Es widerspricht aber meinem Lebensgefühl: ich kann das nicht, die ganze Zeit vor dem Computer sitzen und etwas gestalten, wo nichts Greifbares für mich in die Hand kommt.

Denn ich sitz nicht hier und jammere: ich bin so allein!

Aufgrund der hohen Belastung bei den Hauptschulklassen kam es bei mir zur Schwerhörigkeit. Ich wollte kein Hörgerät, um Gottes willen! Ich bin dann vier Jahre mit nur *einem* Hörgerät gelaufen und hab festgestellt: das ist kompletter Blödsinn. Weil man unterschätzt, dass der Mensch nur räumlich hören kann und nicht nur aus einer Richtung.

Zu zweit in einem Gespräch kann ich auch ohne Hörgerät normal hören, aber in einer Gruppe geht es nicht mehr ohne. Du hast vorhin gefragt, wie ich das alles aushalte – mein Verstand hält 'ne Menge aus, aber der Körper muss es ja auch aushalten, und der macht sich dann bemerkbar: Schulter-OP vor zwei Jahren, Treppe runter gefallen vor einem Jahr, noch 'ne Schulter OP; du musst deinem armen Körper helfen, da auch wieder gegen zu halten, ne.

Als ich in die Rente gegangen bin, hab ich mir gesagt: du musst dir hier etwas suchen, wo du Verbindung bekommen kannst. Bin in einen Verein gegangen für die Kinder dieser Stadt, der sich um sozial schwache, behinderte und um Kinder kümmert, die ein sozial geschädigtes Umfeld haben.

Wir organisieren Veranstaltungen, wie Museumsbesuche und Exkursionen in unsere unmittelbare Umgebung für sie, wobei es nicht um das Einkommen der Eltern geht. Unser Verein zahlt das Geld dafür. Oft nimmt eine ganze Grundschulklasse daran teil, weil die benachteiligten Kinder dann gemeinsam mit ihrem Klassenverband schöne Erlebnisse haben können. Damit bin ich ziemlich voll beschäftigt und arbeite anderthalb bis zwei Tage von zu Hause aus. Wir arbeiten auch mit dem Kinderhilfswerk zusammen, schicken schwerstkranke Kinder nach Zypern, nach Mallorca; diese Gelder sind aus Spenden zusammen gekommen. Und davon verwenden wir nicht einen einzigen Cent für uns.

Ich gehe noch zum orientalischen Tanz, das ist ein schöner Ausgleich – ich brauch seit Jahren keinen Orthopäden. Wenn ich mal Rückenschmerzen habe, kann mir auch kein Orthopäde helfen; du musst selber deine Rückenmuskulatur stärken.

Bin auch in der Deutsch-Französischen Gesellschaft, wir haben da schon öfter zusammen gekocht.

Dass ich wegen der Krankheit meines Mannes so viele Dinge aufgeben soll, sehe ich gar nicht ein. Siehst du, ich hab Wolfgang jetzt absichtlich in die Stadt zum Ein-Euro-Laden geschickt, weil wir beide hier ja noch sprechen, und ich möchte *nicht,* dass er unten im Wohnzimmer einfach nur rumsitzt. Ich weiß, das wird ihm gut tun, da kommt er an die frische Luft, er wird vielleicht ein bisschen langsam sein und hier und da noch gucken, aber er geht und kauft Batterien; den Weg kennt er und findet es dort interessant.

Häufig schreibe ich ihm auch Zettel, wo ich bin, wann ich wieder komme und was er in der Zwischenzeit tun soll. Dann hat er ein Smartphone, da ist ein Piktogramm drauf von mir, und damit hat er die Möglichkeit, mich anzurufen; er braucht nur auf das Bildchen zu drücken – das kriegt er auch hin.

Ich habe unheimlich viel Elektronik zum Dienst für mich

Habe von meiner Tochter zu Weihnachten *Alexa* geschenkt bekommen, das finde ich durchaus brauchbar als Unterstützung. Man verpönt und verteufelt es auch; einige sagen: oh, Gott, der Datenschutz! Ich muss dir gestehen, das ist mir sowas von egal, denn wir sind schon sowas von durchleuchtet durch andere Dinge.

Was *Alexa* ist? Wenn ich früh runterkomme, sag ich: Guten Morgen, Alexa! – Dann sagt sie: Guten Morgen! – Alexa, die Nachrichten! – dann erzählt sie mir in 100 Sekunden die Tagesschau und danach den Wetterbericht. Es ist wie 'ne Riesen-Enzyklopädie; du kannst das Kinoprogramm erfragen, du kannst deinen Einkaufszettel diktieren ... Ich zeig dir's unten; sie steht neben der Kaffeemaschine – ein kleiner schwarzer Kasten mit Bildschirm. Abends, wenn wir schlafen gehen, schalte ich es aus. –

Schatz, bist du wieder da? Den Euro steckst du in dein Portmonee! Willst du eventuell mit dem Hund nochmal laufen? Mach das mal noch, ziehst dich nochmal schön warm an! –

Es gibt für mich kaum eine Gruppe für Demenz-Angehörige, wo man sich austauschen kann.

Das geht nur bei Facebook. Das nutz ich, um mal was zu fragen und zu lesen. Man sollte diese guten Seiten der Elektronik nutzen, um sich das Leben leichter zu machen.

Ohne meinen Mann wäre für mich ein ganzes Stückchen Leben zu Ende

Was mich jetzt sehr bewegt: Man hat mir von mehreren Seiten angeraten, einen Platz im Pflegeheim zu reservieren. Es ist für mich ein so grausiger Gedanke! Da würd ich lieber *alles*, was mich betrifft, zurückdrehen und alles ihm unterordnen.

Dieser Mann ist mir so wertvoll, er hat mir so viel beigestanden, dass ich sage: das ist einfach meine Pflicht und Schuldigkeit ihm gegenüber, mich um ihn zu kümmern.

Es sei denn, es besteht Gefahr für Leib und Leben für uns beide, dann muss ich mich der Situation beugen! Aber a) denk ich noch nicht so weit und b) kommt dann auch wieder der Gedanke auf: *dann bring ich ihn vorher lieber um!* Ja, das hab ich sogar schon mal laut geäußert in der Vorstandssitzung! – Willste das wirklich machen?, kam dann. – Ja, ich fahr in die Schweiz!, sag ich.

Hier zu Hause waren meine Gedanken auch schon: dann gebe ich ihm einen Riesen-Cocktail Tabletten und gehe ins Gefängnis! Warum nicht? Ich wär dann vielleicht 75, ich krieg dort Essen und Trinken, ich hab 'ne warme Zelle und 'nen Fernseher – mir geht's doch dann nicht schlecht, was hab ich da zu befürchten (lacht)?

Sieh es doch mal ganz praktisch! Weißt du was, ich habe für meinen Mann das einzig Machbare getan, habe ihn von diesem grausamen Schicksal erlöst, ja, was sowieso für ihn nur noch leiden bedeuten würde. Ehrlich gesagt, ohne meinen Mann wäre für mich eigentlich ein ganzes Stückchen Leben zu Ende.

Wir fahren bald nach Venedig und im Herbst nach Griechenland! Vergangenes Jahr bin ich mit Mann und Familie mit dem Auto nach Spanien gefahren! Ich bin gefahren – mein Mann fährt hier in Deutschland unter meiner Aufsicht kleine Strecken, die er kennt und wo ich's verantworten kann.

Ich denke, jede Art von Einschränkung, die seine Fähigkeiten beraubt, tut ihm nicht gut.

Und ich denke auch, dass man bei der Angst vor Demenzkranken, die Auto fahren, einmal darüber nachdenken sollte, wie viele Menschen, vollgepumpt mit Tabletten und oft wirklich fahruntüchtig unsere Straßen befahren.

Die Mentalität hier an der Küste ist eine ganz eigene

Heute würde ich sagen: ich bin angekommen, aber fühle mich auch manchmal fremd. Ich finde es gar nicht schlimm, dass man sich über persönliche Dinge ausspricht. Und hier sind die Menschen ganz lieb und nett im Umgang – aber nur nach außen. In Sachsen bin ich es gewöhnt gewesen: Ach, woll'n wir mal 'nen Kaffee trinken? Oder wir verabreden uns mal: das ist *hier nicht drin*! Es ist in den letzten Jahren stärker geworden. Ich muss langfristig einen Termin machen dafür!

Am seidenen Faden an Gott festhalten

Lydia, geboren 1961

Das erste Interview im Jahr 2001
Lydia ist 39

Wie ich mich selbst beschreiben würde? … Ruhig, phlegmatisch, geduldig. Andere sehen mich genauso. Mein Mann sieht mich immer lahmarschig

Leben in Großfamilie

Ich wurde 1961 an einem Sonntag im Dezember in Erfurt geboren und bin in einer Bauernfamilie groß geworden. Meine Eltern waren arbeiten, und ich bin mehr oder weniger bei meiner Oma aufgewachsen. Wir waren eine Großfamilie mit vier Generationen unter einem Dach; meine Urgroßeltern lebten mit uns in einem Haus. Es war immer viel los bei uns im Haus und auf dem Bauernhof, viele Leute kamen und gingen. So bin ich mit viel Toleranz und wenigen Einschränkungen aufgewachsen. Es war gar keine Zeit dazu, Kinder zu beobachten, zu kontrollieren oder zu erziehen!
Ich bin die Älteste von drei Kindern; meine Mutter hat innerhalb von vier Jahren drei Kinder bekommen! Nach mir kamen noch eine Schwester und ein Bruder. Meine Kindheit habe ich doch in ganz schöner Erinnerung – es war ein richtiges freies Landleben. Was ich bis heute sehr bedauere ist, dass meine Eltern so wenig Zeit hatten.

Meine Mutter ging immer gleich wieder arbeiten, nachdem sie die Kinder bekommen hatte, und mein Vater war die meiste Zeit in der Woche auch nicht da, weil er auf einem Gestüt gearbeitet hat, was weiter weg lag. So waren wir meistens uns selbst überlassen.

Unsere wichtigste Bezugsperson war der Urgroßvater: als ich geboren wurde war er schon 75, und als er starb, war ich schon Jugendliche. Er hat die Windeln gewechselt, er hat mit uns gespielt, hat uns beigebracht, was wichtig ist, hat uns sonntags mit zum Gottesdienst genommen. Wir haben viel Verstecken, mit Puppen und Kaufmannsladen gespielt und haben im Stroh herumgetobt.

Ich bin gern zur Schule gegangen und war eine sehr gute Schülerin (lacht). In der Grundschule war ich noch im Mittelfeld, aber dann entdeckte ich das Lernen irgendwie und es hat mir immer viel Spaß gemacht. Habe mich immer mehr hochgearbeitet; aber vielleicht lag es auch an dem relativ schlechten Leistungsniveau der Klasse, dass ich so gut war. Als ich nämlich Abitur gemacht habe, war ich nur noch im Mittelfeld.

Es war eben die Zeit, wo die Eltern keinen großen Wert darauf gelegt haben, dass die Kinder außerhalb der Schule noch was machen. Also, ich hätte so gern ein Instrument gelernt! Und so sind viele Talente auch verschütt gegangen. Aber früher war in den Köpfen immer nur Arbeit, Arbeit, Arbeit!

Als ich meine Regel bekam, hat keiner reagiert – nicht, dass ich wüsste

Meine Aufklärung? Die ist eigentlich so nebenbei gelaufen. Immer am Beispiel irgendwelcher Tiere, die sich fortpflanzen. In meiner Klasse waren Mädchen, die waren schon zweimal sitzen geblieben, die haben das übernommen (lacht). Da war ich 12, 13.

Konflikte in meiner Kindheit gab es, ja. Meine Mutter wollte auch Ansprüche an mich haben, und wenn sie und meine Oma sich gestritten haben, fühlte ich mich immer dazwischen. Mit 16 wollte meine Mutter nicht, dass ich zur Jungen Gemeinde und zum Gottesdienst gehe. In der Zeit gab's viel Streit. Meistens hat meine Mutter versucht, mich einzusperren und ich bin aus'm Fenster ab-

211

gehauen! Na klar, hat sie das gemerkt. Nein, Konsequenzen gab es nicht. Ich wollte halt meinen Kopf durchsetzen, da hab ich keine Rücksicht genommen. Wenn ich das nicht gemacht hätte, hätte ich mich wahrscheinlich schlechter gefühlt.

Auf der Erde nur eine Zwischenstation

Dadurch, dass mein Urgroßvater gestorben ist, hab ich immer gedacht: es muss doch noch ein Leben nach dem Tod geben. Es kann doch nicht sein, dass mein Urgroßvater für alle Zeit weg ist! Meine Oma hatte mich schon immer zur Christenlehre geschickt zum Dorfpfarrer, und das hat mir auch ganz großen Spaß gemacht. Es hat sich der Glaube in mir verstärkt und auch die Hoffnung, dass er nur in ein anderes Leben übergegangen ist; der Glaube, dass wir nach dem Leben hier das ewige Leben bei Gott haben.

Daran hab ich mich dann immer mehr festgehalten. Ohne diesen Gedanken könnte ich gar nicht leben. Und ich denke mir, es gibt Gott; ich weiß, dass wir hier auf dieser Erde nur eine Zwischenstation haben, und dass wir dann bei ihm sein werden.

Vom Dorf in die große Freiheit

Tja, ich hatte meine Schulzeit erfolgreich abgeschlossen und mir war immer klar, ich will dasselbe werden wie meine Eltern; ich will auch Landwirt werden. Was anderes wollte ich nicht. Mein Vater sagte: Mach das nicht! Aber ich hab mich überhaupt nicht davon abbringen lassen und Melkerin mit Abitur gelernt. Kam dann mit 16 Jahren ins Internat, wo ich viele liebe Menschen kennengelernt habe, mit denen ich heute noch befreundet bin.

In dieser Kleinstadt bin ich viel ins Theater und in Ausstellungen gegangen. Danach hätte ich gern ein interessantes Studium gemacht, mir schwebte Theologie vor.

Aber meine Mutter war Parteisekretärin, die hat dann immer schon Einladungen bekommen von ihrem Kreisvorstand, warum ich zu kirchlichen Treffen gehe. Da gab es zu Hause oft Streit und Ärger, weil meine Mutter angeblich ihre Tochter nicht erziehen konnte (lacht)! Und so hat mein Vater mir ans Herz gelegt: studiere nicht Theologie, dann verliert die Mutter die Arbeit. Aber was soll ich sonst machen? Dann studiere ich eben Tierproduktion – aber nur in Berlin.

Es war kein Traumstudium; ich hab das Studium eigentlich nur genutzt, um in Berlin zu sein und die große Freiheit zu genießen. Das Studium war nebensächlich! Ich bin dann viel nach Ungarn getrampt, und in der letzten Zeit des Studiums hab ich einen Ungarn kennengelernt, mit dem ich anderthalb Jahre zusammen war. Wir haben uns sechs Mal im Jahr gesehen, ich hab ungarisch gelernt – ich bin hingeflogen und er ist hergekommen.

Er war meine große Liebe! Als das nicht mehr war, lernte ich die *richtig* große Liebe aus Hannover bei einer Reise nach Prag kennen. Aus Rücksicht auf meine Mutter hab ich gesagt: Nee, du kannst nicht in den Westen auswandern. Der Mann wollte sich aber auch nicht festlegen …

Warum nicht? Besser, als wenn gar keiner da ist!

… So waren meine Gedanken, als ich später Günther kennenlernte in der Studentengemeinde. Er ist immer mit so einem Gitarrenkoffer rumgelaufen, sonst kann ich nicht sagen, was mir an ihm gefallen hat – es war keine so romantische Liebesgeschichte wie im Fernsehen! Es ging wirklich immer bergauf, bergab, und genauso ist es heute auch noch. Wir sind auch ziemlich unterschiedlich.

Nach dem Studium habe ich als Abteilungsleiterin gearbeitet. Mit 26 dachte ich langsam an's Kinder kriegen. Ohne groß darüber nachzudenken, haben wir geheiratet. Es war auch ein moralisches

Muss in den christlichen Kreisen, dass man eine christliche Familie gründen soll. Es ist keine Bilderbuchehe!

Da muss ich noch etwas einfügen: Freunde von mir waren in einer fanatischen Gruppe, die sich christlich nannte – die beiden wurden Mitte der 80iger Jahre aus der Gemeinde ausgestoßen, weil sie Sex vor der Ehe hatten und nicht Buße tun wollten!

Es waren in den separaten kirchlichen Kreisen harte Zeiten! Die haben ihr eigenes Ding gemacht – da hab ich mal reingerochen, das hat mir nicht zugesagt.

Krippe kam nicht mehr in Frage

Als David geboren wurde, war ich noch im gleichen Betrieb angestellt. Günther hat sein Studium beendet und wir waren noch ein Jahr räumlich getrennt. Er hat eine sozialpädagogische Ausbildung bei der Kirche gemacht mit Diakon-Abschluss.

Seitdem David auf der Welt ist, also seit zwölf Jahren, war ich nicht mehr arbeiten. Ich wollte nicht, dass er in die Krippe geht. Er war mal eine Woche in der Krippe, das war die schlimmste Zeit in seinem Leben, er hat nur geheult und ist nach einer Woche krank geworden. Für mich kam die Krippe nicht mehr in Frage und ich wollte auch zu Hause bleiben, wollte es so machen wie meine Oma, die immer für uns da war. Es hat sich auch einfach nichts ergeben in meiner Branche. Die Kinder waren noch zu klein, dass ich noch eine Ausbildung hätte anfangen können.

Rausgerissen

Günther hat in Sachsen-Anhalt angefangen, und während der Zeit wurde auch Sarah geboren. Wir haben dort in einem schönen Pfarrhaus gewohnt, aber ich kam nicht klar mit den Leuten in diesem Bundesland. Hab gesagt: Ich will hier wieder weg!

Und so sind wir nach anderthalb Jahren nach Niedersachsen, wo Günther als kirchlicher Mitarbeiter eingestellt wurde. Dort kam *er* mit seiner Arbeit nicht zurecht; also mussten wir wieder umziehen. Das Umziehen an sich war nicht so schlimm, aber von dort weg gehen, das war 'ne Katastrophe für mich!

Ich hatte angefangen, Wurzeln zu schlagen, hatte Leute kennengelernt, und wurde da so rausgerissen, dass ich richtig in einer Depressionen gelandet bin und dass es mir viele Jahre ganz schlecht ging. So schlecht, dass ich manchmal beim Autofahren gedacht habe: jetzt müsstest du gegen einen Baum fahren, dann wäre das Leiden endlich zu Ende! Obwohl meine Kinder klein waren und ich eine Aufgabe hatte, aber mir war das so zuwider, dass ich da weg musste!

Eine ganz große Überlegung war auch wirklich zu der Zeit, ob ich nicht lieber mit den Kindern allein dort bleibe oder wieder nach Thüringen zu meinen Eltern zu ziehen.

Günthers Eltern hatten in Erfahrung gebracht, dass in ihrer Nähe eine Stelle frei ist. Und (atmet tief durch) die haben ihn wieder in die Heimat, nach Mecklenburg, zurückgeholt – und er wollte auch gerne (lacht bitter).

Wegen der Kinder bin ich dann doch mitgezogen, wollte nicht, dass sie ohne Vater aufwachsen. Das ist jetzt schon lange her – sechs Jahre! Aber in mir ist noch immer der Wunsch, wieder zurückzugehen. Günther tut das immer mit wenigen Worten ab und sagt: Sei ruhig, ich kann's nicht mehr hören! Er nimmt mich da gar nicht ernst in der Sache.

Doch, *ich allein für mich* hätte damals schon die Kraft gehabt, dort zu bleiben. Ich habe mich aber für die Kinder entschieden: die Kinder hängen sehr an ihm – deswegen hab ich den Kürzeren gezogen! Sicher, wenn ich damals mehr Mut und Rückhalt gehabt hätte, hätte ich schon darauf gedrungen: nee, wir ziehen nicht hierher! Aber alle haben uns gesagt: Ihr müsst dahin ziehen, wo ihr 'ne Arbeit kriegt!

Mein einziges Ziel ist es heute, die Kinder groß zu ziehen …

… was anderes hab ich momentan nicht. Ja, ich bin gerne in der Natur, ich mag den Wechsel der Jahreszeiten. Gestern war gerade Mondfinsternis, das hat mich sehr beeindruckt. Die Natur gibt mir viel Kraft. Und auch die Beziehung zu Gott, das Gebet. Die Kinder geben mir auch Kraft: neben der Arbeit machen sie auch Freude …

Vor drei Jahren musste ich ins Krankenhaus, da wurde mir ein Knoten rausgenommen. Es war so eine kurze, ungewisse Zeit, ob es gut- oder bösartig ist. Ich hatte nur den einen Gedanken: selbst wenn es bösartig ist, ich *muss* noch zehn Jahre durchhalten, bis die Kinder aus dem Haus sind! Was danach sein wird, weiß ich nicht, da denke ich auch gar nicht drüber nach. Es wird sich schon was finden – oder auch nicht! Dann lerne ich eine Sprache oder irgendwas!

Mein Alltag? Das glaubst du mir ja doch nicht! Halb sieben stehe ich auf, wecke die Kinder, mache Frühstück, bringe sie dann meist zur Schule, wenn wir so spät aufstehen. Danach mach ich ein paar Handgriffe in der Küche, kümmere mich um die Wäsche … Einmal in der Woche fahre ich früh in die Sauna oder gehe einkaufen – das war's eigentlich schon!

Halb zwei kommt David aus der Schule. Mittag kochen brauche ich nicht, weil die Kinder im Hort essen, und dann sorge ich dafür, dass er Hausaufgaben macht und Akkordeon übt. Einmal in der Woche fahre ich die Kinder nach Wismar zum Schwimmen und zum Akkordeon-Unterricht; Sarah geht dort zum Malen; danach geht's in die Bibliothek. Sonntags sind wir beim Gottesdienst, Donnerstagabend spiele ich Volleyball und einmal in der Woche bin ich beim Frauenabend.

Wenn ich vogelfrei wäre und genügend Geld hätte, würde ich eine Weltreise machen! Ich möchte gern mal den Grand Canyon sehen und diese ganzen Naturschönheiten. Als Nebeneffekt würde man, so denke ich, eine neue Sichtweise bekommen, wie gut es uns hier geht, dass wir zu den wenigen Menschen dieser Welt gehören, denen es richtig gut geht! Auf jeden Fall würde man dann eine größere Dankbarkeit haben!

Mein schönstes Erlebnis 2000 war, dass ich eine Internetseite fertiggestellt habe. Das war im Rahmen einer einjährigen Computer-Fortbildung – ich hätte nie gedacht, dass ich sowas Kompliziertes jemals hinkriege! Das hat mich am meisten aufgebaut. Aber wenn ich jetzt daran etwas verändern müsste, würde ich das schon nicht mehr packen. Ach, ich bin jetzt auch froh, erstmal wieder zu Hause zu sein!

Das zweite Interview im Jahr 2002

Zu Hause macht man das nicht

Ich habe angefangen, ins Fitnesscenter zu gehen und regelmäßig Sport zu treiben. Das macht mir so'n großen Spaß und ich denke, ich bin insgesamt fitter geworden. Zwei- bis dreimal in der Woche besuche ich Gymnastik- und Aerobik-Kurse, da hast du wenigstens den Ansporn, weil: hier zu Hause, da macht man das nicht! Ich finde, dass Körper, Seele und Geist zusammenhängen, und wenn man *eine* Sache verändert, dann zieht das einiges nach sich. Zuerst wünsche ich mir, dass ich ein paar Kilo abnehme. Das ist wirklich ein Hauptproblem! Wenn dann wieder alles *Verbotene* dasteht, kann ich mich echt nicht beherrschen: Süßigkeiten, Plätzchen, Kuchen … Immerhin hatte ich letztes Jahr nach Weihnachten 76 Kilo – aber auch das sind noch zehn Kilo zu viel!

Freunde? Bedeuten mir eigentlich ganz viel

Aber, ich komm auch ganz gut alleine zurecht … oder auch nicht … ich weiß es nicht. So jemand bin ich nicht, der seine Probleme überall erzählt. Ich fresse das lieber so in mich hinein und versuch das selber durchzusitzen. Ich find's trotzdem schön, wenn man so zusammen ist und was Gemeinsames macht, für jemanden anderen was kocht zum Beispiel, sowas ist mir schon wichtig! Da hat man wenigstens 'ne Aufgabe, mal die Wohnung sauber zu machen; das mach ich sonst auch nicht so oft!

Worüber ich mich am meisten gefreut habe im letzten Jahr, ist, dass Sarah wieder gesund geworden ist. Sie ist zehn Wochen mit Krücken gelaufen; die Ärzte wussten nicht, was das ist und haben ihr irgendwas verschrieben. Wir haben sieben verschiedene Ärzte aufgesucht – die hatten sieben verschiedene Meinungen! Ich habe ganz viel gebetet für sie!

Mein unangenehmstes Erlebnis war, dass ich meinen Opi ins Krankenhaus bringen musste. Er war bei uns zu Besuch und ist hier schlimm krank geworden, und ich musste ihn nach Jena bringen – es ging nur um Krankheit letztes Jahr, hab ich den Eindruck!

Mich würde ganz doll freuen, wenn meine Kinder auf mich hören würden (lacht)! Mich würde es freuen, wenn ich es schaffen würde, in mein Leben mehr Struktur zu bekommen. Aber ich weiß überhaupt nicht so richtig, wie ich das anstellen soll. Darunter verstehe ich einen geregelten Tagesablauf, geregelte Wochenpläne, Regelmäßigkeiten im Familienleben ... jeder weiß, *wann was* ist, jeder weiß *wo was* liegt – das ist hier ein total großes Problem – *überall liegt alles!* Das hab ich mir vorgenommen: jeden Winkel des Hauses durchzukämmen und hier mal richtig aufzuräumen. Du musst mal auf den Boden gucken, da kriegste 'nen totalen Schreck – also, so schlimm sieht es bei niemandem aus!

Das Abendbrot gibt's bei uns im Selbstbedienungsverfahren und Frühstück auch meistens; am Wochenende holt sich jeder das raus, wozu er halt Lust hat ... nur, wenn Besuch da ist, klappt es, dass wir gemeinsam essen.

Lieber den Anschein einer heilen Familie
als gar keinen Vater zu haben

Momentan kommt es mir so vor, als wenn ich hier alles allein mit den Kindern arrangieren muss, weil sich Günther im Moment so'n bisschen raushält aus dem Familienleben. Und immer allein alles durchzuziehen, ist schwierig. *Er* denkt nur an die Arbeit. Nee, wir unterhalten uns nicht darüber, ist mir zu anstrengend. Hab keine Lust, mich noch mit den Problemen des anderen zu beschäftigen. Es wird erstmal so stillschweigend hingenommen.

Obwohl: jetzt, wo er unterwegs ist, hab ich den Eindruck, dass ich alles viel besser im Griff habe. Besser, als wenn ich immer *noch ein Kind* dazu habe, was ich betutteln muss. Die Männer sehen das wahrscheinlich ganz anders, die können sich nicht in die Psyche der Frau hineinversetzen.

Sicher, über organisatorische Dinge reden wir. Aber momentan haben wir hier eine Kommunikationsstörung. Das liegt daran, dass jeder eine andere Erwartung hat. Jeder erwartet vom anderen etwas, was der nicht erfüllen kann oder nicht drauf kommt oder was er einfach nicht macht. Wahrscheinlich ist das ein Misch-Masch aus vielen Einflüssen und auch von vielen Enttäuschungen, von Verletzungen und Bitterkeiten. Wir versuchen eine Art friedlicher Koexistenz!

Sicher, ganz zum Anfang, als die Kinder unterwegs waren, das war schon 'ne schöne Zeit. Aber ich muss sagen, es ist wirklich viel passiert, was man in seinem Herzen so mit sich herumführt … und … da erkaltet eben die Liebe. Ich weiß auch nicht, wie das noch weitergehen soll: entweder man findet einen gemeinsamen Kompromiss – um des lieben Friedens willen, um des äußeren Friedens willen – oder man geht auseinander. So sieht's aus. Ja, doch, das hat sich schon ausgezahlt, dass ich Günther damals hierher gefolgt bin – für die Kinder auf jeden Fall. Ob für mich, das ist die zweite Frage …

Vor drei Wochen bin ich vierzig geworden. Das war für mich so ein Gefühl, den Lebensgipfel erreicht zu haben, und jetzt geht's wieder bergab. Und im Nachhinein zu sehen: ich habe *nichts* weiter erreicht in 40 Jahren!

Ich mag sehr gerne, wenn bei uns Besuch ist, dann hab ich 'ne Aufgabe!

Ich gehe ja nicht arbeiten und es ist für mich 'ne schöne Abwechslung – ich fühl mich *mit* Besuch wohler als *ohne* Besuch! Und bei Günther ist es eher umgekehrt. Unsere Bedürfnisse sind wirklich sehr unterschiedlich, das ist schwierig.

Günther arbeitet mit Jugendlichen im kirchlichen Bereich und ist froh, wenn er zu Hause seine Ruhe hat. Manchmal macht er Beratungen für Kriegsdienstverweigerer; dann kommen Ratsuchende hierher, mit denen er sich lange beschäftigen muss, um diese Verweigerung durchzukriegen. Die Begründung muss hieb- und stichfest sein; in der Regel geht das dann auch durch.

Mit den Freunden unternehmen wir etwas zusammen und ich brauch nicht alles alleine zu machen. Dann läuft alles so schön Hand in Hand, das macht großen Spaß. Für die Kinder ist es auch 'ne Bereicherung, wenn man ein offenes Haus hat und nicht nur im eigenen Saft schmort.

Silvester, das war auch so toll: da waren vier Jungs im gleichen Alter, die haben tagelang nur geballert! Wir Frauen haben die Küche gemacht, die Mädchen haben Spiele gespielt – ach, das war richtig schön! Die Männer? Günther hat geschlafen die ganzen Tage, und unser Freund ist immer an den Strand gefahren und allein spazieren gegangen.

Wo soll's denn auch herkommen, er hat ja kein männliches Vorbild!

Sarah ist total kreativ und praktisch, der fällt immer irgendwas ein! Sie hat beispielsweise ein Baumfest organisiert mit allem Drum und Dran; das war ganz toll! Aber in der Schule hat sie ganz schöne Wahrnehmungsstörungen. Was der Lehrer sagt, kommt einfach nicht an in ihrem Kopf, sie kann nichts wiedergeben, weder in Mathe noch in Deutsch. Lesen dauert ganz, ganz lange.

David? Der hat wirklich das ganze 7. Schuljahr noch nichts gemacht. Ach, Hausaufgaben, das kannste vergessen! Er hat sich noch für *keine* Arbeit vorbereitet. Sein einziges Ziel ist, *nicht* sitzenzubleiben – alles andere ist egal! Momentan steht er in allen Fächern zwischen Vier und Fünf; hat kein Interesse daran. Faulheit lässt grüßen, ja. Was er gerne macht? Computerspielen, Fernsehgucken – Letzteres geht nicht, weil ich alles abmontiert hab, weil wir das sonst nicht in den Griff kriegen mit ihm! Er nutzt wirklich jede Minute aus und stellt sich den Apparat an. Neulich hat er auf die Uhr geguckt und gesagt: In diesem Haus schaffe ich es, vier Minuten und sieben Sekunden den Fernseher anzulassen, ohne dass jemand was merkt (lacht)! Gut, manchmal liest er was. In der Küche hilft er auch mit, na klar, von alleine. Backen ist kein Problem für ihn, kleine Gerichte kann er sich auch selber machen. Aber ist es nicht schade, er hängt *so* in der Luft: kein Mann ist da, an den er sich halten kann! Er soll ja nicht zum Muttersöhnchen werden, sondern auch was Handwerkliches machen.

Mein Verhältnis zu meinen Eltern und Geschwistern ist gut

Wir sind 'ne Familie, die zusammenhält, auch wenn wir nicht viel Gefühlsduselei machen. Wenn irgendwas ist, rückt die ganze Familie an. Wenn Kartoffeln eingelesen werden müssen oder Steine

221

auf 'm Acker sind … Ich kann nicht immer da sein, das ist schon durch die Entfernung begrenzt. Umgekehrt?

Naja, handwerksmäßig müssen wir hier alles allein machen. Aber so innerlich halten wir irgendwie zusammen. Wir haben auch alle gesagt: wir wollen nicht wegen Erbschaftssachen im Clinch liegen; wir drei Geschwister werden uns da gütig einigen.

Das dritte Interview im Jahr 2003

Es gab viele Ereignisse, die nachdenklich gestimmt haben …

… und die auch an meiner Kraft gezehrt haben. Im Sommer ist mein Opa nach einer langen Krankheit gestorben. Dann, auch im Sommer, war ein Freund von uns verschwunden, der hat sich in Hamburg auf der Reeperbahn als Obdachloser durchgeschlagen, obwohl er einen Superjob hatte. Das war eine ganz große Sorge, weil er eine Frau und vier Kinder hinterlassen hatte, und niemand wusste, wo er ist. Er hat zwei Wochen kein Lebenszeichen von sich gegeben und wir haben da auch sehr darunter gelitten.

Die ganze Schulsituation unserer Kinder war sehr anstrengend, wegen dem zweimaligen Schulwechsel für beide. Ja, Sarah wäre in ihrer Grundschule zum zweiten Male nicht versetzt worden, daraufhin haben wir sie an eine neu gegründete private Schule gegeben, damit wir sie dort in die nächste Klasse bekommen. Und David hatte null Lust in seiner alten Klasse, und wir dachten, dass es in der neuen Schule besser wird, aber die hat sich als Flop herausgestellt. Also, ich hab mich noch nie so betrogen gefühlt wie da auf dieser Schule – all die Versprechungen, die dort gegeben wurden! Und *nichts* von dem konnte gehalten werden!

Mehr an mir arbeiten

Ein nachhaltiges Erlebnis hatte ich im Sommer, da hab ich so eine Familienaufstellung mitgemacht. Das hat insofern was gebracht, dass man sich selbst und seine Situation, in der man steht, und seine Herkunfts- und Gegenwartsfamilie besser einordnen kann. Das ist schwierig, zu erklären ... man *sieht* sich deutlicher! Habe gemerkt, dass ich mehr auf mich selber achtgeben muss, ... also, ich verfalle schnell in so eine lethargische Lebenseinstellung, und da ist mir bewusst geworden, dass ich mehr an mir arbeiten muss, damit ich nicht so träge und passiv bin.

Momentan besteht der Sinn meines Lebens darin, jeden Tag zu überstehen, irgendwie (lacht bedrückt)! Also, die Kinder großzuziehen und die Tage irgendwie totzuschlagen! Wenn die Kinder aus dem Haus sind? ... Vielleicht kriege ich ja dann bald Enkelkinder ...

Das Wichtigste für mich ist, dass ich mich irgendwie noch an einem seidenen Faden an Gott festhalte. Gott besteht in Ewigkeit und das wird nicht vergehen. Da hoffe ich eigentlich drauf, dass es, wenn es hier auf der Erde vorbei ist, dass es dann in der Ewigkeit weitergeht ... obwohl ... mein Verhalten nicht immer so ist ... dass ich dahin kommen werde. Ja, es gibt die ewige Verdammung und das ewige Leben, und irgendwie muss ja jeder mit seinem Leben dann abrechnen, denk ich mir.

Freude? ... Ich freue mich immer, wenn ich mich mit den Kindern ganz gut unterhalte und wenn wir uns gut verstehen. Und ich bin immer froh drüber, wenn ich mir was vorgenommen habe und das dann auch schaffe, wenn ich meinen inneren Schweinehund bekämpft habe. Gestern habe ich mir zum Beispiel vorgenommen, zu joggen, da bin ich mit Hängen und Würgen gejoggt – das war so furchtbar, das war so schlimm! Aber hinterher hab ich mich richtig gefreut! Das war auch sehr anstrengend ... mein Gewicht durch die Gegend zu walzen!

Günther nimmt jetzt den Haushalt in die Hand

Mit meinem Mann über Probleme reden? Gar nicht – am besten runterschlucken! Na, es kommt drauf an welche Art Probleme, wenn's berufliche sind, da können wir schon drüber reden. Wenn jetzt Probleme sind, die ihn selber im Innersten betreffen, ist's schwierig, das macht er, glaub ich, nur im äußersten Notfall. Und ich bin eigentlich sehr zurückgezogen, ich mach alles mit mir selbst aus. Oder der Familientherapeutin hab ich mal ein paar Sachen gesagt.

Wie Günther und ich zusammenkommen?

Was die Organisation des Alltags angeht, da können wir ganz gut miteinander. Jetzt zur Zeit macht er viel – genau seit einer Woche. Dazu gab es einen Grund: unser Konto ist total überstrapaziert, und er war der Meinung, wenn er das jetzt alles in die Hand nimmt, dann wird es besser gehen. Deswegen macht er sich immer für eine Woche 'nen Essenplan, kauft danach ein und kocht auch selber. Und er kann sparen! Dann krieg ich 20 Euro Taschengeld in der Woche, mehr darf ich nicht haben.

Das gebe ich aus für Parkgebühren in der Stadt, oder wenn die Kinder mal was trinken wollen oder 'n Stück Kuchen essen, also das Geld ist für mich und die Kinder, ja.

Dass er jetzt alles in der Küche macht, ist richtig schön, ich kann mich mal an den Schreibtisch setzen und 'nen Brief schreiben, oder rumgammeln …

Er macht das ganz begeistert, ich bin mal gespannt, wie lange er das durchhält. In der letzten Woche hat er 120 Euro verbraucht – also, soviel hätte ich nicht verbraucht an Lebensmitteln (lacht)! Er muss auch seine Erfahrungen sammeln in der Küche! Ist richtig schön!

Jetzt hat er endlich auch mal mitgekriegt, dass ich 'nen kaputten Herd habe, ja (lacht)!

In der jetzigen Zeit finde ich nichts Gutes,
außer, dass man reisen kann

Die Wende? Du, davon hab ich gar nichts mitgekriegt! Meine Kinder sind 1988 und 1990 geboren – damit war ich genug beschäftigt. Der Zeitpunkt war so ungünstig, dass ich beruflich den Anschluss verpasst habe. Als sie dann so alt waren, dass ich über Arbeit nachdenken konnte, da war schon alles vergeben – die guten Jobs und die guten Umschulungen!

Aus der DDR vermisse ich den Currysalat! Die Lebensmittel waren alle wirklich besser: das Fleisch und die Wurst, auch die Milch; heute schmeckt alles nullachtfünfzehn gleich. Ich finde, auch mit der Schule war's nicht so stressig; was man heute so mitmacht in der Schule …

Bücher und Musik? Ich lese gerne Bücher, wo's um Psychologie geht, so Lebenshilfebücher. Bei Musik höre ich am liebsten Klassik. Hab aber keine Gelegenheit dazu. Früher, da bin ich jede Woche in ein klassisches Konzert gegangen, aber hier in der Nähe gibt's das ja nicht.

Fernsehen spielt nur eine ganz kleine Rolle, also es ist mal ein Zeitvertreib.

Ich schlag wirklich die Zeit tot! Am Tag, da guck ich aus dem Fenster, und abends guck ich mir den Weihnachtsbaum an! Manchmal denke ich: es ist unverschämt, dass ich so viel Zeit hab, und andere stöhnen herum, dass sie *gar* keine Zeit haben!

Das vierte Interview im Jahr 2004

In guten und in schlechten Zeiten zusammenhalten

Ich muss jetzt noch mehr mit dem Auto rumfahren, weil ich für ein halbes Jahr 'ne ABM-Stelle habe; also muss ich öfter mal dort arbeiten gehen. Dadurch und durch das Fahren der Kinder und

225

dazu noch das Fahren von Günther, der keine Fahrerlaubnis mehr hat, hat sich die Fahrerei verdreifacht.

Ja, die Kinder werden größer! Auf der einen Seite hat man weniger Arbeit mit ihnen, auf der anderen Seite ist es stressiger, durch das pubertäre Verhalten, Schulprobleme und die unendliche Faulheit, also, es ist wirklich eine anstrengende Zeit! Nervlich ist es anstrengend, man ärgert sich so viel über seine Kinder! Man will ja das Beste für sie, aber die wollen nicht, die wollen es anders. Und zu sagen: das lass ich jetzt los, da müssen sie selber durch – das ist schwierig, da einen Weg zu finden.

Günther macht jetzt einmal in der Woche Essen. Seinen Führerschein ist er noch ein halbes Jahr wegen Alkohol am Steuer los, also fahre ich ihn … Gestern zum Beispiel hab ich ihn zur Sauna gefahren; kaum war ich zu Hause, rief er an: die Sauna hat heute zu! Da war ich stinkig, diese sinnlose Hin- und Herfahrerei! Auf der anderen Seite fahre ich ihn auch zur Arbeit, also, er muss ja das Geld rankriegen. Ich bin ja darauf angewiesen, dass er arbeitet, also muss ich ihn fahren. Wenn man verheiratet ist, muss man in guten und in schlechten Zeiten zusammenhalten – das geht ja nicht anders. Aber ich seh das locker, mir macht das nicht allzu viel aus.

Geht alles nicht

Ob ich mich selbst liebe? Teils, teils. Ich würde schon sagen, dass ich mich selbst liebe, aber ich bin oftmals mit meinen eigenen Leistungen unzufrieden. Ich ruhe mich ganz viel aus, ich schlafe viel … einfach nur entspannen, abschalten. Meine Intuition? Nein, ich höre da noch nicht drauf … weil ich meistens wirtschaftliche Sachen sehe und das verdränge.

Wenn mir jetzt vom Bauch heraus klar werden würde, ich müsste den und den Kurs machen: kostet Geld, also geht's nicht.

Das, was ich mir so ausdenke, ist immer mit Geld verbunden: geht alles nicht. Oder wenn ich einen Traum hab oder denke, ich müsste was verändern: geht nicht. Hast das Haus am Hacken, kannst nicht wegziehen, wie willst'n das bewerkstelligen, keine Arbeit, kein Geld ... Haufen Kreditbelastung für das Haus – also geht es nicht!

Die Visionen, die ich mir ausmale, sind alle nicht machbar. Zur Zeit jedenfalls nicht.

Es blieb alles an mir hängen!

Also, im letzten Jahr hatte ich fünf Monate 'ne richtige Krise. Habe den ganzen Sommer geschlafen, nur im Bett gelegen und gedacht: hoffentlich geht der Tag bald vorbei! David hatte Konfirmation, und danach bin ich total zusammengebrochen. Ich hatte bei den Vorbereitungen das Gefühl, dass ich alles allein machen musste: die Stühle und Tische ran schleppen, das Essen organisieren, die Gästeunterkünfte besorgen, die Dekoration, die Blumen, die Einladungen ... es blieb alles an mir hängen!

Nach der Konfirmation hat Günther sich in seinem Arbeitszimmer eingeschlossen und sich betrunken; er kam eine ganze Woche nicht heraus! Es waren noch Gäste da und ich war total fertig. Und das hat überhaupt nicht mehr aufgehört, ich war so richtig am Boden zerstört!

Ich weiß nicht, ob das auch damit zusammenhängt, dass ein Lebensabschnitt von einem Kind zu Ende geht und dass ich gedacht hab, jetzt ist mein Lebenssinn ja auch nicht mehr da ... ich hab immer weniger zu tun.

Und dann die ganzen Probleme in der Schule ... ich kam mir vor, als wenn ich an einem Wasser stehe, und ich weiß nicht, wie ich da rüber kommen soll! So geht's mir heute eigentlich auch noch – ich weiß immer noch nicht, wie ich rüber kommen soll!

In Mecklenburg fühle ich mich einfach nicht zu Hause!

Ich würde am liebsten nach Thüringen ziehen, nach Erfurt – das wäre mein größter Wunsch! Guck doch mal an, wie es hier draußen aussieht: das Matschwetter, der Dreck! *wochenlang* regnet es doch nur! Wer *hier* was Schönes dran findet, der muss doch Geschmacksverirrung haben! Nur Sturm und nasskaltes Matschwetter …

Die Leute in Thüringen sind ganz anders! Dort würde ich überall eingeladen werden, zu jeder Geburtstagsfeier. Was hier überhaupt nicht passiert! Die Einladungen, die ich letztes Jahr bekam, kann ich an einer Hand abzählen. Fühl mich wirklich hier auf einsamem Posten, ich halte nur durch, weil die Kinder hier zur Schule gehen, weil wir das Haus haben und Günther seine Arbeit hat. Das sind nur Vernunftgründe, weiter nichts.

Ein Trost ist: ich habe es endlich geschafft, eine Kur für mich zu beantragen, eine Mütter-Kur für drei Wochen! Das erste Mal, seit die Kinder auf der Welt sind, fahre ich so lange alleine weg! Zu Hause wird dann allerdings alles drunter und drüber gehen …

Das letzte Interview im Jahr 2018
Lydia ist 57

Als ich die Interviews gelesen habe, war ich im Großen und Ganzen erschüttert. Ich habe mich damals nicht so gesehen. Beim Lesen ist mir bewusst geworden, dass ich meine Zeit nicht gut genutzt habe – weder für meinen beruflichen Werdegang, noch um mir Hobbys aufzubauen oder soziale Kontakte zu pflegen.

So habe ich mir meinen Lebensentwurf nicht vorgestellt – das Allerwenigste ist real geworden.

Da frage ich mich, ob man sein Leben wirklich selber in der Hand hat oder ob man gebunden ist an die Gegebenheiten.

Schön wäre es, aus der Vergangenheit zu lernen und in der noch bleibenden Zeit etwas zu tun, was mich glücklich macht.

Heute *hab* ich nicht nur zwei Enkelkinder …

… sondern sie leben auch beide bei mir; sie sind zwei und fünf Jahre alt. Meine Tochter hat sich vom Vater ihres zweiten Kindes getrennt und ist wieder zu mir ins Haus gezogen.

Nun, das hat alles seine zwei Seiten: es ist schön, sie zu sehen, weil es zwei fröhliche, temperamentvolle Kinder sind, aber es ist auch anstrengend.

Mal bin ich ganz glücklich, dass sie da sind, und mal ist es mir zu viel. Wir wirtschaften zusammen in einer Küche und haben ansonsten getrennte Wohnbereiche. Trotzdem geht alles Hand in Hand: ich mach oft die Wäsche, wir kochen zusammen, ich mach den Haushalt … Wenn ich zu Hause bin und nicht auf Arbeit bin, verbringe ich die ganze Zeit mit den Kindern.

Das erste Kind hat meine Tochter bekommen, als sie noch in der Ausbildung war, das war ein ganz schöner Schock!

Sie hat ein Jahr ausgesetzt und der Vater des Kindes wollte sie zu einer Abtreibung nötigen; sie hat sich daraufhin von ihm getrennt, und nach einigen Monaten ist er wieder demütig zurückgekommen.

Sie waren beide 21, haben sich 'ne Wohnung gesucht, der Junge kam zur Welt: das war eine schöne Zeit. Nach einem Jahr hat sie ihre Ausbildung zu Ende gebracht und eine Arbeit gefunden.

Als Paul anderthalb war, ist sein Vater verunglückt: er ist in jugendlichem Leichtsinn alkoholisiert in ein Freizeitbad eingestiegen im Winter, ist unter die Plane des Außenbeckens getaucht und nicht lebend wieder herausgekommen.

Drei Monate war meine Tochter daraufhin bei mir, dann meinte sie: ich halt das hier nicht mehr aus, ich such mir woanders 'ne Arbeit! Jede Ecke hat sie an ihren Freund erinnert.

300 km von hier, in Schleswig-Holstein, fand sie Arbeit, Wohnung und Tagesmutter – weil es im Westen für Kinder unter zwei Jahren keine Krippe gibt.

Nach weiteren anderthalb Jahren lernte sie wieder einen Mann kennen, war relativ schnell wieder schwanger und ist zu ihm nach Thüringen gezogen. Dort haben sie mit den beiden Kindern im Haus seiner Eltern gelebt – in dem Dorf, wo ich herkomme und wo meine Eltern heute noch leben.

Paul ist bis jetzt in fünf verschiedene Einrichtungen gegangen mit seinen fünf Jahren.

Mietpreise in Deutschland sind ja auch nicht so toll, da ist es schon gut, dass sie hier wohnen kann; sie zahlt verhältnismäßig wenig Miete an uns.

Günther und ich sind seit vier Jahren geschieden

Ich will ihn nie wiedersehen! Die Angst, die er mir gemacht hat, ist immer noch präsent. Seine Vorgehensweise hat in mir Existenzangst hervorgerufen. Jeden Monat kamen Briefe von Anwälten ... Er hat das Geld verdient und ich hab mich um die Familie gekümmert – da wäre es nur gerecht gewesen, wenn er mir Unterhalt gezahlt hätte. Zehn Jahre bei einer Therapeutin haben mir geholfen, mich selbst zu reflektieren und solche schwierige Krisenzeiten zu überstehen.

Nach der Scheidung von meinem Mann stand noch offen, wer das Haus übernimmt. Später war er bereit, mir seine Hälfte zu verkaufen, und weil ich ihn nicht auszahlen konnte, hat mein Sohn, der jetzt 29 ist, das halbe Haus gekauft und steht nun im Grundbuch.

David hat Veranstaltungstechniker gelernt und seit sieben Jahren eine Anstellung auf einem Campingplatz, wo jeden Abend Veranstaltungen laufen für die Gäste, da ist er für alles verantwortlich. Es ist 'ne Saisonarbeit. Drei Monate bekommt er sein Geld von der Agentur für Arbeit und ist in dieser Zeit hier im Haus.

Es kommt mir vor, als wenn wieder alles von vorne anfängt

Krippe, Kindergarten, die ganze Entwicklung der Kinder wieder mitmachen, die Erziehung mitgestalten, das Aushalten der Konflikte; das war vorher schon ein sehr ruhiges Leben, und manchmal war es auch sehr einsam.

Das ist jetzt schön, aber das Leben ist sehr auf die Enkel ausgerichtet. Ich hab kein Privatleben mehr! Klar, geh ich mal in die Sauna, aber ich husche nur kurz rein, ein Saunagang, und das war's dann. Weil ich denke: ich muss jetzt nach Hause fahren! Meine Tochter ist wirklich *sehr, sehr* erschöpft; sie arbeitet im sozialen Bereich. Sicher, sie sagt, sie schafft das alles alleine, aber wenn ich sehe, wie sie die Flügel hängen lässt: das ist traurig mit anzusehen!

Und dann noch die zwei kleinen Kinder: man will ihnen ja auch das Emotionale mitgeben und sie nicht nur versorgen: hier haste Essen, hier haste ein Bett zum Schlafen!

Ich wechsele immer zwischen Arbeit und Krankheit hin und her

Durch Zufall hab ich nochmal 'ne Arbeit gefunden – es war aber nur ein Projekt für zwei Jahre. Danach habe ich eine Ausbildung gemacht als Betriebswirtin für soziale Einrichtungen. Noch immer bin ich bei der Firma von damals, wurde aber versetzt, weil ich nach dem Todesfall meines Schwiegersohnes lange krank war.

Ich bin mit der Arbeit unterfordert, weil ich als Hilfskraft angestellt bin; ich mache das, um Geld zu verdienen. Auf der anderen Seite kann ich das gut schaffen; es ist ein Kompromiss. Denk mir auch, mit fast 60 ist es gar nicht so einfach, noch was Festes zu finden. Um eine Fachanerkennung zu kriegen, mach ich nebenbei noch eine Fachausbildung als Erzieherin.

Ich war neun Monate krankgeschrieben. Körperlich war ich gesund, aber es war mir einfach alles zu viel! Mit den Kindern, den Enkeln und wieder zur Arbeit gehen, wo ich auch noch Springer war – da hab ich mich krank gemeldet ... vielleicht war's auch Faulheit ... es hat sich so ergeben und der Arzt hat auch mitgespielt. Wenn Du einmal so drin bist in diesen ganzen Krankheitsabläufen, dann musst du dich an die Spielregeln in diesem System halten. Der Arzt sagte, es wäre unglaubwürdig, wenn er mich einfach wieder gesundschreiben würde. Er müsse mich vorher noch zur Reha schicken. Die Ärzte haben ihre Abläufe, die sie gegenüber den Krankenkassen und den Rentenversicherungsträgern einhalten müssen. Ich wechsele immer zwischen Arbeit und Krankheit hin und her. Will schon noch arbeiten, solange ich kann, bis 67. *Nur* zu Hause sein, das kann ich mir nicht vorstellen.

Einen Kindheitstraum erfüllt

Was ich gerne mache ... (langes Schweigen) ... Kleinkram. Ich gehe gerne zur Meditations-Gruppe, gehe zum Chor, bin gern in der Natur. Habe nicht direkt ein Hobby, was ich gerne ausbauen würde. Doch: ich würde gerne reisen, aber das ist wieder mit Geld verbunden. – Du meinst, ich war gerade in China?

Ja, China ist ein wunderschönes, wahnsinniges Land der Gegensätze. Ich wollte unbedingt mal die Mauer sehen! Als DDR-Bürger war das für mich so ein Symbol, wo ich mir damals sagte: da komme ich *nie* hin. 6000 Kilometer lang! Auch die Größe von diesem Land, diese vielen Menschen und die Kultur, das ist etwas ganz anderes als bei uns! Ja, das stimmt, da habe ich mir einen Traum schon von Kindheitstagen erfüllt!

Visionen? Ich möchte gerne jemanden kennenlernen.

Einen, mit dem ich zusammen leben kann, das wäre schön. Das ist wirklich Zukunftsmusik, aber das scheint ja nicht zu funktionieren. Ich lerne niemanden kennen, es ergibt sich nichts, Null! Ja, auch 'ne Fernbeziehung wäre möglich für mich.

Wenn jemand hier mit wohnen würde, müsste er auch die Kinder akzeptieren, das ist schon kompliziert. Zwischendurch hatte ich einen Freund, aber das ist auch in die Brüche gegangen, weil ich die Trauer um Sarahs ersten Mann einfach nicht verkraften konnte.

Tatsächlich war ich drei Jahre lang in Trauermodus, in der Depression. Du siehst dein Kind leiden, du siehst dein Enkelkind leiden, das ist einfach furchtbar. Das ist bis heute noch nicht ausgestanden, dass er keinen Vater hat; er vermisst ihn so sehr! – Ja, ich glaube, es gab eine besondere Verbindung zwischen Sarahs Freund und mir, das kann man nicht erklären.

Freunde? Das ist eine Wunde. Mit dem Unglück des Vaters meines Enkels ist alles kaputt gegangen. Ich hab es nicht mehr geschafft, meine Freundschaften zu pflegen und aufrecht zu erhalten.

Wieder eine Großfamilie

Die angeheiratete Frau von meinem Opa kommt zweimal im Jahr zu mir. Gerade war sie für vier Monate da. Sie hat ein kleines Zimmerchen bei uns; sie ist 95 und geistig sehr rege, hat ihre Meinung, hat kluge Sprüche. Nur körperlich hat sie jetzt ganz schön abgebaut. Sie will nicht mehr nach Hause – sie tingelt immer von Verwandtschaft zu Verwandtschaft mit ihrer Reisetasche! Sie nistet sich ein, wo sie sich einnisten kann.

Nee, zu meinen Eltern geht sie nicht, denn meine Mutter sagt ihr immer die Meinung, das kann sie nicht ab! Inzwischen finde ich o.k., dass sie herkommt – für sie ist es gut! Für *uns* ist es auch gut:

die kleinen Kinder lernen mit älteren Menschen den Umgang; das ist schon ein generationsübergreifendes Projekt!

Wir haben zusammen Weihnachten gefeiert mit vier Generationen, und das war sehr schön! Es ist, wie alles, auch anstrengend, aber es ist schon was Besonderes! Vielleicht war es ja das letzte Mal mit ihr. Aber sie vereinnahmt mich hier im Alltag: Lydia hier, Lydia da! Man ist immer angespannt: was braucht sie noch, muss ich sie irgendwohin fahren? Es ist also *noch* jemand da, an den man denken muss. Ja, Arbeit, Enkel, Omi … und Schule – ich finde es bedauerlich, dass ich vieles dadurch nicht schaffe: Papierkram, die anstehende Badsanierung und so weiter …

Na klar hab ich ein Smartphone!

Das hab ich gestern runtergeschmissen, jetzt geht's nicht mehr. Ich kann auch ohne dem leben, aber es ist mir schon wichtig! Ich mache nicht viel damit; gucke nur jeden Tag rein, ob ich 'ne SMS oder E-Mails habe, was ich natürlich nicht habe, also eigentlich kann ich mir das sparen (lacht).

Ein Tablet nutze ich auch, suche mir zum Beispiel 'ne Zugverbindung raus; für Fotos ist es auch gut. Meinen PC hab ich seit 20 Jahren, meine erste Handynummer habe ich immer noch. Generell bin ich dem sehr positiv gegenüber, es ist 'ne große Erleichterung.

Auch heute würde ich gern wieder in Thüringen leben

Die Menschen sind einfach freundlicher, du wirst immer eingeladen, da ist immer jemand, der am Samstagabend den Grill anschmeißt, der dich zum Essen einlädt.

Doch, das ist auch heute noch so. Als meine Tochter dort gelebt hat, war ich jeden Monat da: das ganze Dorf ist wie eine Großfamilie, wirklich! Alle sind miteinander irgendwie verwandt oder bekannt, jeder kennt jeden. Es wird gefeiert, es gibt Vereine, und am Wochenende ist Gottesdienst. Viel einfacher als hier! Dorthin ziehen? Ich hab mir zum Ziel gesetzt, erstmal meine Ausbildung hier fertig zu machen bis 2020.

Wenn ich dann wirklich nochmal 'ne Anstellung bekommen würde in meinem hohen Alter, würde ich irgendwo hingehen. Ja, irgendwohin! Ich muss dahin, wo ich Geld verdiene. Es geht ja alles nur ums Geld! Als Rentnerin in meine Heimat zurückgehen? Wenn meine Eltern nicht mehr sind, ist ein Großteil von meiner Familie weg, und dann hab ich nur noch hier in Mecklenburg meine Kinder und meine Enkelkinder und niemanden weiter.

Mein Ding machen
Conny, geboren 1955

Das erste Interview im Jahr 2000
Conny ist 44

Wie ich mich selbst beschreiben würde? Ich bin ein harmoniebedürftiger Mensch, aber ich müsste auch mehr Aggressionen rauslassen. Das macht mir zu schaffen, dass ich Dinge, die mir im Augenblick aufstoßen, erstmal sacken lasse, und nicht gleich sage: das find ich nicht gut!

Ich fresse wahrscheinlich auch zu viel in mich rein. Ja, ich bin ein sehr visueller Typ, das merke ich, weil ich beim Erzählen meist nach oben schaue.

Das hat mir ein Therapeut mal erklärt, und wenn man mehr geradeaus guckt, auf Ohrhöhe, ist man mehr ein auditiver Mensch, und wenn man nach unten schaut, ist man eher ein gefühlsbetonter Mensch, der also mehr aus dem Bauch heraus lebt.

Man hat sich seine Eltern ausgesucht

Ich bin 1955 als viertes Kind geboren. Wir wohnten in einem Seebad, wo ich noch immer lebe. Mit drei Jahren kam ich in den Kindergarten, bin acht Jahre zur POS gegangen und hab mein Abitur gemacht. Also, ich hatte eine normale Kindheit. Was mich allerdings immer störte, dass ich abends immer so früh ins Bett musste, wenn's noch so hell draußen war.

Zu meiner Mutter hatte ich eine starke Beziehung – zu meinem Vater sicherlich auch, aber das ist mir nicht so bewusst gewesen. Aber als Kind habe ich ihm oft stille Vorwürfe gemacht, ich hab es ihm nie gesagt, weil ich mich nie getraut habe. Er war so eine Respektsperson! Ich habe gemerkt, dass die Beziehung zwischen meinen Eltern nicht immer so gut lief, und da habe ich ihn innerlich verurteilt, dass das seine Schuld wäre, obwohl das ja Quatsch ist. Also: sie haben sich selbst gesucht, und wenn sie nicht miteinander zurechtkommen, na ja, dann müssen sie halt ihre Schritte einleiten. Aber ich habe als Kind oft meine Mutter verteidigt, besonders, wenn er einen *über den Durst* getrunken hat. Das hat mir irgendwie … ganz schön zu schaffen gemacht. Aber ich weiß auch: man hat sich seine Eltern ausgesucht, in welche Familie man so rein geboren werden will. Also ist das schon meine Aufgabe gewesen, da irgendwie meinen Weg zu finden. Und ich glaube, ich bin ganz gut geraten!

Drei Schwestern hab ich und wir haben alle vier in einem Zimmer gewohnt. Klar, haben wir auch zusammen gespielt, aber dadurch, dass sie vier, fünf und sieben Jahre älter sind, haben sie auch ihr Ding gemacht. Ich war immer die Kleine und wurde von allen so'n bisschen verwöhnt. Mit der Familie haben wir in der Weihnachtszeit oft am Tisch gesessen und haben Spiele gespielt. Ich finde, dass ich eine schöne Kindheit hatte.

Nach dem Abitur begann ich ein Studium in der Lausitz als Ingenieur für Textiltechnik, welches ich nach einem Jahr abbrach, weil ich dachte, es ginge mehr ins Künstlerische. Außerdem hatte ich Heimweh; so suchte ich mir zu Hause in der Jugendherberge Arbeit. War dort Programmgestalterin für die Jugendlichen und machte nebenbei ein Studium für Erzieher in Jugendheimen, weil ich ja noch einen Beruf haben musste. Das hat mir viel Spaß gemacht. Hatte dann von der Arbeit in der Jugendherberge die Nase voll; kam mit meinem Chef, der oft cholerisch war, nicht zurecht, weil ich ihm zu spontan und intuitiv handelte. In der Schule wurde uns beigebracht: *Was du denkst, das kannst du auch sagen* – und der Chef hat mir da ganz schön die Flügel gestutzt.

Die biologische Uhr tickte

In der Zeit lernte ich Peter auf einer Disco kennen. Wir haben eine tolle Zeit miteinander verbracht. Als wir uns kennenlernten, war ich 19; geheiratet habe ich ihn mit 22. Ich war dann schwanger, und nachdem Florian geboren war, hörte ich in der Jugendherberge auf. Für ein Jahr arbeitete ich als Sekretärin in einer Baufirma. Daraufhin ergab sich ein Job im Kinderheim, wo ich gleich neun Jungs aus der achten Klasse bekam. Die Arbeit im zehn-Tage-Rhythmus war nicht einfach.

Peter kam zwar halb sechs nach Hause und hat sich rührend um unseren Sohn gekümmert, aber ich war oft erst spät abends da. Die ersten drei Jahre war der Junge fast jeden Monat krank. Peter hat als Maschinen- und Anlagenmonteur gearbeitet und hat sich so ziemlich ins Berufsleben gestürzt und seine Arbeit geliebt.

Das kann doch nicht alles gewesen sein

Wir bekamen nach langen Bemühungen eine kleine Wohnung, pachteten einen Garten und bauten ein Gartenhäuschen drauf, wollten uns aber zum Wohnen was Eigenes anschaffen. Kurz nachdem unser zweiter Sohn geboren wurde, haben wir uns ein altes Haus gekauft.

Seitdem hat sich vieles nur noch um das Haus gedreht; viel Geld und Kraft floss da hinein. Vielleicht haben wir die viele Arbeit vorgeschoben, weil unsere Beziehung da schon nicht mehr so ideal war. In den jährlichen Urlauben sind wir uns wieder nähergekommen, was sehr gut tat.

Danach sind wir sehr schnell wieder in den Alltagstrott hineingeraten. Immer nach dem Motto: die Arbeit ist wichtig, die brauchen wir, um das Geld zu haben! Wir hatten Freunde, mit denen wir oft zusammensaßen, dadurch wurde es uns nicht so bewusst, dass unsere Ehe nicht immer so toll lief.

Mit 35 dachte ich: Das kann doch nicht alles gewesen sein! – Die Arbeit machte mir zwar Spaß, aber um die Wende herum versuchte ich mich nebenbei noch im Versicherungswesen, um andere Menschen kennenzulernen und etwas Neues zu beginnen, auch um mehr Geld zu verdienen, aber das war's dann absolut nicht!

Sagte zu Peter, dass ich nochmal studieren möchte. Da war auch der Wunsch, etwas aus der Jugendzeit nachzuholen. Aber er sagte: da kriegste doch kein Geld, wie wollen wir das machen? Wenn ich es wirklich gewollt hätte, hätte ich es getan; ich habe es jedoch wieder am Geld festgemacht.

Habe mir denselben Typ Mann genommen, wie mein Vater es war ...

... was ich nie wollte! Ich mochte meinen Vater, er hatte so eine ruhige Art und ich fühlte mich wohl bei ihm. Aber wenn er getrunken hatte, fand ich es unangenehm.

So kamen bei Peter wieder alte Muster hoch; andererseits kannte ich das, es gab mir eine gewisse Sicherheit. Hatte dann oft das Gefühl, alles selbst in die Hand nehmen zu müssen und habe mir immer mehr aufgehalst. Die Belastung habe ich nicht so gemerkt, ich war ja noch jung.

Wenn ich so bedenke, in den ersten Jahren volles Schichtsystem, nebenbei ein Fernstudium und ein Kind bekommen! Habe das Kind versorgt, im Kinderwagen mit zum Praktikum genommen. Dann kam ein zweites Kind, Hausumbau über viele Jahre unter DDR-Bedingungen, das heißt: wie kommt man an Material und Handwerker? Ich dachte damals: okay, ich bin stark! Ich war ja auch stark – bis eines Tages der Zusammenbruch kam.

Das Haus war endlich auf einer Seite ausgebaut, und ich dachte: nun kannst du endlich glücklich sein! Aber das war nur der äußere Schein, den ich vorschob.

Lieber eine schlechte Ehe als gar keine Ehe

Seit Jahren hatte ich schon das Gefühl: von diesem Mann willst du dich trennen, aber wie machst du das? Ich konnte doch nicht einfach ausziehen und irgendwo eine Miete bezahlen! So isolierte ich mich immer mehr.

Mein Mann war der Ansicht: lieber eine schlechte Ehe als gar keine Ehe, Scheidung kommt nicht in Frage. Was die Leute denken, war ihm auch sehr wichtig – *mir* übrigens auch! Bis ich zu der Einstellung kam, dass die Leute mir egal sein können, denn wenn es darauf ankomme, müsse ich eh' mein Ding alleine durchziehen. Bin an den Wochenenden mit meinem jüngeren Sohn zu Veranstaltungen gefahren, um bloß nicht zu Hause zu sein. Die Kinder waren schon ziemlich groß, bin mit ihnen alleine in den Urlaub gefahren.

Peter fand das nicht gut, er wollte sich dann mit mir unterhalten, was er sonst nie getan hat, konnte sehr rührend sein, und mit dem Satz: Wollen wir es nicht nochmal versuchen, ich hab euch doch so lieb! – bekam er mich immer wieder herum. Er konnte dann auch ein, zwei Wochen ohne das tägliche Pensum Alkohol auskommen, geradeso, wie er's brauchte. Und dann ging das ganze Spiel von vorne los!

Wenn ich mal ein Gespräch wollte, was etwas in die Tiefe ging, ist er davor geflohen und sagte: Ich habe keine Probleme, ich weiß nicht, was du willst! Dann war ich selbst soweit, dass ich abends meinen Wein getrunken habe. Dachte dann: Mensch, was machste eigentlich, du bist ja selbst schon fast abhängig! Irgendwann ging es überhaupt nicht mehr, und Peter rastete immer öfter aus. Ich hatte Angst, zu gehen und suchte nach Scheinlösungen, zum Beispiel Trennung innerhalb des Hauses.

Als er mir einmal Schläge androhte, bin ich in der Nacht zu meiner Schwester abgehauen. Habe mir gleich eine Wohnung gesucht. Patrick war schon im jugendlichen Alter und ist bei seinem Vater geblieben, weil dieser ganz brutal sagte: Er bleibt hier! Ich wusste: ich kann nichts dagegen machen, sprach konsequent mit meinem Sohn. Er meinte, es sei schon in Ordnung und er bleibe hier. Das war sehr schwer für mich, aber auch gut, dass ich Zeit für mich allein hatte. Patrick hat beim Vater meine Rolle übernommen und einen Großteil des Haushalts geschmissen. Ich habe ihn täglich nach der Schule für ein paar Stunden zu mir geholt, so dass er ein paar Stunden bei mir war.

Ich wollte leben!

Als ich noch bei Peter wohnte, drei Jahre zuvor, stellte sich die Diagnose, dass ich Brustkrebs habe. Hatte einen Knoten getastet und bin erst drei Monate später zum Arzt gegangen, weil ich dachte: das geht wieder weg. Der Arzt sagte gleich, dass es nicht so gut aussieht. Mir ging gleich durch den Kopf: nun kommst du wieder nicht weg von dem Kerl, bist noch mehr abhängig! Es folgte gleich die Operation – zum Glück brusterhaltend – wo sich herausstellte, dass es bösartig war und ein Lymphknoten befallen war. Dann Chemotherapien, Bestrahlungen … bis zum totalen Zusammenbruch. Ich hatte das Gefühl, dass die Lebenskraft aus meinem Körper rausgeht. Hatte das noch nie so empfunden und wusste, dass ich jetzt entscheiden müsse, ob ich leben oder sterben will. Und ich wollte leben!

Die Situation war für mich ein guter Vorwand, nicht mehr zur Arbeit zu gehen. Ich brauchte immer einen Grund, um Reaktionen zu erwirken, die ich schon lange selbst machen wollte! Brauchte ich eine Auszeit, wurde ich durch diese Therapie gezwungen, viel allein zu sein, weil ich totalen Haarausfall hatte, das machte mich ganz schön fertig. Ich merkte, welche wärmende Funktion Haare überhaupt haben – mich durchlief ständig ein Frösteln.

Ich hatte also viel Zeit für mich, dachte nach, las Bücher wie: *Wenn die Seele leidet, wird der Körper krank* – da wurde mir bewusst,

241

welche Auswirkungen es hat, wenn man nicht seinen wirklichen Gefühlen nachgeht und wenn man nicht glücklich ist.

Die Krankheit hat einen Wandlungsprozess in mir ausgelöst. Ich hatte sogar die Kraft, mich nicht mehr auf Peter einzulassen, der für mich da sein wollte. Bin zur Kur gefahren und kurz danach ausgezogen. Habe dann die Therapie aus Erschöpfung abgebrochen und fiel in ein ganz tiefes Loch. Durch Zufall begegnete ich einem Therapeuten, der meinte: Krebs? Da kann ich ihnen helfen.

Wir sprachen viel, und gar nicht über die Krankheit. Er brachte mir bei, wieder tief zu atmen. Die Brustatmung entspricht dem Verstand, die Bauchatmung dem Gefühl. Diese Stunden bei ihm haben mich sehr geprägt und das Tai Chi, das ich viele Jahre in einer Gruppe und zu Hause praktizierte.

Du bist nur schön, wenn es von innen kommt

Im Nachhinein wird mir vieles klar: Krebszellen hat jeder Mensch in sich, das Immunsystem wird damit fertig, es kann die Zellen vernichten. Wenn es aber angeknackst ist, wenn man sich selber aufgibt … Das Wichtigste im Leben ist, dass man mit sich selbst zufrieden ist, dass man sich selbst annehmen kann, so wie man ist. Ich wollte mich immer schön machen; doch du bist nur schön, wenn es von innen kommt! Wie soll sich die Seele anders äußern, als über den Körper? Wenn man schon so verhärtet ist, wie ich es war, muss die Seele drücken − erst durch schwache Krankheiten, dann massiver. Meine kleinen Krankheiten habe ich mit Medikamenten bekämpft, habe nicht die Botschaft verstanden.

Im letzten Jahr habe ich mir gewünscht, dass ich *es* packen will. *Aber was?* Alles, überhaupt, dass ich mich glücklich fühle.

Ich habe Tom kennengelernt, das tut mir sehr gut. Ich möchte diesen Schritt mit ihm weitergehen, mich ihm öffnen; aber nur soweit, dass ich nicht verletzt werde.

Ich sehe auch nicht, dass er mich verletzen will. Ich möchte *das* finden, wozu ich berufen bin. Darauf kann ich nur kommen, wenn ich tätig werde. Mal schauen!

Das Schönste im letzten Jahr war für mich der Sommer – ich war fast jeden Tag am Strand.

Wenn ich im warmen Sand die Strahlen der Sonne spüre und das Rauschen des Meeres höre und baden kann, bin ich glücklich!

Das zweite Interview im Jahr 2001

Was möchte ich nun wirklich?

Nein, *die* berufliche Erfüllung gibt es noch nicht für mich. Ich habe zwei Versuche gestartet. Der erste war eine Ausbildung als Heilpraktikerin, daran ging ich sehr euphorisch: au ja, das ist genau das Richtige für mich!

Es gab aber einige Handicaps. Die Ausbildung war in Hamburg, wohin ich jeden Tag fuhr – das ging an die Substanz! Außerdem begann ich drei Monate später als die anderen und dachte mir, das könne ich nachholen. Aber das hohe Pensum, die Vorlesungen vom laufenden Tag abzuarbeiten und das andere nachzuholen, ist mir schnell über den Kopf gewachsen. Habe dann aufgehört und es als Schlappe hingenommen; das arbeitet noch immer in mir!

Der zweite Versuch war, mich auf eine Ausbildung als Büro-kauffrau einzulassen. Ich wollte einfach wieder Geld verdienen, auch wenn es nicht ganz nach meinem Geschmack war. Hatte sogar die Möglichkeit, über einen Vorbereitungskurs reinzuschnuppern und zu gucken, ob es etwas für mich ist. Das Vierteljahr ist nun fast um, und ich hab entschieden: das ist es nicht!

Hoffe nun, im Sommer 'ne Ausbildung als Wohnungs- und Grundstückskauffrau beginnen zu können. Ich meine, das ist auch nicht die Sahne, aber da bleibt nicht viel übrig! Soviel zu dem Thema: berufliche Erfüllung!

Welche Richtung mir liegt? Ich möchte in meinem Beruf Kreativität zeigen können. Ich weiß, das alles hat nichts mit Kreativität zu tun. Aber ich habe mich selbst unter Druck gesetzt, weil ich kein Geld mehr vom Arbeitsamt bekommen habe, hab dann von meinen Ersparnissen und dem Geld vom halben Haus, welches mir mein geschiedener Mann ausgezahlt hat, gelebt. Das möchte ich ja nicht zum Leben verpulvern, sondern für ein eigenes Grundstück ausgeben.

Ich frage mich immer wieder: was möchte ich nun wirklich? Den Traum, das zu tun, was mir wirklich Spaß macht, den verwirkliche ich im Augenblick nicht. Aber ich will auch nicht nur zu Hause sein, will mich beschäftigen!

Wieder in einer Tretmühle

Mein Alltag sieht momentan so aus, dass ich halb sechs aufstehe, halb sieben losfahre nach Rostock, halb acht beginnt der Unterricht. Um drei ist Feierabend, da kann man nicht meckern. Aber dieser Umstieg fällt auch schwer, man ist wieder in so 'ner Tretmühle drin. Als ich zu Hause war, konnte ich meine Zeit einteilen, und jetzt bleibt nach Feierabend nicht mehr viel. Wenn ich nach Hause komme, brauche ich Zeit zum Relaxen. Dann mach ich meinen Haushalt, geh einkaufen … abends ist es früh dunkel jetzt, da sitz ich gerne und lese, manchmal stricke ich und gucke Fernsehen, was mir nicht so gefällt, weil ich merke: das ist so 'n richtiger Freizeitkiller!

Ab und zu geh ich mittwochs zur Sauna und montags zum Frauenabend. Bin abends meist geschafft, möchte nur sitzen, wo's schön kuschelig warm ist und einfach nur mein Ding für mich machen. Die Zeit nehme ich mir auch.

Mein Sohn, der Patrick, wird 17 und wohnt seit einem Jahr ununterbrochen bei mir. Unser Miteinander ... wir gehen unsere Wege, sag ich mal so. Ab und zu kriegen wir es hin, dass wir zusammen essen. Abends koche ich manchmal was Warmes, denn er hat tagsüber keine warme Mahlzeit.

Da kommt schon mal das schlechte Gewissen in mir durch: du musst doch für den Jungen kochen! Aber in mir ist so ein Widerspruch, weil ich der Meinung bin, in dem Alter kann er sich auch mal selbst was kochen – aber er kocht halt nicht so gerne. Er ist mit seinen Kumpels zusammen oder sitzt vor'm Computer, den er sich vom Jugendweihe-Geld gekauft hat.

Der Große, Florian, ist 22 und wir treffen uns äußerst selten. Er studiert und lebt sein Leben – ich finde das gut. Er wohnt noch beim Vater, hat da sein Zimmer und ist oft mit seiner Freundin zusammen.

Von meinem geschiedenen Mann weiß ich, dass er arbeitslos ist. Er wohnt noch in unserem Haus, hat 'nen Kredit aufgenommen und mich ausgezahlt. Wenn ich mich mit ihm mal unterhalte, ist mir das unangenehm; er hat noch immer die gleiche Art, mir Schuldgefühle einzureden.

Als ich ihn das letzte Mal traf, sah er nicht gut aus, er war so aufgeschwemmt. Florian meint, er trinke nach wie vor, würde aber niemals zugeben, dass er Alkoholiker ist.

Meine Liebe wird intensiver

Jedes zweite Wochenende fahre ich zu Tom nach Niedersachsen, jedes erste kommt er zu mir. Unsere Beziehung hat sich sehr gut entwickelt, ich bin sehr glücklich!

Er ist ein Mann, wie ich mir immer einen Partner für mich vorgestellt habe: er ist Liebhaber, Freund, verständnisvoll, stellt auch unbequeme Fragen, wo ich merke: da möcht ich gar nicht so richtig ran. Aber wir sprechen dann darüber und kommen an den bestimmten Punkt, der mich bewegt.

Unseren Urlaub verbringen wir miteinander. Im Sommer waren wir in Frankreich, sind einfach drauflosgefahren. Es war so schön, mit ihm zu fahren! Und das erste Mal, dass wir so lange zusammen waren. Nach dem Urlaub hab ich gemerkt, dass ich wieder für mich allein sein wollte. Aber es war so super in diesem kleinen, romantischen, alten Hotel!

Da gab es ein schönes Erlebnis: abends machte ich draußen Tai Chi, da flog so ein Vogelschwarm unter sternenklarem Himmel über uns hinweg, und von unten sahen die Vögel aus wie angeleuchtet. Das hatte etwas Mystisches! Wir waren auch im Mittelmeer baden und da merkte ich: der heimatliche Strand ist viel schöner (lacht)! Aber es ist schon wichtig, mal ein anderes Land und andere Leute zu sehen.

Ich merke, wie meine Liebe zu Tom intensiver wird. Und es ist ein schönes Gefühl, verliebt zu sein! Ich möchte auch richtig mit ihm zusammen sein, weiß noch nicht, wie, aber der Wille ist schon mal da. Er möchte das auch, schon von Anfang an. Aber es ist immer wieder das leidige Thema, dass ich aus meinem Ort nicht weg möchte. Da ist auch noch irgendwie das Gefühl: du bindest dich wieder fest, was zieht das alles nach sich? Da kommt es auf mich an, ob ich in gewissen Situationen *nein* sagen kann, und das fällt mir noch sehr schwer.

Letztens sagte Tom den schönen Satz: Da sucht man ein Leben lang sein Glück, und dann dreht man sich um – und das Glück steht vor einem! – Ja, so haben wir uns kennengelernt!

Kraft tanken an der Ostsee

Natürlich gibt es Situationen, in denen ich mich ganz unten fühle. Zum Glück halten sie nie lange an.

Ich horche dann in mich hinein: Worum geht es mir jetzt, warum bin ich traurig oder nicht zufrieden? Woran liegt's und was will ich eigentlich?

Mir tut gut, wenn ich in solchen Situationen meditiere oder spazieren gehe. Hole mich damit zurück und denke: oh, Mensch, ich stehe hier an der Ostsee, das Meer rauscht und die Kieselsteine klöttern so vor sich hin!

Das sind so wundervolle Geräusche, dass man seine Probleme einfach weiterziehen lassen kann. Das steht ja in vielen Büchern: den Augenblick leben! Ist mir auch alles klar, aber in manchen Konfliktsituationen fällt es mir doch schwer. Zum Beispiel, wenn ich mich entscheiden muss, ob ich eine Ausbildung mache oder nicht!

Oder letztens hat Patrick so eine Bemerkung gemacht, die mich ganz schön verletzt hat. Daraufhin hab ich gekontert, ungefähr so: Jetzt machst du dein Ding alleine, wirst schon sehen, wie du klarkommst!

Aber dann habe ich in mich hinein gehorcht und gemerkt: im Grunde genommen bin ich beleidigt oder fühle mich betroffen — warum sage ich ihm das nicht?

Das ist noch so meine alte Spur, etwas in mich rein zu fressen und etwas zu kontern, was gar nicht zum Thema passend ist. Hab das am nächsten Tag mit ihm besprochen, dann ging's mir gleich besser!

Mensch, auf dem Stand warst du auch mal!

Freunde? Ja. Der Tom ist ein Freund, der mir ganz wichtig ist. Mir kommt es darauf an, mit einem Freund auf einer Wellenlänge zu sein und zu merken: wir sind auf Augenhöhe.

Anke ist eine sehr gute Freundin für mich. Sie hat so eine Art, bei der ich gar nicht viel zu sagen brauche; sie stellt dir 'ne Frage und ich denke: ertappt! Also, die kommt sofort auf den Punkt, auf

247

den es ankommt! Manchmal ist das so erschlagend, wenn sie sofort draufkommt, was ich eigentlich verheimlichen wollte! Ihr macht man nichts vor (lacht)!

Gerne bin ich beim Frauenabend, da weiß ich, dass ich verstanden werde. In der Ausbildung merkte ich den Unterschied, wenn ich mich da äußerte, wurde ich so angeguckt: mein Gott, *was sagt die denn jetzt!* Die Dinge, die mir im Leben wichtig sind, unterscheiden sich sehr von der Sichtweise der meisten.

Ich merke dann: Mensch, auf dem Stand warst du auch mal, du hast auch immer gedacht: man hat keine andere Wahl, man muss durchhalten! Meine neue Sichtweise ist: Dass man nur mit mir machen kann, was *ich* zulasse!

Verantwortung für meinen Körper

Mit meiner Krebskrankheit habe ich das Gefühl, dass ich über'n Berg bin. Es gibt da noch körperliche Reaktionen: wenn ich mich nicht wohl fühle, drückt mir der Magen. Dann hinterfrage ich: was ist die Ursache? Zum Arzt gehen und sich Pillen verschreiben lassen, bringt's ja nicht, das wissen wir. Der Psychotherapeut ist leider nicht mehr da – die Gespräche mit ihm fehlen mir sehr! Ich geh jetzt zu einem Heilpraktiker, der mir Akupunktur gibt. Er arbeitet mit einem chinesischen Professor zusammen, welcher Zungen- und Pulsdiagnose macht; darauf kann man schließen, wo zum Beispiel Energieverluste sind. Wenn man da jahrelang nichts unternimmt, können sich massive Krankheiten einstellen.

Wenn ich vogelfrei wäre, würde ich 'ne Weltreise machen! Einfach mit 'nem Schiff durch die Welt reisen! Schön langsam, mir Zeit lassen, erstmal in wärmere Länder: Marokko, Ägypten … Würde in China Unterricht nehmen in Chinesischer Heilkunde, in Indien Ayurveda lernen. Ja, so ganz frei und ungebunden, einfach losmachen! Ganz allein? Glaube nicht, dass ich das drauf hab. Obwohl man immer jemanden findet, wenn man Hilfe braucht. Allein findet man auch schneller Kontakt zu anderen Menschen.

Das dritte Interview im Jahr 2002

Was machst du hier eigentlich?

Im August letzten Jahres habe ich die Möglichkeit bekommen, eine Umschulung als Wohnungsgrundstückswart anzufangen. Das läuft so, dass man ein Vierteljahr einen Grundkurs hat, den alle durchlaufen, und nach dieser Zeit sollte man sich entscheiden, in welche Richtung man gehen wollte. Da gab es verschiedene Möglichkeiten, unter anderem eben Wohnungsgrundstückswart und sogar Werbekauffrau. Ich habe mich dafür entschieden, weil ich dachte, das geht doch mehr in den kreativen Bereich. Es ist viel Stress, ist sehr anstrengend; ich merke, dass meine Auffassungsgabe mit 47 Jahren doch nicht mehr so toll ist, wie ich dachte.

Dass ich manchmal länger brauche als andere, um Aufgaben zu lösen, und dass mir auch dieses stupide Rechnen absolut nicht liegt. Also, wenn mich früher einer gefragt hätte, dann wäre es das gewesen, was ich *nicht* hätte machen wollen, aber das gehört eben zur Ausbildung. Insgesamt läuft sie zwei Jahre. Nee, die anderen Umschüler sind nicht meine Wellenlänge. Wir stehen zwar in den Pausen zusammen und unterhalten uns, aber sie haben ganz andere Denkweisen, die ich eigentlich vor Jahren auch hatte: man muss doch arbeiten, man muss funktionieren, man muss an die Familie denken und an sich selber zuletzt … Irgendwie arrangiere ich mich damit, bekomme meine Zeit so über die Runden …

Es war schon 'ne ganz schöne Umstellung: kein Ausschlafen mehr, morgens um halb sieben losfahren; es dauerte auch fast ein

Vierteljahr, bis ich endlich draufhatte, pünktlich zu erscheinen – das hat ja auch was zu sagen! Halb acht beginnt der Unterricht, das sind immer vier Mal 90 Minuten am Stück, das ist anstrengend. Vor allem dieses stupide Sitzen!

Am Anfang habe ich mich oft gefragt: was machst du hier eigentlich? Das ist ja gar nicht das, was du wolltest! So dieses ... mir selbst Gewalt antun, um mein Geld zu haben, was ja auch ganz gut kommt jetzt von der BfA. Irgendwann werden die zwei Jahre auch vorbei sein.

Ich konnte es nicht mehr hören und bekam Tinnitus

Halb drei hab ich Feierabend, und halb vier bin ich dann zu Hause. Dann leg ich erst mal die Beine hoch, mache mir 'nen schönen Tee und höre klassische Musik. Oder ich schalte mir auch den Fernseher an – ich gucke in letzter Zeit wieder ziemlich viel Fernsehen. Ist nicht so toll, aber es ist halt so, um abzuschalten. Abends schalte ich auch immer alle Programme durch, ich könnte ja auch lesen oder Musik hören und Stricken, was ich sonst gemacht habe ... tja! Dann ist es auch schon wieder elf, und ich gehe ins Bett (lacht).

Montags gehe ich zur Massage – ja, ich hatte so Ohrgeräusche und habe daraufhin Massagen verschrieben bekommen. Tinnitus, das ging kurz vor Weihnachten los, ich denke mal, das war so 'ne akute Stresssituation, wir wurden auch alle sehr unruhig in der Klasse – es wurde Zeit, dass wir frei bekamen. Und ich habe oft gedacht: *du kannst es nicht mehr hören,* immer der gleiche Müll! Dann so einen auf lustig machen und alle mit unterhalten, das ging mir so auf den Geist! Kurz darauf *konnte* ich's auch nicht mehr hören, da bekam ich die Ohrgeräusche!

Ich habe halt noch nicht diese zündende Idee, ich lasse es laufen, und mit der Zeit wird sich schon was ergeben.

Im Abnabelungsprozess

Der Patrick ist noch bei mir, noch anderthalb Jahre bis zum Abschluss der 13. Klasse. Danach will er zur Armee gehen, und das ist für mich auch so ein Schnittpunkt, dann habe ich meine Ausbildung fertig, solange ziehe ich die noch durch.

Es ist mir angenehmer, wenn ich noch für ihn da bin. Falls er mal einen Ansprechpartner braucht – allzu oft ist das nicht – aber manchmal will er abends ein bisschen erzählen und auswerten, wie war der Tag, oder was wir am Wochenende so machen.

Andere werden sagen: jetzt schiebst du ihn wieder vor, o.k., dann schiebe ich ihn halt vor! Es gibt Tage, da sprechen wir kaum mal miteinander, höchstens mal so im Vorbeigehen. Er hat auch so seine Privatsphäre in seinem Zimmer und möchte dann nicht gestört werden. Das ist mir auch ganz recht, weil ich auch so im Abnabelungsprozess bin, hab dann die Zeit so für mich. Er hat kleine Pflichten; ich selbst erlege mir ja auch nicht so viele Pflichten auf. Für den Müll und den gelben Sack ist er zuständig, und den Abwasch machen wir meistens gemeinsam.

Meinen älteren Sohn sehe ich selten. Der Florian ist 23, und seine Freundin und er haben sich letztes Jahr eine Wohnung genommen; sie sind schon drei Jahre zusammen. Sie haben gemerkt, dass das Leben sehr teuer ist, gerade wenn man sich eine Wohnung einrichtet und mietet. Er hat ein ganz gutes Stipendium, doch dafür muss er schon die Hälfte für die Miete abdrücken.

Dann kommen noch immer ein paar Sachen dazu: das Auto ist kaputt, oder die Versicherung muss bezahlt werden. Aber ich staune, dass er ganz gut damit hinkommt und dass sie sich beide arrangieren.

Letztens waren sie mal da, über's Wochenende. Irgendwie schienen sie das genossen zu haben, unser Zusammensein und das Ambiente. Ich strahlte wohl auch Ruhe aus, weil ich mich hinsetzte und strickte, und alle fanden das schön, weil es sie so an früher erinnerte.

Es lohnt sich

Also, die Kilometer, die nerven ganz schön. Ich fahre fünf Stunden zu ihm, dafür, dass wir dann nur einen Tag zusammen sind … Andererseits habe ich letztes Wochenende wieder so gemerkt: oh, ja, das lohnt sich!

Und wenn's nur für einen Tag ist und zwei Nächte. Vielleicht sollte man wirklich etwas ändern, dass man zusammenzieht … oder nebeneinander wohnt …

Ich weiß es nicht! Irgendwann wird sich was ergeben … ich lass das auf mich zukommen.

Die Mutter war mit einem Mal so hilflos

Meine Eltern? Sie sind gestorben, als sie 76 und 79 Jahre alt waren. Natürlich haben meine Schwestern und ich öfter bei ihnen reingeschaut und standen ihnen zur Seite. Die letzten Jahre waren sie im Alten- und Pflegeheim; mein Vater ist mit meiner Mutter mitgegangen; sie hatte einen Schlaganfall und konnte sich nicht mehr allein versorgen, und für ihn wurde das auch zu schwer.

Das muss Liebe sein! Füreinander da sein, wenn ein Partner es braucht! Die kleinen Zärtlichkeiten, Hände halten, Küsschen geben im Alter – ich war erstaunt!

Es hat mir sehr zu schaffen gemacht, damit klarzukommen, dass die Mutter, die ja sonst immer alles gemacht hat und alles konnte – wie Kinder das so sehen – mit einem Mal so hilflos wurde.

Ich habe meinen Vater bewundert.

Als sie gestorben war, blieb mein Vater, der gar nicht ins Heim gebraucht hätte, allein im Heim. Er hatte nicht mehr die Traute, sich eine Wohnung zu nehmen und allein für sich zu wirtschaften. Eine Zeit lang ging es noch, doch dann wollte er auch nicht mehr leben – ein halbes Jahr später ist er gestorben.

Ein Gefühl, als ob ich fliege

Mein schönstes Erlebnis?

Wir waren im Februar im Wintersport in Südtirol und haben einen Skikurs belegt.

Das war einerseits sehr hart – die Beine taten mir mächtig weh, aber da hatte ich auch so ein ganz tolles Erlebnis, gleich am ersten Tag, als wir anfingen, diesen Idiotenhügel runterzufahren. Es ging immer im Slalom mit Gewichtsverlagerung, da hatte ich so das Gefühl, als ob ich fliege!

Ich war total euphorisch!

Tom und Patrick waren mit im Wintersport; es war eigentlich die Initiative meines Sohnes.

Es war gut, mal mit ihm zusammen Urlaub zu machen.

Das vierte Interview im Jahr 2003

… Also steh ich es durch

Meine Ausbildung läuft noch weiter, und das ist nach wie vor so 'n Klotz am Bein für mich. Ich mach da 'ne Sache, die ich nicht gerne mache, und dementsprechend fühl ich mich auch nicht wohl dabei.

Im November fing das Praktikum an in so einer Werbeagentur, da hat's mir von Anfang an nicht gefallen. Ich habe so unbewusst daraufhin gearbeitet, dass mir gekündigt wurde.

Dann hatte ich über Weihnachten ganz dolle Magenprobleme: ein Zeichen, dass ich mich wirklich nicht wohl in meiner Haut fühle und dass ich die Ausbildung abbrechen müsste. Aber ich habe nicht das Vertrauen in die Zukunft, dass sich von allein was ergeben könnte, also steh ich es durch.

Erkenntnisse

Ein sehr einschneidendes Erlebnis für mich war eine Familienaufstellung, bei der ich meinen Ehemann, meine Eltern und meine Krankheit aufgestellt habe.

Dabei ergab sich, dass es so nicht geht, wie ich es handhaben wollte: Ehemann abgeschnitten und nichts mehr damit zu tun haben wollen!

Dass der Ehemann ja ein Teil meines Lebens ist und weiterhin bleiben wird; immerhin ist er der Vater der Kinder, und dass es auch für die Kinder wichtig ist, dass sie ein gutes Verhältnis zum Vater haben, was im Augenblick nicht der Fall ist. Und ich selbst müsste ihm wohlwollende Gefühle entgegenbringen, was mir noch nicht gelingt, irgendwie ist da ganz tief etwas, was da noch nagt. Es braucht Zeit – das kam auch dabei heraus.

Die anderen haben auch ihre Familien aufgestellt, das hat mir auch sehr viel gebracht. Man wurde dabei für eine Person aus deren Familie hingestellt. Erstaunlich war, dass man zu der Person, die man darstellte, viele Parallelen gesehen hat. Dass der Charakter der Person auch auf einen selber zutrifft, obwohl man diese vorher nicht kannte. Anscheinend ist beim Aufstellenden der Instinkt visuell schon da: diese Person könnte mein Vater sein, zum Beispiel.

Ich hab mir ein Buch dazu gekauft und das mit Spannung und viel Zeit durchgelesen, weil man das aufarbeiten muss. Beim Lesen habe ich gemerkt, dass es ganz wichtig ist, weil ich so ein gespaltenes Verhältnis zu meinem Vater habe, was sich bei mir auch körperlich auswirkt, also, dass es ganz wichtig ist, dass die Eltern hinter den Kindern stehen, auch wenn sie nicht mehr leben. Die Eltern geben mir immer noch Kraft, als wenn sie mir die Hand auf die Schultern legen würden, ich merke da richtig die Schwingungen. Es ist wichtig, dem mit Wohlwollen zu begegnen!

Nachdem ich das durchdacht hatte und Affirmationen ins All geschickt hatte, ging mein Schulterleiden, was mich schon über Jahre plagte, plötzlich weg! Es wurde mir durch das Lesen und Begreifen zum dringenden Bedürfnis, mit meinem Vater Frieden zu schließen! Es war genau der richtige Zeitpunkt dafür.

Etwas mit den Händen machen

Worauf ich in meinem Leben hinarbeiten will? Dass ich eine Tätigkeit ausübe, die mir Spaß macht – das geht ja schon seit Jahren so! So, wie ich es formuliere, ist es nicht richtig: dass ich einen Beruf habe, der für mich zur Berufung geworden ist! Etwas mit den Händen machen, Hand auflegen, vielleicht auch besprechen …

Es gibt da einen schönen Spruch: träume dein Leben und lebe deinen Traum! Eigentlich ist das doch ganz einfach … aber ich stehe mir selber im Wege! Oder, wie der Therapeut mal sagte: Wir sind von Natur aus dazu verurteilt, glücklich zu sein! Denn, wenn du nicht glücklich bist, leidest du, dann kommen Krankheiten dazu, und dann geht's immer so weiter! – Das ist auch meine Sichtweise.

Ich tue schon viel dafür, dass es mir gut geht! Ich genieße gerne den Augenblick. Oder gehe spontan einem Gefühl nach, zum Beispiel mal Essen zu gehen. Dann ist auch gar nicht so im Hinterkopf: ich müsste doch sparen. Einfach machen! Das Größte ist es für mich, die Natur zu genießen, da brauch ich gar nicht weit zu gehen. Wichtig ist auch die Liebe für mich, weil: da blühe ich auf!

Angst vor dem Zusammenleben

Mit Tom kann ich sehr gut über Probleme sprechen. Bloß manchmal spreche ich das Problem nicht an, aber er merkt, dass ich nicht drüber reden will. Wenn's zu doll brennt, spricht er mich an, aber meist ist er sehr feinfühlig und lässt mich in Ruhe.

Zu Weihnachten hatte ich Angst davor, was kommt. Da hat er mir ganz viel Mut gemacht und meinte: du bist, wie du bist, und *du* bist der Mittelpunkt in deinem Leben, warum schiebst du das immer weg? Das hat mir so gut getan! Ist aber auch wechselseitig bei uns.

Tom hat es schon öfter angesprochen, dass er es gerne hätte, wenn wir zusammenleben. Er könnte sich auch vorstellen, dass er hier wohnt. Davor hab ich Angst – nach wie vor! Ich bin einfach auch gerne alleine, und diesen Freiraum möchte ich mir gerne lassen. Merke auch, wenn ich mal über ein Häuschen spreche, das ich mir so erhoffe: eigentlich will ich das für mich alleine! Find ich auch okay so, das ist meine Lebensweise! Vielleicht ist es auch das Gefühl, mich nicht zu sehr binden zu wollen, dass ich nicht so abhängig werde. Also, ich möchte stark sein, aber mich auch mal anlehnen können.

Ja, ich bin auch ein wenig eifersüchtig – es hat lange gedauert, bis ich mir das eingestanden habe.

Mein Leben selbst in die Hand nehmen?
So wurden wir ja nicht erzogen

Der DDR-Zeit trauere ich nicht nach, überhaupt nicht! Diese Art von Beständigkeit, die wir damals hatten, gab 'ne gewisse Sicherheit und ich fühlte mich da mehr behütet, aber auch bevormundet. Was mir immer noch schwer fällt, ist, mein Leben selbst in die Hand zu nehmen – so wurden wir ja damals nicht erzogen. Ich verlass mich ganz gerne immer noch darauf, dass andere über mich entscheiden. Das ist so schwer, das abzulegen!

Ja, ich lese gerne Bücher, die mich in meiner Entwicklung weiterbringen. Mal sind es spirituelle Bücher, dann wieder Lebensgeschichten. Ich höre gerne klassische Musik. Wir waren gerade in dem Mozart-Film, hier im kleinen Ort, und waren die einzigen Kinobesucher! War ganz toll! Gehe auch gern in philharmonische Konzerte, da kann ich ganz gut abschalten, gerade Geigenmusik spricht mich ganz doll an! Auch Zeitgenössisches höre ich gern, zum Beispiel Grönemeyer, Sting, Phil Collins.

Fernsehen? (lacht laut): ja, ich habe wieder sehr viel Fernsehen geguckt, das ist mir schon zu oft! Das alte Problem!

Pubertät: Es ist traurig, dass man seinen eigenen Körper nicht kennt

Nö, ich wurde nicht aufgeklärt. Meine Eltern, die sprachen da nicht gerne drüber, das merkt man als Kind instinktiv, und dann fragt man auch nicht. Meinen Vater hab ich nie nackend gesehen, meine Mutter ja, wenn sie sich in der Küche am Waschbecken wusch. Über Liebe oder Sexualität haben wir nie gesprochen, meine Mutter hatte damit auch nicht so viel am Hut; sie hatte vier Kinder und hatte genug Arbeit. Habe nicht oft gesehen, dass sich meine Eltern mal in den Arm genommen haben oder Zärtlichkeiten ausgetauscht hätten. Und irgendwie prägt das auch: mit meinen Kindern hab ich auch nicht gern über Sexualität geredet. Da hatte ich auch echt 'ne Hemmschwelle, und das haben sie gespürt.

Eigentlich wurde ich in der Schule aufgeklärt, in der 5. und 8. Klasse war Aufklärungsunterricht, aber nur die biologische Seite, nicht etwa Liebe und Partnerschaft! Ich hatte das Buch *Kleine Enzyklopädie Gesundheit*, das hab ich heimlich gelesen unter der Bettdecke.

Das fünfte Interview im Jahr 2004

Den Schritt in die Selbstständigkeit wagen

Im Sommer habe ich meine Ausbildung zur Werbekauffrau abgeschlossen, da war ich heilfroh und stolz. Danach ergab es sich, dass ich über die BFA eine Reintegrations-Maßnahme machen konnte.

Das kann bis zum Juni gehen, und es geht darum, wieder in den Arbeitsprozess integriert zu werden, in Form von Unterstützung bei Bewerbungen. Man kann drei verschiedene Praktika machen in der Zeit und Weiterbildungen – das ist schon 'ne gute Sache.

Ich hab mich da nicht so sehr wohlgefühlt, weil da nicht so 'n tolles Klima war, viele waren so unzufrieden, weil sie schon über Jahre arbeitslos waren. Zur Zeit mache ich ein Praktikum bei einer Filzerin und bin mächtig froh darüber, da kann ich mich kunsthandwerklich schaffen und etwas über's Filzen lernen. Das macht mir ganz viel Spaß und gibt mir enormen Auftrieb! Man ist kreativ tätig und hat auch gleich das Endprodukt, das ist schon ein tolles Gefühl! Ich merke, dass es immer mehr meinem Bedürfnis nachkommt, etwas selbst herzustellen und auch mein eigener Herr zu sein. Ja, ich will den Schritt in die Selbstständigkeit wagen!

Es gibt zwei Möglichkeiten: die ICH-AG, die über drei Jahre gefördert wird, wo ein ziemlich kleiner Satz gezahlt wird, und diese Existenzgründung, wo man ein halbes Jahr das volle Geld bekommt plus Versicherung, man kann die Unterstützung da noch um ein halbes Jahr verlängern. Mal schauen!

Mal zusammen sein – dann wieder allein sein, das ist mein Lebensstil

Meine Beziehung zu Tom ist 'ne sehr schöne, innige Beziehung. Wenn ich so an ihn denke, muss ich lächeln. Ich liebe es, mit ihm zusammen zu sein, ich liebe es, mich mit ihm zu unterhalten; auch die Umarmungen liebe ich. Wir unternehmen 'ne ganze Menge oder sitzen einfach nur da … ich glaube, er ist genau das Richtige für mich.

Und später? Mal schauen, wie wir uns so entwickeln! Nach wie vor liebe ich auch meine Einsamkeit, ich glaube, das ist auch so mein Lebensstil – mal zusammen Sein, und dann wieder allein sein.

Allein höre ich mir zum Beispiel Meditations-CDs an und meditiere – das mach ich nur allein.

Mein größter Wunsch ist es, ein kleines Häuschen zu finden mit 'nem Grundstück drumherum in 'ner traumhaften Gegend, wo ich selbstständig mein Ding mache! Wo ich auch mit Menschen zusammen bin, die auf meiner Wellenlänge sind und mich beflügeln.

Was ich dafür tue? Bin auf dem Weg, mehr meiner Intuition zu folgen, die hab ich bisher mit dem Verstand verdrängt. Merke natürlich auch, dass ich mir selber Druck mache – kann ich davon leben? Möchte dieses *hier und jetzt* leben für mich annehmen! Ich merke, dass zwischen Kopf und Bauch, im Solarplexus-Bereich, ich immer einen starken Druck habe, dass es nicht fließt! Kostet viel Energie!

Aggressionen rauslassen

Im September war ich mit einer Gruppe auf Mallorca bei einem Seminar *Traum-Tarot-Astrologie* bei dem Therapeuten, der mir damals geholfen hat. Davor hatte ich das Gefühl: es muss mal wieder etwas kommen in Richtung Weiterentwicklung, Selbstbewusstsein, oder einfach nur weiter an mir zu arbeiten.

Diese Woche hab ich unwahrscheinlich genossen, hat sich aber für mich auch in Fieberausbrüchen ausgewirkt. Also, es hatte sich eine ganz große Aggression in mir aufgestaut und wollte ausbrechen. Das war wohl auch der Sinn des Seminars, Aggressionen rauszulassen. Seit meiner Kindheit hatte ich kein Fieber mehr!

Mein Thema war *Arroganz*, die Übersetzung ist: sich seiner bewusst sein und das ausleben. Arroganz verbindet sich auch mit einem stolzen Gang, mit einem Schreiten und mit Selbstsicherheit. Das hab ich dort auch geübt und körperlich ausagiert.

Der Therapeut hat ein Buch geschrieben, wo drinsteht, dass man sich frei fühlt, wenn man seinen Typ auslebt. Man spielt, wenn man frei ist, keine Rolle. Es kam heraus, dass ich ein Alpha-Typ bin, also für das, was ich tue, Verantwortung übernehme und mein Leben selbst in die Hand nehme – das war für mich eine ganz neue Erkenntnis.

Wenn man sich etwas wünscht, kommt es auch

Im Winter hatte ich das Bedürfnis, nach Basel zu fahren, da waren die PSY-Tage der Heiler, die es schon seit 21 Jahren gibt und wo Heiler aus der ganzen Welt hinkommen. Das war wahnsinnig interessant! Habe mir eine CD mitgebracht, in der es um das *Höhere Selbst* geht, dass man Wege beschreitet, allein durch die Vorstellungskraft sein Leben zu verändern. Mein Thema! Diese Weltoffenheit fand ich auch ganz toll! Durch wunderbare Begegnungen mit Menschen zu einem Zeitpunkt, wo ich mich einsam fühlte, wurde wieder meine Sichtweise verstärkt: wenn man sich etwas wünscht, kommt es auch! Es tat mir sehr gut und brachte mich wieder ein Stück weiter.

Bei Tom machte sich zunächst Eifersucht breit, als ich nach Basel fahren wollte. Seine erste Frage war: Mit wem fährst du dahin? – Darauf ich: Wenn du möchtest, mit dir, sonst fahre ich alleine. – Ich habe mich da stark gemacht und meine Meinung durchgesetzt, dass es für mich jetzt wichtig sei, dorthin zu fahren.

Meine Weisheiten für mich behalten

Ob ich mich selbst liebe? Ja! Ich liebe mich selbst! Fühl mich total okay, so wie ich bin! Klar, es gibt öfter mal Situationen, wo ich denke: was hast 'n da wieder gesagt? Musst du wieder deine belehrenden Formen so rauskehren? Hab ich neulich von meinem Sohn gehört: Kannst du deine Weisheiten nicht einfach für dich behalten und andere ihre Fehler selber machen lassen? – Er hat das total auf den Punkt gebracht, dass ich sagen musste: Ja, du hast recht!

Meiner Intuition folge ich nicht immer, weil ich mich oft selbst blockiere. Dann schaltet sich der Verstand ein: sei vernünftig! Aber ich spür schon, wenn ich ihr nicht gefolgt bin, dass es dann wehtut. Sei es in Form einer Verspannung oder die Nase ist dicht. Aber ich merke immer mehr, dass ich meinem Gefühl nachkomme. Sag aber auch nicht immer, was ich denke, weil ich noch dieses *nett sein wollen* rauskehre, und das ist irgendwie Quatsch, ist falsch.

Das sechste Interview im Jahr 2005

Alle Wünsche erfüllt – und nun?

Das Jahr 2004 war für mich sehr ereignisreich: ich bin 49 Jahre alt geworden – das sind sieben mal sieben Jahre! Diese Numerologie ist vielen gar nicht so bewusst, aber alle sieben Jahre verändert man sich und alle sieben Jahre soll sich auch der Körper regenerieren.

Wenn ich so zurückdenke, hat sich doch in den letzten sieben Jahren 'ne Menge ereignet, und 2004 war wirklich der Höhepunkt! Ich bin auf 'm Berg angekommen, weil sich da mein Wunsch erfüllt hat, mein Ding zu machen. Weiß zwar, dass das nicht von Dauer ist, sondern nur ein Schritt auf dem Weg. Aber es gibt ja den bekannten Spruch: der Weg ist das Ziel!

Konkret habe ich mich im August in die Selbstständigkeit begeben und mir eine kleine Werkstatt gemietet und eingerichtet. Mein Thema: Filz und Kunst. Damit lege ich los. Im Grunde genommen habe ich den Wunsch, als Künstlerin tätig zu sein, Bilder zu malen.

Ebenfalls im Sommer konnte ich mir meinen Traum verwirklichen, mir ein eigenes kleines Reich zu kaufen. Seit November wohne ich in meiner eigenen Wohnung! Hab ein Stück Wiese, Terrasse und 100 Quadratmeter Wohnraum! Und trotzdem ging mir gerade gestern durch den Kopf: eigentlich habe ich ja alles, was ich mir gewünscht habe – dennoch verfolge ich wieder das alte Muster, dass ich Angst vor der Zukunft habe. Und dachte, das wäre doch toll, wenn ich dieser Angst nicht so viel Raum geben würde. Nach dem Motto: Genieße den Tag – der morgige Tag sorgt für das Seine! Teilweise gelingt mir das schon, dass ich den heutigen Tag einfach so genieße. Dann kommt aber wieder die Angst dazu: kannst du das überhaupt vermarkten? Ich hab die Befürchtung, dass mich diese Angst auffrisst (tiefes Seufzen). Das liegt mir ganz auf der Seele. Ehrlich gesagt, such ich da auch professionelle Hilfe.

Wünsche mir Kontakte im künstlerischen Bereich, dass ich auf andere zugehe, aber auch Leute in mein Leben treten, mit denen ich was zusammen machen kann. Merke immer mehr, dass ich Schwierigkeiten habe, nur alleine für mich mein Ding zu machen. Das äußert sich auch körperlich, indem ich manchmal Atemschwierigkeiten habe, wieder den Gang zum Arzt mache, um in ein altes Muster rein zu kommen.

Gerade im Dezember habe ich eine Tortur über mich ergehen lassen, wo ich mir ganz viel Schmerz zufügen lassen habe. Also, ich habe mir eine Brücke machen lassen, und jetzt, wo ich sie drin habe, denk ich: ist doch blöd, warum hast du das gemacht?

Dachte, ich hätte dann mehr Bissfestigkeit, könnte mich dann im wahrsten Sinne des Wortes besser durchbeißen.

Aber ich habe jetzt ein starres Gebilde in meinem Mund, das da nicht hingehört.

Immer wieder die Angst: bringe ich genug?

Vielleicht geht es mir auch zu gut! Nun hab ich endlich alles, was ich mir wünsche, und nun weiß ich nichts damit anzufangen. Also: *was* will ich eigentlich? Was ist mein Anliegen? Natürlich muss man 'ne Lebensgrundlage haben, woher das Geld kommt.

Das macht mir am meisten Angst! *Noch* kommen Gelder, aber wie läuft es ohne sie? Ich muss mich in die Spur begeben, mehr Aktivitäten zeigen, muss auch lernen, mit Absagen und Misserfolgen auszukommen.

Zur Zeit gebe ich einen Filz-Kurs in der Woche, habe eine Boutique, die Sachen von mir mit anbietet, dadurch kommt aber nicht viel Geld rein. Zweimal ist es mir passiert, dass ich einen Auftrag hatte und die Leute hatten sich, als es fertig war, was anderes vorgestellt. Das ist schon frustrierend.

Mein Sohn wohnt wieder bei mir, nachdem er ein Jahr beim Zivildienst war. Er möchte gern wieder in die Fremde gehen und hat sich für ein Studium beworben. Im Augenblick bewegt es mich, dass er den ganzen Tag zu Hause ist; irgendwo wird's mir da zu viel – andererseits genieße ich es, mit ihm Gespräche zu führen. Also, dieses Mutter-Kind-Verhältnis ist vorbei, und das ist gut so. Trotzdem hoffe ich, dass er bald was findet und seinen eigenen Weg geht.

Tom und ich sind noch immer gern zusammen und genießen die Wochenenden; auch genieße ich es, in der Woche allein zu sein. Missen möchte ich ihn auf keinen Fall: er ist da für mich, er hört zu, ich höre zu. Seit einem halben Jahr ist es mir zu viel, jedes zweite Wochenende zu ihm zu fahren. Hatte durch mein Praktikum damals viel zu fahren und mochte diese Stadt auch einfach nicht, wo er wohnt. Für Tom ist das o.k., er meint, er sei halt Pendler und fährt nun jedes Wochenende.

Seit ich selbstständig bin, hat sich mein Rhythmus wieder verändert: ich schlafe gut aus, stehe zwischen acht und neun auf, frühstücke ausgiebig und höre Musik, mache was am Haus und gehe gegen Mittag erst in die Werkstatt. Arbeite so zwei, drei, manchmal vier Stunden, je nachdem, wie kalt es in der Scheune ist – da spare ich an der Heizung, die nehme ich lieber für die Kurse. Nachmittags komm ich nach Hause, gehe gern spazieren am Strand. Nur die Angst ist immer dabei: bringe ich genug?

263

Die alten Interviews jetzt noch einmal zu lesen, war schwer für mich. Es ist erstaunlich, was mich in den letzten Jahren bewegt hat und was jetzt längst abgehakt ist. Wichtig ist doch immer nur der Augenblick. Ich habe doch ziemlich viel von mir Preis gegeben ...
Aber: packen wir es an!

Konzentrieren auf das, was ich wirklich will

Tom war fünf Monate krank und war in der Zeit hier – und es funktionierte! Wenn er Rentner ist, wollen wir hier gemeinsam leben.

Wofür brenne ich? Ob ich das auslebe, ist 'ne andere Sache: ich male und koche sehr gerne. Könnte mir vorstellen, ein Kochbuch zu schreiben: Alltagskochen – für jeden Tag ein Gericht, das verbinden mit 'ner Geschichte vielleicht.

Kochen nimmt einen großen Teil meines Lebens ein und bedeutet Entspannung für mich. Mal zwei Monate 'ne Auszeit nehmen und schreiben – das wär's! Ich guck auch gern Kochsendungen; stelle gern Marmeladen und Konfitüren her, mach verschiedene Essigsorten; so 'n bisschen *Hausfrauen like*, komischerweise. Saisonal kochen mag ich und verfeinere gern mit vielen Gewürzen.

Malen liegt mir, hab viele Kurse besucht. Zum Beispiel in moderner Malerei, da lernen wir verschiedene neue Techniken kennen. Da steh ich vor den Bildern und denke: boah, wie kriegt man *das* denn hin? Und das kann man alles lernen! Hab schon viel verkauft in der Produzentengalerie.

Gute Farben sind wichtig, auch Leinwände, dafür geht auch viel Geld drauf. Die Motive springen mich an! Wenn ich unterwegs bin, fotografiere ich viel. Zum Malen komm ich oft nicht. Man muss seine Prioritäten setzen; ich muss mich mehr konzentrieren auf das, was ich wirklich will.

Mehr Zeit verbringe ich mit der Textilherstellung.

Seit vier Jahren bin ich Hauptmieterin einer Galerie – das war 'ne gute Idee! Du hast ein Dach über'm Kopf, musst nicht mehr so viel auf Märkte gehen, kannst heizen und jeden Tag ist jemand da. Ein- bis zweimal die Woche hab ich Dienst; wir sind fünf Künstlerinnen und Kunsthandwerkerinnen, die sich gleichberechtigt präsentieren und ihre Sachen dort verkaufen.

Gemütliches zu Hause

Mein Alltag? Ich genieße es, den Tag so einzuteilen, wie ich's möchte. Frühstücken, Radiosendung hören, zur Stadt fahren, Leute treffen, einkaufen, dann nimmt die Galerie viel Zeit ein, wo ich sieben bis acht Stunden verbringe, auch mal reinschauen, wenn die anderen Dienst haben, um den Kontakt zu halten. Zeit, was herzustellen, ist oft vormittags, da kann ich besser arbeiten. Und so ein Haus muss auch geführt und gereinigt werden.

Wie schnell die Zeit vergeht, da bin ich immer wieder überrascht! Ich muss mich auch besser strukturieren. Wenn ich morgens im Sommer jogge, habe ich mehr Elan für den Tag. Oder ich nehme Zitrone und Olivenöl zu gleichen Teilen ein, das ist 'ne Reinigung für die Leber – auch das bringt mehr Energie für den Tag und ist gut für's Zahnfleisch. Lebe nach wie vor gerne gesund! Abends bin ich ziemlich bequem. Gemütlich zu Hause sein liebe ich so. Es wird Zeit, mir wieder was zu suchen in Richtung Sport; ich beweg mich zu wenig, das ist leider so. Fünfzehn bis zwanzig Kilo dürften es schon weniger sein.

Die Kinder gehen ihre Wege, sie haben ihre Partnerinnen und inzwischen habe ich vier Enkelkinder! Ich genieße es, mit ihnen zusammen zu sein, aber ich bin nicht so die konventionelle Oma, die regelmäßig ihre Enkel sieht. So alle zwei bis drei Wochen treffen wir uns schon! Ist toll zu sehen, wie sie sich entwickeln, wie schnell das geht! Kinder sprechen Sachen aus, sind sehr direkt. Möchte lieber mehr mit ihnen unternehmen, aber in der Woche sind sie sehr beschäftigt und am Wochenende bin ich auch gerne mit Tom alleine.

So ein großer Luxus

Wieviel Zeit bleibt mir noch? Das überlege ich manchmal. Meine Mutter ist mit 76 gestorben, ich bin jetzt 62. Werde wohl mit 65 erst in Rente gehen – ich mache ja meine Arbeit gerne und will auch danach noch weiter arbeiten. Vom Finanziellen her geht's mir wirklich gut: hab meine Wohnung abbezahlt und bekomme dann ausreichend Rente. Es ist schon ein Luxus, so 'ne große Wohnung zu haben – alleine bzw. zu zweit! Wohne in einer schönen Gegend, kann Urlaub machen, wenn ich es möchte.

Toll, so 'n Smartphone

Technik? Natürlich hab ich 'nen Computer, aber ich check ganz selten meine E-Mails, so alle zwei Monate. Spreche lieber per Telefon miteinander. Oder sende 'ne SMS, dann störst du nicht und kannst selbst antworten, wann du willst. Tom hat mir ein Smartphone geschenkt, weil ich so gern Fotos mache, Bilder schicken kann von der Familie und den Enkeln, dann bin ich auf dem Laufenden.

Fernsehen, das ist so 'n Laster von mir; ab abends läuft die Kiste bis nachts, ich geh sehr spät ins Bett. Ich lese auch gerne Romane, morgens im Sessel oder abends im Bett, lese auch die Ostsee-Zeitung und höre gern Radio.

Bin natürlich interessiert, wie sich Politik bei uns und auf der Welt entwickelt. Warum hat der Trump so viel Erfolg? Da schüttelste nur noch den Kopf! Bin erschrocken, dass die AfD so groß geworden ist, mit diesem Populismus muss man lernen, umzugehen. Wir leben in einem der reichsten Länder, wo's uns echt gut geht. Du hast ein Rechtssystem, was o.k. ist, hast gefestigte Strukturen. Es wäre schön, wenn sich viele öfter dessen bewusst werden. Gut wäre, wenn die Kinderbetreuung kostenfrei wäre und es eine Rente für alle gäbe, von der man leben kann. Die Mieten sind viel zu hoch. Es ist genügend Geld da, es müsste oft sinnvoller eingesetzt werden.

Was ich für den Tanz aufgebe

Franziska, geboren 1964

Das erstes Interview im Jahr 2000
Franziska ist 35

Ich würde mich beschreiben als ein Zwischending zwischen Temperament und Phlegmatiker.

Andere sehen in mir den Macher! Aber das bin ich nicht unbedingt! Ich mach ja ganz gerne und schiebe auch gerne Sachen an, aber ich hab es auch gerne, wenn ich nur zu organisieren brauche und andere die Arbeit mit übernehmen. So dass nur noch die Fäden bei mir zusammenlaufen.

Macht erstmal euren Beruf, dann könnt ihr immer noch Kinder kriegen

Ich bin 1964 in Berlin geboren worden und aufgewachsen bin ich in einer kleinen Stadt bei Dortmund. Habe zwei ältere Schwestern; wir sind jeweils ein und ein viertel Jahr auseinander. Wir haben in einem schönen Haus gewohnt, von Freunden meines Vaters erbaut. Es war ein großes Haus, in dem acht Parteien Platz hatten, lauter Freunde meiner Eltern – eine Riesen-WG, wo viele große Feste gefeiert wurden. Wir waren dort sechs Kinder und haben wahnsinnig viel Spaß gehabt.

Erzogen wurden wir von unserer Mutter – unser Vater hat sich da rausgehalten. Wenn wir ihn gesehen haben, machte er mehr Spaßiges oder Spiele mit uns. Wir wurden eigentlich meistens in Ruhe gelassen, aber unsere Mutter hatte immer ein ziemliches Argusauge auf uns gerichtet, also alles beobachtet, was wir tun. Und wenn eine Situation eintrat, wo irgendwas nicht okay war oder eine Gefahr drohte, dann griff sie ein. Aber vorher eben nicht.

Im Haushalt mussten wir mithelfen; als schrecklich empfand ich immer, dass am Samstag Putztag war! Da mussten wir alle ran! Oder wir haben reihum Küchendienst gehabt, abwaschen und Küche in Ordnung bringen. Das Verhältnis zu meinen älteren Schwestern war unterschiedlich; heute verstehen wir uns wunderbar. Aber früher gab's auch mal Mord und Totschlag und Türen knallen! Hatten jeder unser eigenes Zimmer, so dass wir uns aus dem Weg gehen konnten.

Ja, alle drei haben wir keine Kinder, und nur die Zweite ist verheiratet. Ich denke, das hat was damit zu tun, dass meine Mutter immer gesagt hat: macht erstmal euren Beruf, dann könnt ihr immer noch heiraten und Kinder kriegen! Da es aber mit dem Beruf nicht zu Ende geht oder es immer wieder was Neues ist, sitzt dieser Gedanke einfach zu tief. Wollte eigentlich viel früher in die Schule kommen – ist ja klar, wenn man die Jüngste ist! Das Erste, was passierte, ist, dass ich in der ersten Klasse hängengeblieben bin – zack (lacht). Es war wohl doch zu früh gewesen, aber in dieser Klasse war auch meine gute Freundin …

Zu den Hausaufgaben musste ich in den ersten Schuljahren gedrängelt werden, weil ich keine Lust hatte! Ich war Legasthenikerin; meine Mutter hat sich jeden Tag mit mir hingesetzt – auch *das* fand ich schrecklich! Ich konnte bestimmte Buchstaben nicht auseinander halten: d und t, k und g, e und ä.

Später bin ich zur Gesamtschule gekommen, das hat mir wahnsinnig gut getan. Nach dem 9. Schuljahr wurde die Klasse getrennt, in Realschul- und Abiturklasse. Ich wollte auf keinen Fall in die Realschulklasse! Ab dieser Zeit hab ich richtig was getan – an der Gesamtschule wird man auch anders gefördert. Diese Schule war damals so ziemlich die erste Gesamtschule in Deutschland. Spaß gemacht hat mir die Schule erst in der Oberstufe. Ich hatte ziemliche Lücken und musste hart arbeiten, um die wieder zu schließen. Ich wollte Abitur machen, weil ich mir nicht vorstellen konnte, nach der 10. Klasse abzugehen.

Du kannst ja nicht mal geradeaus gehen!

Als Kind habe ich viel gemacht. In der Grundschulzeit haben wir Klavierspielen gelernt – fand ich aber ganz furchtbar, denn meine Mutter hat immer mit uns geübt, weil sie auch Musiklehrerin ist.

Dann hatten wir ein Pferd, worauf wir geritten sind. Später habe ich voltigiert, habe den Voltigier-Schein gemacht und unterrichtet, als ich selber nicht mehr mitmachen durfte.

Habe mit sieben Jahren beim Ballett angefangen, da bin ich durch meine Freundin rangekommen. Meine Mutter sagte damals: Was, du willst zum Ballett? Du kannst ja nicht mal geradeaus gehen!

Im Flötenkreis der Gesamtschule hab ich Flöte gespielt, im Chor war ich, später waren wir alle in der Kantorei; da haben wir sehr schöne Fahrten gemacht. Ja, Cello hab ich auch noch gespielt – hatte jeden Nachmittag was anderes. Ballett habe ich mit wachsender Begeisterung getanzt; ich hatte auch eine gute Pädagogin, die mich begeistern konnte.

Mexiko hat mich sehr verändert

Nach dem Abitur habe ich erstmal eine Schleife gemacht, indem ich für eineinhalb Jahre zum Geigenbau nach Mexiko ging. Dort lebte die Cousine meines Vaters, deren Mann Geigenbauer war. Sie hatte mich eingeladen, meine Lehre dort zu machen. Das Leben in Mexiko hat mich sehr geprägt. Nach 20 Jahren war ich das erste Mal lange weg von zu Hause! Denke, ich bin dadurch toleranter geworden, als es andere in dem Alter sind. Durch die ganze Lebensweise dort – da musste man sich ganz schön durchhauen!

Das Leben in Mexiko ist sehr einfach; ich wohnte in einem Dorf oberhalb von Mexiko-Stadt, wo die Leute alle nicht viel Geld hatten. Der Geigenbauer machte nicht viel, den hab ich kaum in der Werkstatt gesehen. Die Familie lebte davon, dass sie eine Erbschaft hatte.

Also, furchtbar! Sie hatten drei Kinder und die Frau war schwanger und es war ziemlich chaotisch! Sie hatten im Prinzip gar keine Zeit für mich.

Irgendwann habe ich mir dort ein Haus gemietet – das kostet ja alles nicht viel. So war ich erstmal aus der Familie raus, dann ging's besser; ich störte da auch irgendwie, das kann man sich ja vorstellen! Habe mich alleine ein bisschen rumgeschlagen und dort auch mexikanischen Flamenco getanzt.

Der Geigenbauer hat mir morgens immer eine Aufgabe gegeben, aber wenn keiner dahinter steht, macht man es irgendwie nur halbherzig.

In Mexiko habe ich ein Erdbeben erlebt, das war schon wie ein Wachrütteln für mich. Es war so ein Anlass, sich neu zu definieren, über mich nachzudenken. Wobei sich das jetzt so intellektuell anhört, damals war ich gar nicht so – ich war erst 19!

Aber als ich aus Mexiko zurückkam, sagten alle, ich hätte mich total verändert. Das war auch so; ich war nicht mehr so oberflächlich, ich hab über Dinge sehr viel intensiver nachgedacht, ich war sehr viel stiller. Wenn man so will, habe ich meine Lebenserfahrungen dort gesammelt.

Das ist nun schon 14 Jahre her! Dann wurde es höchste Zeit, dass ich nach Hause kam, ich war da schon ziemlich verdreht!

Habe wieder zu Hause gelebt und eine Geigenbauer-Lehrstelle bekommen.

Ich bin doch mit 24 schon zu alt

Hatte aber irgendwie die Nase voll, wurde krank darüber – meine Schmetterlingsflechte kommt daher – und habe daraufhin eine Therapie gemacht.

Irgendwann fragte mich die Therapeutin: Was wollen sie denn eigentlich machen in ihrem Leben? –

Darauf sagte ich, dass ich schon immer tanzen wollte. –

Warum machen sie's dann nicht? – Ich bin doch schon viel zu alt, mit 24 geht das nicht mehr!

Da kam meine Freundin und half mir wieder weiter: sie schrieb meinen Lebenslauf, ich besorgte Adressen von Tanzschulen. Im Norden hatte ich Glück; der Leiter einer Tanzschule rief mich an und sagte: Wir haben gerade angefangen, wenn sie das noch machen wollen, dann gleich! –

So konnte ich meine Lehre nicht zu Ende machen, denn ein Jahr später wäre ich schon zu alt gewesen.

Meine Schwester hatte dort eine Wohnung; so konnte ich erstmal unterkriechen. Von da aus habe ich mir eine WG gesucht, das war ganz lustig. Nach zwei Jahren Tanzausbildung sagte mein Lehrer: Sie sind jetzt fertig, nun gehen sie mal in die Welt hinaus. – Normalerweise hätte ich *drei* Jahre lernen müssen, aber wenn man schon älter ist, geht man anders an die Sache heran. Die anderen waren 16 bis 20; und ich habe vom ersten Tag an schon unterrichten dürfen.

Später bin ich nach Berlin gegangen. Habe dort weiter gelernt, weil ich mich noch nicht so fühlte, als könnte ich schon alles. In Berlin habe ich in freien Tanzgruppen mitgetanzt und auch unterrichtet; aufgetreten sind wir auch. Von dort aus bin ich zur Spezialschule gegangen, um meine Meisterprüfung zu machen. Das ging über eineinhalb Jahre, alle 14 Tage am Wochenende. Ja, ich darf mich jetzt Meisterin schimpfen!

Mit 'nem Kneipenjob
hab ich mich durchgeschlagen in Berlin

Im Café *Na und* in der Prenzlauer Allee musste ich von 23 Uhr bis 7 Uhr stehen – das Café gibt's heute noch! Zu der Zeit habe ich in einer schönen Einraumwohnung gewohnt; ganz oben, mit viel Licht und Kohleofen.

Eine Episode muss ich noch erzählen: Meinen Kneipenjob hab ich aufgegeben, weil ich angezeigt wurde. Wegen *Körperverletzung!* Nein, *das* war eine Geschichte! Kamen zwei Besoffene rein nachts. Der eine meinte, mit mir 'nen Streit anfangen zu müssen. Ich reagierte gar nicht darauf, da hatte ich keinen Bock drauf. Er provozierte immer weiter. Mit einem Mal kommt er so über den Tresen und wollte mich fassen. Ich war gerade beim Spülen, hatte ein Glas in der Hand und: bums, hat er's übern Kopf gekriegt!

Mörderin! – so hat er mich betitelt, bis der Krankenwagen kam. Eines Tages bekam ich eine Anzeige ins Haus, ich musste zur Polizei zur Anhörung und sagte: Was hätte ich denn machen sollen, alleine, ohne Telefon? – Irgendwie hab ich dann gedacht: also, jetzt reicht's, jetzt brauchst du die Kneipe nicht mehr! Ein halbes Jahr hatte ich das durchgehalten – bis um sieben arbeiten und mittags wieder raus – ich war ganz allein in der Kneipe tätig, die nur zwölf Plätze hatte!

Dann mach doch selber eine Schule auf!

Hinterher unterrichtete ich in Adlershof im Klassischen Tanz. Von Anfang an lief meine Ausbildung darauf hinaus, dass ich unterrichten wollte. Meine Bühnenerfahrung machte ich in kleinen Trupps in Berlin. – Sam, pass auf! Lass den dicken Kater zufrieden! Warte mal, ich muss mal den Hund hier wegbringen! – Inzwischen rief mein alter Lehrer bei meiner Lehrerin in Berlin an: Haben sie nicht noch jemanden – ist Franziska noch da? – So ging ich wieder in den Norden, um dort zu unterrichten.

Doch nach knapp zwei Jahren schloss er seine Schule einfach zu und wollte sie verkaufen. Er fragte auch mich, ob ich sie kaufen wolle – war mir aber viel zu teuer. Aber ich dachte mir: *wenn er dir das zutraut*, eine Schule zu leiten, dann mach doch selber eine auf! So, und dadurch bin ich nach Mecklenburg gekommen! Wieso diese Kleinstadt am Meer? Sie hat mir einfach gefallen – ich wollte gerne an der Ostsee bleiben. Hatte mehrere Städte in Augenschein genommen, und diese hier hatte nur eine Musikschule. So sah ich hier die Chancen für mich. Bin in die Nähe auf's Land gezogen und habe erstmal in Kindergärten und Schulen unterrichtet. 1994 hab ich meinen ersten Workshop gemacht und ein Jahr später die Schule eröffnet.

Die ersten Schüler kamen, und ich wusste: wenn ich die Schüler behalten möchte, muss ich einen Raum finden. Den ersten hatte ich eineinhalb Jahre; der war leider sehr teuer und nicht zentral gelegen. Seitdem ich einen Raum direkt im Zentrum habe, läuft das ziemlich gut. Es ist ein ehemaliger Speiseraum eines Betriebes, die Miete ist halb so hoch wie beim ersten Raum. Jetzt kann ich mich kaum retten, habe in manchen Klassen 16 bis 18 Leute – das ist zu viel! Gern möchte ich eine Ausbildungsschule werden, dazu müsste ich mich räumlich vergrößern und jemanden einstellen.

Einen so toleranten Mann gibt's gar nicht

Ich weiß nicht, es hat sich so ergeben, dass ich allein lebe. Inzwischen bin ich ganz froh darüber. Meine gute Ballettlehrerin sagte mir: Mit einem Mann und Kindern kommst du nicht zum Tanzen, das geht eh schief! – Das wollte ich ihr natürlich damals nicht glauben, aber auf der anderen Seite habe ich den Hang, zu Männern zu greifen, die mir nicht gut tun. Da lass ich es lieber sein!

Inzwischen ist es so, dass für einen Mann eigentlich kein Platz mehr ist in meinem Leben. Und wenn ich einen finden sollte, müsste er sehr tolerant sein, so einen gibt's, glaube ich, gar nicht! Im Prinzip habe ich das schon abgehakt, dass ich sage, ich lebe mein eigenes Leben hier, bin vollkommen ausgelastet ... hab meine Tiere und mein einziger Ballettschüler kommt öfters vorbei ... Nein, eigentlich bin ich nicht einsam. Zu schönen Festen fahre ich nach Hause, na klar.

Die Leute hier im Dorf verstehen mich nicht

Fühle mich hier sehr wohl in dem Haus! Komme nach Hause, mache die Tür zu – der Stress bleibt draußen! Hier habe ich meine Erholung und Freizeit. – Sam, würdest du das Mäuschen bitte sein lassen! – denn ich habe einen völlig anderen Lebensrhythmus als sie. Neulich fragte mich eine argwöhnische Nachbarin, warum bei mir des Nachts immer das Licht brenne. Es war in der Zeit, wo ich jede Nacht an Kostümen für eine Aufführung genäht habe, aber das hätte sie nie verstanden; so meinte ich nur, dass ich öfter vergesse, das Licht auszuschalten!

Man muss die Tanzschüler hofieren und sich bedanken

Ich habe einen großen Kostümfundus und es kommt laufend etwas dazu. Vor dem *Dornröschen* habe ich wochenlang nachts daran genäht. Irgendwann ist der Fundus so groß, dass ich da kein Geld mehr reinstecken muss. Beim *Dornröschen* habe ich sehr viel eingenommen, das Theater war voll! 20 Prozent bekommt das Haus, 80 Prozent bekomme ich, das hat aber lange nicht die Kostümkosten abgedeckt! Meine Arbeit wird damit überhaupt nicht honoriert. Deswegen mache ich die Aufführung ein paar Mal hintereinander, damit ich wieder etwas reinkriege.

Wie ich damit klarkomme, im Hintergrund zu stehen? Na, toll war es schon, nach dem Stück auf die Bühne zu treten und zu hören, dass sich der Applaus ein bisschen gehoben hat! Man erwartet vielleicht von seinen Schülern etwas mehr Respekt – aber ich weiß nicht, ob man das erwarten kann, weil sie alle mit sich selbst sehr beschäftigt sind. Man muss so eine Inszenierung mit der Einstellung machen, dass man es für seine Schüler macht. Man kann nicht erwarten, im Vordergrund zu stehen und gefeiert zu werden. Im Prinzip muss man noch die Schüler hofieren und sich bedanken, dass sie es überhaupt gemacht haben – das erwarten sie auch!

Mein Vater hat das bei der Premierenfeier auf den Punkt gebracht bei seiner Rede: Ich hätte die Inszenierung nicht ohne meine Schüler machen können, aber meine Schüler sollten auch bedenken: sie hätten die Inszenierung nicht machen können ohne *mich!*

Ja, meine Eltern und meine Schwester sind häufig hier, wenn irgendwas Schönes ist. Wir sind eine richtig gute Familie.

Wenn du nichts tust, kannst du auch keine Fehler machen

Meine schönsten Erlebnisse habe ich beim Tanz – ich mache ja nichts anderes (lacht)! Ängste habe ich so gut wie gar nicht! Weil ich immer denke: wenn du was machst, dann machst du auch Fehler. Wenn du nichts tust, kannst du auch keine Fehler machen. Und ich habe keine Angst, etwas zu machen!

Ich wünsche mir, dass es dieses Jahr klappt mit der Ausbildungsschule. Habe schon einige Zuschriften und hoffe, dass eine Klasse zusammenkommt mit sechs Leuten. Dann muss ich schnell jemanden einstellen, der meinen Unterricht übernimmt. Will mal beim Arbeitsamt gucken, denn es gibt hier viele russische Aussiedler, und einige von ihnen haben eine Ballettausbildung. Auch werde ich die Schul- und Prüfungsordnung fertig machen, damit meine Ausbildungsschüler einen regulären Abschluss haben. Es wäre ganz schön, irgendwie staatlich zu sein.

Ich habe wieder angefangen zu singen, im Kirchenchor Wismar. Aber es ist nicht so einfach, sich in einen gestandenen Chor zu integrieren. Da ich sehr dominant bin, werde ich schon mal komisch von der Seite angeschaut.

Das zweite Interview im Jahr 2001

Er hat vor mir Angst gekriegt

Für mich ist das Allerwichtigste, dass die Schule gewachsen ist. An meiner persönlichen Situation hat sich nichts verändert. Schön *wär's gewesen*, aber war leider nix.

Ja, ich war verliebt! Aber es hat sich schon wieder erledigt. *Er* hat Angst gekriegt – offensichtlich vor mir! Er ist auch ziemlich eingespannt, wie ich; aber ich glaube, was ihm eher Angst gemacht hat, ist, dass ich 'ne couragierte Frau bin. Und einfach sage: das machen wir jetzt so und so! Das konnte er nicht verkraften, schade …

Ich war ziemlich überrascht, dass ich mich nochmal so verlieben konnte! Und ich finde das schön, diese Erfahrung gemacht zu haben. Natürlich hat man 'n bisschen Liebeskummer jetzt, aber man muss damit klarkommen, denk ich! Geht ja weiter, das Leben! Eigentlich ist es gut, dass es noch so rechtzeitig aufgehört hat. Weil man dann noch nicht so stark liiert war.

Den Morgen gibt's bei mir eigentlich nicht

Wie sieht mein Alltag aus? Den Morgen gibt's bei mir eigentlich nicht. Ich fange an mit einer Tasse Kaffee im Bett, das mach ich jeden Tag so und finde das sehr angenehm. Stehe dann so langsam auf und puzzle so vor mich hin. Ja, und dann geht's schon in die Ballettschule. Meistens um eins, das wird noch bis zum Sommer so gehen, bis eine Schülerin ihre Prüfung hat, die bei mir eine Ausbildung macht und im dritten Jahr ist. Mit ihr arbeite ich bis um drei oder vier, je nachdem, wann der Unterricht danach anfängt. Dann kommen die einzelnen Klassen bis spätestens 21 Uhr.

Nach den Ferien hatte ich wahnsinnigen Muskelkater, war erstmal kaputt und musste meine Kondition wieder aufbauen. Wenn ich Feierabend hab, gehe ich was essen in der Gaststätte. Bin meistens gegen 23 Uhr wieder hier, mache Büroarbeit oder Choreographien oder was gerade anliegt. Mein Tag endet so um eins oder zwei – ja, ich bin ein völliger Nachtmensch! – Hier im Dorf fühle ich mich nicht einsam. Vielleicht gehe ich deswegen ganz gern erstmal in die Kneipe um mich abzureagieren.

Auftritt mit den Kindern in meiner Heimatstadt

Das Jahr 2000 hatte ganz viele Höhepunkte durch die vielen Auftritte mit dem Dornröschen. Mein schönstes Ereignis war, dass wir mit den Kindern in meiner Heimatstadt auftraten und dass alles so gut geklappt hat. Das Schöne war, dass die Kinder das voll intuitiv mitbekommen haben, was dieser Auftritt für mich bedeutet und sich auch dementsprechend verhalten haben. Keiner ist ausgeflippt oder hat Blödsinn gebaut.

Ein unangenehmes Erlebnis? Ja, doch, klar! Der Unfall letztes Jahr war ziemlich doof. Ich fuhr nach Wismar, war mit den Gedanken woanders. Ein Lastwagen vor mir hat gebremst, und ich fuhr hinten drauf! Der Motor saß mir vor dem Knie (lacht), und das Knie hat was abbekommen, aber nicht so viel. Das war eine Warnung! Es hat tatsächlich drei Monate gedauert, bis das Knie wieder belastungsfähig war.

Es gibt natürlich auch Tage, an denen ich mich ganz unten fühle, aber eigentlich lasse ich es nicht zu. Ich vertiefe mich dann in meine Arbeit! Runterziehen können mich Leute, die sich mir gegenüber fehl verhalten, die mich auf irgendeine Art und Weise ärgern, vielleicht, weil sie nicht anerkennen, was ich tue oder was ich für sie tue.

Wollen sie mich nicht adoptieren?

Dieses Jahr habe ich unter das Motto gestellt, alles etwas ruhiger laufen zu lassen. Mein Traum ist es, *eigene* Räume zum Tanzen zu haben. Durch dieses Haus hier habe ich schon ein bisschen Kapital. In der Stadt ärgere ich mich, dass ich jeden Monat meine Miete zahlen muss, und ich denke: das ist so viel Geld, dafür könnte man sich auch Eigentum anschaffen. Also, ich bin auf der Suche! Es ist noch nicht so dringend, ich würde sagen, in fünf Jahren ist es soweit!

Letztes Jahr erwähnte ich meinen einzigen Tanzschüler. Ich habe bei ihm vor sechs Jahren im Kinderheim unterrichtet, da war er zehn. Er tanzte bei mir, war ein ziemlicher Wildfang, und machte viel Blödsinn. Eines Tages kam er an zu mir und sagte: Wollen Sie mich nicht adoptieren? – Ich war völlig gerührt! Das war ziemlich schwierig, ihn von diesem Gedanken abzubringen, dass er nun eigentlich schon zu alt ist – er lernt inzwischen einen Beruf, und für die zwei Jahre hätte das doch keinen Sinn.

Daraufhin haben wir uns geeinigt, dass er ab und zu am Wochenende hierher kommen kann. Für ihn ist es schwierig, überhaupt einen Beruf zu lernen und logisch zu denken. Am Wochenende bekommt er bei mir Aufgaben, die er lösen muss, dann wird hinterher analysiert, wenn irgendwas passiert ist: Stein auf 'n Fuß gefallen oder sonstiges – *warum* ist das passiert?

Als einziger Junge in der Ballettgruppe steht er sich überhaupt nicht im Weg! Ihm ist das *sowas* von egal! Für die Mädchen gehört er einfach dazu. Ich habe 120 Schülerinnen: Kinder und Erwachsene. Es sind inzwischen acht Schüler, die jeden Tag da sind!

Wie weit geht unsere Beziehung? Sicherlich so, dass sie ganz genau darauf achten, was ich tue. Eine erzieherische Funktion habe ich, klar. Wenn sie irgendwas haben, merke ich das sofort und frage sie danach. Durch die Beobachtung der Bewegung kennt man die Mädchen sehr gut, dadurch kann ich ihnen praktisch in die Seele gucken.

Eine Mutter sagte mir neulich: Wir zwei erziehen ja meine Tochter zusammen! – Ich sehe die Mädchen manchmal viel länger am Tag, als ihre Eltern sie sehen.

Auf die Familie kann ich mich verlassen

Freunde bedeuten mir ganz viel: 'ne gewisse Art von Rückhalt, alles erzählen zu können. Oder, wenn ich mich mal ärgere, das auch loswerden zu können; wenn ich mich freue, das mitteilen zu können. Freunde bedeuten auch für mich, dass ich sie jederzeit erreichen kann. Auch wenn ich manchmal nachts – weil ich ja ein Nachtmensch bin – die große Heulerei kriege, einfach auch mal anrufen kann. Ich denke, andersherum bin ich auch gerne da für sie. Meine Eltern haben die Bedeutung der Familie für mich. Familie bedeutet in dem Fall, dass man sich darauf verlassen kann, wenn irgendwas mal nicht so hinhaut. Dass sie dann für einen da sind. Als ich den Unfall hatte, sind sie auch gleich gekommen. Sie sind für mich auch Vertrauenspersonen; meiner Mutter kann ich alles erzählen. Mein Vater hat's mit den Ohren (lacht), da ist das etwas schwieriger!

Wenn ich vogelfrei wäre? Viel Geld hätte? Das möchte ich nicht! Ich glaube, ich würde trotz alledem dasselbe tun! Glaube nicht, dass ich sagen würde: gut, nun gehe ich in die Welt hinaus und mache 'ne Weltreise, das interessiert mich gar nicht! Ich würde trotzdem meine

Tanzschule aufmachen; dann hätte ich wahrscheinlich schon das Häuschen für die Ballettschule.

Aber andererseits ist es doch interessanter, sich das Ganze zu verdienen! Und zu gucken, wie man hin und her schachtelt – das ist doch viel besser, als wenn man das einfach so hat! Eigentlich bin ich doch zufrieden mit meinem Leben!

Das dritte Interview im Jahr 2002

Ballett, Ballett

Es hat sich 'ne ganze Menge verändert, denn dieses Jahr habe ich keine Ausbildungsschüler mehr. Dennoch habe ich jetzt wesentlich mehr Unterricht. Swetlana war ein halbes Jahr bei mir zum Praktikum, was vorbei ist – sie hilft mir aber noch bei meiner Näherei. Sie hat in Russland eine komplette Ausbildung gehabt und hat da neun Jahre unterrichtet, ist jetzt mit ihrem Mann nach Deutschland gekommen und sie wurden in unsere Stadt *transportiert*; sie konnten sich nicht aussuchen, wo sie leben wollen.

Swetlana kam zu mir, weil sie wieder in ihrem Beruf unterkommen wollte. Die Ausbildung kann ich weitermachen, aber nicht mehr bei mir an der Schule, sondern in Schwerin. Das kommt durch meinen Ausbildungslehrer: Er fragte mich, ob ich Lust hätte, zusammen mit ein paar Pädagogen von der Akademie an der Hochschule zu unterrichten. Vormittags fahre ich nun dorthin und nachmittags unterrichte ich hier. Oh ja, da muss ich früh aufstehen … wie schrecklich (lacht)! Das soll im September 2003 losgehen.

Wir haben eine größere Aufführung in Lübeck vor dem Ballettverband gemacht *Ungarische Tänze*, was auch sehr gut angekommen ist. Im März tanzen wir noch von Glasunow *Die vier Jahreszeiten* und *Bolero* von Ravel – allein hier sind es schon 40 Tänzerinnen; insgesamt werden es wohl wieder um die 80. Ich habe vom Geld, was übrig ist, viele Kostüme aus dem Berliner Fundus mitgebracht – die müssen alle aufgemöbelt werden. So *kann* ich ja auch zu nichts kommen (lacht schallend)! Aber irgendwann habe ich dann meinen persönlichen Kostümfundus, und das ist doch in Ordnung.

Mein schönstes Erlebnis im letzten Jahr war, als meine beiden Schülerinnen ihre Prüfungszensuren bekommen haben und völlig happy waren: mit Note 1,2 und Note 1,4 und wirklich mit zehn Stunden Prüfung! Die armen Mädchen!

Wenn man ständig so alleine lebt, stellen sich *Schrullen* ein

Ich hab kein gutes Händchen für Männer … Doch, ich bin schon noch offen für Männer, bin ja ein positiv denkender Mensch. Auf der Suche bin ich nicht, da hab ich gar keine Lust zu, nee, ist mir zu anstrengend! Also, ich denke mir: entweder es kommt mal jemand, der mir gefällt – oder es kommt keiner …

Ja, natürlich vermisse ich die Großfamilie aus meiner Kindheit, die Feste usw. Das ist ganz klar, wenn man das gewohnt ist, und mit einem Mal so völlig allein lebt. Und vor allem stelle ich immer wieder fest: es stellen sich auch *Schrullen* ein, wenn man ständig so alleine lebt. Wo man hinterher auch Schwierigkeiten hat, wenn da ein zweiter mit dazukommt, dass man sich gar nicht mehr so umstellen kann. Mein *Ziehsohn?* Holt seine Pubertät nach, unglaublich! Diskutiert bei allen möglichen Dingen, probiert Konsequenzen aus. Er ist 18 geworden, will akzeptiert werden, wie ein Erwachsener. Ich musste ihm klarmachen, dass es davon abhängt, wie er sich benimmt. So Sachen, wie im Treppenhaus der Ballettschule Knaller fallen zu lassen und so … Ich bin schon seine wichtigste Bezugsperson, er kommt fast jeden Tag zum Tanzen – ich fühle mich für ihn verantwortlich. Er wohnt im betreuten Wohnen, hat ein eigenes Zimmer mit Küche und Gemeinschaftsbad, vom Heimverbund aus in Wismar. Arbeitsmäßig ist er in einer berufsvorbereitenden Schule. Die Kinder, die in einer Sonderschule waren, müssen das machen. Er möchte am liebsten Friedhofsgärtner werden.

Zwischenzeitlich hat er sich in mich verliebt, das war ganz schwierig, ihm das klar zu machen, dass wir eine ganz andere Beziehung haben. Er ist noch nicht bereit dazu, mit einem Mädchen, zum Beispiel aus dem Ballett, was anzufangen.

Dorfklatsch und gute Nachbarschaft

Meine Nachbarn? Neulich hab ich sie mal zum Essen eingeladen. Es war auch sehr schön, obwohl keine tiefgreifende Unterhaltung zustande kam. Weil, der Mann war mal so lieb, mir ein lockeres Blech auf dem Dach festzumachen, worüber ich sehr froh war. Es sind die Nachbarn, die in der anderen Hälfte des Hauses wohnen; beide so um die 60.

Dann gibt es noch eine Frau um die 60, sie ist sozusagen der Dorfpolizist. Morgens um vier Uhr geht sie schon durch's Dorf und guckt, ob alles in Ordnung ist; das macht sie so drei bis vier Mal am Tag! Sie hat auch fast von allen ca. 40 Einwohnern den Hausschlüssel, und wenn ich mal nicht da bin, versorgt sie meinen Hund und meine Katze. Erzählt mir auch den neuesten Dorfklatsch, der mich eh nicht interessiert.

Nein, im Kirchenchor bin ich nicht mehr. Mich hat das verrückt gemacht, dass der Leiter sich überhaupt nicht durchsetzen konnte! Die Frauen waren nur am Labern und Reden, und dieser Mensch hat nichts gesagt.

Urlaub? Schwierig (lacht)! Letztes Jahr waren meine Eltern, meine beiden Schwestern und ich in Venedig, weil eine meiner Schwestern dort ein Engagement hatte und meine Eltern ihren 40-jährigen Hochzeitstag gefeiert und uns dorthin eingeladen haben. Wir waren eine Woche da, sind kreuz und quer durch Venedig gegangen – sehr

schön! Für mich war es das vierte Mal. Mit meinen Eltern zu verreisen, macht totalen Spaß, denn mein Vater weiß durch sein Archi-
tektendasein ganz viel über Baudenkmäler und Kirchen. Durch die
Arbeit meiner Schwester haben wir viele Leute kennengelernt, auch
Venezianer.

Sonst erledige ich im Urlaub alles, was so liegenbleibt: meine
Wohnung in Ordnung bringen und die Steuererklärung.

Ziele stelle ich mir nie

Im Sommer mache ich Sommertanzwochen; letztes Jahr waren es zwei
Wochen – das war ganz schön haarig! Morgens beginnt das Training,
dann kochen wir zusammen, tanzen wieder, so insgesamt 6 Stunden.
Ich lasse neue Choreografien tanzen, die ich mir in der übrigen
Urlaubszeit ausgedacht habe. Die Kinder sind in den Ferien so schön
aufnahmefähig und behalten alles gut – es ist fast so ein Erfolg, wie ein
halbes Jahr Unterricht; wahnsinnige Fortschritte!

Nein, Ziele stelle ich mir nie (lacht)! Doch: schon immer Teilzie-
le; große Ziele stellen einen so unter Druck – und Druck bekommt
mir nicht! Setzt man sich ein großes Ziel, ist man dermaßen festge-
fahren, dass man nicht mehr flexibel genug ist, um sich auf neue
Situationen einzustellen.

Das vierte Interview im Jahr 2003

Glücklich verliebt! Ganz doll verliebt!

Wichtiges Ereignis im Jahr 2002 war der Ballettwettbewerb. Wir
standen drei Tage unter Stress – aber positivem Stress. Ich habe
zwei Tage nur hinter der Bühne gestanden und geguckt, was die
anderen so machen und meine Mädchen beruhigt. Wir haben einen

dritten Preis für klassischen Tanz bekommen. Es ging einfach darum, mal einen Vergleich zu haben: wie ist eigentlich die Qualität der Ausbildung, die man macht? Sonst bröselt man so für sich alleine rum! Die Eröffnung der Ausbildungsschule in Schwerin wurde auf 2004 verschoben, und da muss man eben gucken, wie das mit mir wird, mit meiner Schwangerschaft. Mit Kind und so, das wird 'n bisschen schwierig dann (lacht)!

Das erzähle ich an zweiter Stelle, weil es schon ins Jahr 2003 gehört! Ja, ich bin schwanger im zweiten Monat! Glücklich verliebt, ganz doll verliebt! Was daraus wird, wird die Zeit ergeben, ich will da auch noch keine Pläne schmieden. Ich habe *nur* gute Gefühle: ich werde so gelassen, wie ich bin, ich werde so geliebt, wie ich bin, ich habe meine Freiheiten – andersherum ist es genauso. Ich hab die Regel aufgestellt: stört mich alles nicht, wenn er mal zu spät kommt; was mich stört, ist, wenn ich ihn nicht erreiche, wenn ich nicht weiß, was los ist!

Ich denke, auf so einer Toleranzbasis kann man auch gut leben! Als ich merkte, dass ich schwanger bin, war ich erstmal *total schockiert* (lacht)! Weil ich 20 Jahre trotz Risiko nicht schwanger geworden bin! Hab dann auch gedacht: völlig falscher Zeitpunkt! Aber den richtigen Zeitpunkt findet man nie!

Ja, ich habe jetzt einen Mann *und* ein Kind, das lässt sich schlecht trennen, denn der Mann war fast zum selben Zeitpunkt da, wie das Kind (lacht schallend)! Man müsste es eigentlich andersherum sagen – falsche Prioritäten (Lachen ohne Ende)! Durch meine Schwangerschaft hat sich Einiges verändert: ich gehe früher ins Bett, ich stehe früher auf – aber auch durch Robert. Eh, ja, ich darf nicht mehr rauchen, tu's trotzdem manchmal, auch nicht mehr so viel trinken … nicht mehr hüpfen. Im Unterricht ist es manchmal kompliziert, da möchtest du loslegen und darfst es gar nicht! Außerdem hat mir der Arzt gesagt, ich muss unbedingt an Muskulatur abnehmen.

Naja, am Beckenboden hab ich viel Muskulatur, und für Tänzerinnen ist es schwierig, Kinder zu gebären, weil die Muskeln dann dagegen arbeiten. Meine Eltern sind total glücklich, besonders mein Vater! Ja, das ist das erste Enkelkind!

Wenn das Kind erstmal da ist, wird man sehen

Was sich in Zukunft noch ändert, kommt auch darauf an, wie Robert sich dazu verhält. Ob er lieber die Nähe hat zu dem Kind oder sagt: Lass uns mal noch weiter getrennt leben. – Also, da merke ich auch, dass er da sehr zwiegespalten ist. Wenn das Kind erstmal da ist, wird man sehen, wie man das organisiert. Du, ich denke, das wird auch nicht das Problem sein, weil das Kind den Ablauf in der Ballettschule schon mitbekommt, es kennt schon sämtliche Stimmen der Leute hier; das heißt, das wird ihm nicht fremd sein!

Könnte mir vorstellen, das Kind dort irgendwo zum Schlafen hinzulegen. Geboren werden soll es am 17. Oktober! Ich könnte mir auch vorstellen, dass Robert das Kind ab und zu nachmittags von der Ballettschule abholt, dass es nicht ewig da rumliegen muss. Stillen möchte ich, solange, wie's geht!

Meine Lebensdevisen – sind gerade völlig durcheinandergeraten (lacht), die muss ich erst neu definieren!

Hier gibt es einfach mehr Offenheit und Verständnis als im Westen

Freude? Ich arbeite dafür, dass ich Freude empfinde und auch meine Freizeit läuft darauf hinaus, dass ich mich freue. Manchmal habe ich allerdings auch die Gabe, Ärger aus dem Weg zu gehen. Durch positives Denken und Handeln kommt die Freude auch zu einem!

Für mich hat die Wende ein Stück Selbstständigkeit gebracht. Eigentlich ein völlig neues Leben, als ich es zuvor gelebt habe. Habe hier auch anderes kennengelernt als im Westen: einfach mehr Offenheit, Verständnis. Dadurch, dass ich mich selbstständig gemacht habe hier, kam mehr Selbstbestimmung und einhergehend damit Selbstbewusstsein. Nee, als Jugendliche war ich nicht besonders selbstbewusst.

Bücher haben für mich eine große Bedeutung! Entweder lese ich meine Fachliteratur, oder aber Romane – die sind für mich einfach ein Stück Entspannung. Was ich sehr gerne mache, ist beim Frühstück lesen; besonders im Sommer, wenn man draußen sitzen kann. Lese aber auch Bücher wie *Gesundheit für Körper und Seele*, das hat wieder was mit dem positiven Denken zu tun, das man ja nicht so ohne weiteres hat.

Ich höre hauptsächlich klassische Musik. Jazz auch manchmal ganz gerne. Naja, Rock *inzwischen* auch (lacht schallend)! Der Fernseher spielt eine absolut untergeordnete Rolle. Ich mach ihn manchmal an, wenn ich hier alleine rumbrösele, aber das ist nie so, dass ich direkt davor sitze, um 'nen Film zu gucken. Wenn, dann muss es schon ein guter Film sein, und dann schlaf ich meistens auch ein (lacht)! Für mich ist das das beste Schlafmittel!

Mit dem Computer mache ich inzwischen sehr viel, mehr oder weniger notgedrungen. Es ist natürlich auch ein einfaches Hilfsmittel. Ich habe mal mit drei Frauen so 'n kleinen Kurs mitgemacht. Zur Entspannung mach ich auch mal ein Spielchen auf'm Computer: Patience!

Das ganze Haus ging nackend schwimmen

Ob ich aufgeklärt wurde? An ein Gespräch direkt kann ich mich nicht erinnern, aber ich hatte auch nicht den Eindruck, dass ein Gespräch der Aufklärung notwendig gewesen wäre. Ich denke mal, meine Eltern sind da ziemlich offen mit uns umgegangen. Mit nackten Körpern hatten wir auch nie Probleme, zum Beispiel hatte der Hausbesitzer ein Schwimmbad, da ging das ganze Haus immer nackend schwimmen! Ein Haus mit acht Parteien!

Als ich meine erste Regel hatte, hab ich das meiner Mutter gesagt. Das Bett war ja auch blutig, logisch, weil man nicht damit rechnet, und da hat sie mir dann schon gezeigt, wie ich damit umzugehen habe. Aber auch völlig unproblematisch. Was sie dann später immer sagte: Kinder, macht erst euren Beruf und dann könnt ihr Kinder kriegen! – Haben wir uns alle dran gehalten … mit dem Resultat, dass meine Eltern keine Enkelkinder kriegen (lacht)! Ich hab das Ganze jedenfalls nicht als Krampf empfunden. Nun hatte ich ja auch ältere Schwestern, da kriegt man ja auch Einiges mit.

Das fünfte Interview im Jahr 2004

Das Gefühl, ich kenne ihn schon ewig

Ich würde sagen … es hat sich eigentlich *alles* verändert! Es hat sich wirklich wahnsinnig viel geändert für mich – und teilweise meine Einstellung … Ja, vor einem Jahr habe ich Robert kennengelernt, mit dem ich seitdem zusammen bin. Bin auch schwanger geworden, hab das Kind leider verloren. Dadurch haben sich ganz viele Gedanken ergeben: ist das richtig, was ich tue, oder will ich lieber doch anders leben oder will ich lieber anders *sein*; habe meine ganze Persönlichkeit überdacht. Habe auch darüber nachgedacht, warum ich das Kind verloren habe, aber das kann man niemals beantworten, was da wirklich gewesen ist.

Ein großer Schritt, wieder zu mir selber zu finden, war, zu einer *erleuchtete Meisterin* und Reiki-Meisterin zu gehen. Bei ihr ging es um meine vergangenen Leben, denn beim Reiki gehen sie von Reinkarnation aus, und dass jeder Mensch seine Aufgabe hat, die er erfüllen muss in seinem Leben – in seinen vielen Leben, und dass eigentlich nur der Körper immer wieder neu da ist.

Innerhalb der Sitzungen sind wir in verschiedene Leben gegangen, die eigentlich immer ein Stück auch mit meinem heutigen Leben zu tun haben. Warum macht man intuitiv irgendwelche Dinge? Weil man das irgendwann schon mal als Erfahrung gehabt hat! Wir haben dabei festgestellt, dass die Situation, in der ich heute lebe eigentlich genau dem entspricht, was ich machen sollte. Dass ich erstens die Bewegung brauche des Balletts, dass ich zweitens hätte niemals unter einem Chef arbeiten können – das weiß ich auch, dass ich da Schwierigkeiten habe. Und dann eben diese Freiheit auch zu genießen, machen zu können, was ich will, also in diesem Rahmen, den Ballett vorgibt. So, und nachdem ich das Kind verloren hatte, hab ich ja auch daran gezweifelt. Was mir ganz doll geholfen hat bei dieser kurzen Schwangerschaft, war, dass sie sagte: Du, vielleicht brauchte dieses Kind nur noch diese Erfahrung, mal in deinem Bauch zu sein, und damit ist es dann erleuchtet worden! Weißt du das? – Das hat mir schon wahnsinnig geholfen! Da glaube ich auch dran, das hat es mir sehr erleichtert, um einfach gedanklich davon wegzukommen.

Was treibt mich zu so einer Heilerin? Eigentlich ein Stück die Wahrheit zu erfahren. Ich hab ihr auch von Mexiko erzählt, vom Erdbeben, da sagte sie: Aha, Erdbeben! Da ist bei dir irgendwas in Gang gekommen, was dich dahin bringt, jetzt daran zu arbeiten, dass du ein Stück mehr weißt! – Die andere Geschichte ist die, dass sie festgestellt hat, dass ich einen beachtlichen Wissensdurst habe, aber auch vieles intuitiv weiß, und dass ich das alles wieder hervorholen will.

Das ist es eigentlich, was mich immer wieder zu ihr treibt: mehr zu wissen! Es macht mich ruhiger und ich werde etwas gelassener. Wir machen immer zuerst ein Vorgespräch; meistens ist es ziemlich lang. Dann kommt immer die Frage: Wie geht es dir? – und ich sag jedes Mal: Gut! – Irgendwie hab ich da 'ne Sperre, zu sagen: mir geht's schlecht, oder: bei mir hapert's jetzt hier oder da.

Einen Schritt nach vorne machen

Ob ich mich selbst liebe? *Ja! Jaaaa!* – du hast es vielleicht nicht anders erwartet, aber so stimmt es nicht, denn: vor fünf Jahren hab ich mich selber noch nicht so sehr geliebt! Das ist auch so 'ne Sache, die musste ich erstmal lernen. Inzwischen kann ich wirklich sagen: *Ja!* Ich hab früher ein ganz schlechtes Selbstwertgefühl gehabt! Deshalb auch dieses *Power-Dasein*. Es hat sich doch alles verändert! Zum Beispiel hätte ich mir manche Sachen nie aus den Händen nehmen lassen, aber jetzt sage ich: Also, *alle* Kostüme musst du nicht mehr nähen! Oder dass ich mir sage: Es muss irgendwas passieren an der Ballettschule, ich kann nicht einfach stehen bleiben, ich muss 'nen Schritt nach vorne machen!

Also, was mache ich? Ich stelle jemanden ein! Vor zwei Jahren hab ich noch wahnsinnige Probleme gehabt, Swetlana einzustellen oder zu sagen: Na, mach doch mal was! – Hab sie vielleicht auch so 'n Stück behindert, überhaupt was machen zu können, obwohl ich das nicht wollte. Und dass sie sich deswegen da auch nicht wohl fühlte; sie konnte sich das auch nicht so richtig erklären, genauso wenig wie ich, *warum* sie nicht so richtig will. Sie hat dann auch versucht, ein Stück weit Ausreden für sich zu finden: Naja, die Schülerinnen verstehen mich ja nicht, ich kann ja nicht so gut Deutsch!

Jetzt komme ich langsam dazu, mir das zu erklären, weil ich jetzt auch *losgelassen* habe! Nee, wir haben noch nicht darüber gesprochen, das wäre im Moment, glaube ich, nicht gut. Im Moment geht es eher darum, dass ich ihr helfe beim Unterrichten. Habe zum Beispiel 'nen Lehrplan erstellt, was bis Ostern in den einzelnen Klassen passieren soll. Davon war sie sehr begeistert! Freitags machen wir jetzt immer so 'nen Theorieteil: Methodik, Didaktik, Anatomie und sowas alles, so dass sie einfach lernt, mit deutschen Kindern umzugehen.

Eigentlich wollte er immer eine starke Frau haben

Robert spielt eine sehr große Rolle in meinem Leben! Erstens habe ich immer das Gefühl gehabt: ich kenne ihn sowieso schon. Wir sind ja schon ein halbes Jahr, bevor wir zusammen gekommen sind, so 'n Stück umeinander geschlichen. Ja, einfach so dieses Gefühl: ich kenn ihn schon ewig! Vielleicht ist er mir auch schon mal begegnet in einem anderen Leben – ich weiß es nicht! So. Im Prinzip ist es auch so, dass er mich wenig erschrecken kann mit irgendwelchen Sachen, mit Verhaltensweisen oder so. Manchmal kann er 'n ganz schöner Despot sein, wo ich dann, je nachdem, wie ich drauf bin, intuitiv reagiere oder ironisch.

Ein Despot ist ein Mann, der manchmal zumacht, und eigentlich nur dieses Männliche im Auge hat, der einfach seine weibliche Seite vergisst. Nur dieses absolut Männliche: so durchgreifen wollen oder, wenn er irgendwas doof findet, das dann auch noch *politisch* zu begründen (lacht). Dabei hat er eigentlich eine sehr weiche weibliche Seite. Nee, er lässt es auch nur in meiner Gegenwart zu, also sobald wir zum Beispiel in unserer Stammkneipe sitzen, ist es 'ne große Katastrophe. Da musste ich auch erstmal lernen, ihn dann zufrieden zu lassen. Da geht er halt seiner Wege! Ja, er kann dann auch gemein werden, weil, das sind alles seine Jugendfreunde, die da so rumhängen. Und ich weiß nicht, ob man *da* immer alles zugeben kann. Ich bin eben 'ne Frau, da muss man 'ne Menge auch zugeben können manchmal, und das mag er nicht so. Und wenn wir da sind, gehe ich eben meine eigenen Wege, ich kenne ja da auch alle.

Nee, Robert hat keine Angst vor meiner Stärke, im Gegenteil! Er hat mir mal gesagt: Also, ich hab ja immer gedacht, du bist 'ne starke Frau, du bist es aber gar nicht; eigentlich wollte ich immer 'ne starke

Frau! – Darauf ich: Weißt du, nicht jede starke Frau – das ist auch nur Äußerlich – kann im Privaten auch stark sein. Sie braucht auch ihre Schwäche, damit die Stärke wieder rauskommt!

Unsere Beziehung ist nach einem Jahr schon sehr in die Tiefe gegangen

Wie sieht unser Zusammenleben aus? Eh … ja, mit sehr viel Spontaneität. Wir wissen eigentlich nicht am Morgen, wie das am Abend weiterläuft. Weiß ich jetzt nicht, wie ich drauf antworten soll. Ja, am Wochenende sind wir meistens bei mir, in der Woche sind wir meistens bei Robert. Sami kommt demnächst immer mit in die Ballettschule; durch das neue Büro hat er dann auch 'ne Bleibe für sich, ohne den Schülerinnen ständig beim Tanzen um die Füße zu sein.

Die Winterferien habe ich genutzt, um die Ballettträume umzugestalten. Habe mir da ein Büro eingerichtet, und euer Umkleideraum ist auch größer geworden. (Sami hat in meinen Filzrucksack ein großes Loch geknabbert, Franziskas Kommentar: Ja, Hunde lieben Wolle!)

Ja, von mir aus ist der Wunsch schon da, zusammen zu wohnen, nur: *er* kann sich nicht vorstellen, auf's Land zu ziehen. Für mich ist die Sache so: dies ist ja mein Haus, und warum soll ich das verkaufen und dann irgendwo zur Untermiete wohnen? Das wäre beknackt ohne Ende! Also, ich denke mal, unsere Beziehung ist nach einem Jahr schon so in die Tiefe gegangen, als wären wir schon fünf Jahre zusammen. Naja, bedingt auch durch die Fehlgeburt, da musste man sich natürlich über sehr viel mehr Dinge unterhalten.

Ich bin ziemlich für ein Kind

Ob eine neue Schwangerschaft in Frage kommt? Ja, ich habe es nun schon zwei Mal wieder … *nicht* geschafft. Aber diesmal doch sehr früh! Das zweite Mal war es nach fünf Wochen, und das dritte Mal war es nach drei Wochen. Ich werde es auf jeden Fall wieder probieren!

Wenn es dieses Jahr nicht klappt, dann lass ich's sein! Irgendwie war mir das zu stressig, dann denkt man, man ist schwanger – und dann war man's doch nicht! Nee. Dieses Hin und Her tut einem psychisch auch nicht gut. Eigentlich bin ich schon ... ziemlich dafür! Wenn es so sein soll, wird Robert sehr viel helfen müssen.

Das Verhältnis zu seinen beiden erwachsenen Töchtern ist gut. Erst war es sehr gespalten, das hing aber auch mit mir zusammen, denn seine älteste Tochter ist nur acht Jahre jünger als ich. Ich wusste immer nicht ganz genau: wie soll ich das jetzt machen, bin ich Stiefmutter oder Freundin, oder was bin ich denn jetzt eigentlich? Die Anlaufschwierigkeiten waren einfach da: was fange ich denn jetzt an mit dem Mädchen? Mit der jüngeren Tochter habe ich keinen so großen Kontakt, weil sie auch nicht so häufig da ist. Dadurch, dass sie 20 ist, braucht sie noch viel mehr ihre Mutter. Robert ist zwölf Jahre älter als ich. Er hat kein gutes Selbstwertgefühl – ich denke, das ist auch ein Grund, weswegen wir uns getroffen haben – ich merke schon, dass er 'ne ganze Menge lernen muss mit mir! Ich hab auch von vornherein zur Bedingung gemacht, dass wir uns immer alles sagen, was so vorfällt oder was einem nicht gefällt. Er hat große Schwierigkeiten damit, aber ich mache das! Er frisst eher so in sich rein. Neulich sagte er, als mir irgendwas wieder über die Hutschnur ging: Friss es doch mal in dich rein! – Kann ich nicht! (lacht schallend)

... dass die Mädchen sich ausprobieren können

Der letzte Auftritt im Januar war *Schüler choreographieren für Schüler*. Ich bin darauf gekommen, weil ich in meinem jugendlichen Leichtsinn dachte, ich würde entlastet werden (lacht). Nee, es hat

293

sicherlich auch damit zu tun, dass ich *auch* lernen wollte, abzugeben. Nur damals war mir das noch nicht so sehr bewusst wie heute. Das Problem war eigentlich, dass es wahnsinnig viele Choreographien waren; ich hätte es mehr beschränken müssen – wollte es aber nicht beschränken, weil die Mädchen so viel vorbereitet hatten. Ich wollte gerne, dass sie sich ausprobieren in verschiedenen Weisen. Das ist es, was uns hätte den Hals brechen können, weil es einfach zu viel war. Es gab drei Theatervorstellungen: eine über dreieinhalb Stunden mit Pause vor den Eltern und Interessierten und zwei Schülervorstellungen. Das Theater war begeistert, dass es so voll war – das kennen sie nicht.

Lernen über das Erkennen – nicht über das Gespräch

Ja, ich höre auf meine Intuition! Ich folge ihr nicht unbedingt immer, aber ich hör schon auf sie! Ich kann dir auch ein konkretes Beispiel nennen: ich habe bei der Premierenfeier mit einer Mutter von einem Ballettmädchen, gesprochen, und sie sagte: Eigentlich müsste man nochmal ein Gespräch machen mit den Mädchen. – Das war auch meine Intuition. Ich sagte: Ja, das hab ich auch schon gedacht. Wollen wir das nicht gemeinsam tun? – So. Das war erstmal diese Intuition, das zu sagen.

Dann habe ich mir überlegt: wenn du *jetzt* die Mädchen damit bombardierst mit bestimmten Fragen, zumal ich mich ja auch kenne – intuitiv, wie ich nun mal bin – dass ich dann bestimmte Sachen sage, die *mir* nicht gefallen haben oder so, ich denke, das wäre im Moment *nicht* gut! Ich denke eher, ich muss das über 'ne andere Schiene machen, deshalb werde ich Choreographie-Unterricht geben. Es muss eher über das Erkennen gehen, nicht über das Gespräch.

Man kann es nur über Erkenntnis machen, weil die Mädchen in dem Alter noch sehr egoistisch sind, weil sie über den eigenen

Bauchnabel eigentlich noch nicht hinweg denken können. Die Mädchen hatten ja auch einen tollen Erfolg, ich war total begeistert, was für tolle Choreographien dabei waren! Nur, dass es eben so wahnsinnig anstrengend war! Und ich hatte mich insoweit vertan, dass ich dachte, sie wären doch weiter, über gewisse Dinge auch nachzudenken. Im Gegenteil, sie waren sehr betroffen, was für Arbeit dahintersteckt, auch kurz vor der Premiere!

Wo ich eine Rolle spiele? ... (seufzt) ... Also, ich denke mal, in der Ballettschule spiele ich eigentlich immer eine Rolle, da bin ich nicht ganz *ich selbst*. Das ist ja auch ein offizieller Teil. Wenn ich dort manchmal ich selbst bin, sind die Leute meistens erschrocken.

Ich denke mal, im privaten Bereich und auch mit Robert bin ich ganz ich selbst. Weil ich auch keine Beziehung aufbauen will, wo ich eine Rolle spiele. Er soll mich so kennenlernen, wie ich bin. Manchmal ist er natürlich schon entsetzt, wenn ich hier zum Beispiel Stühle zerschlage – aus Stress vor der Premiere! Aber wenn man in der Beziehung eine Rolle spielt, kann man sie auch gleich sein lassen.

Das sechste Interview im Jahr 2005

Jetzt muss ich *meinen* Weg finden!

Ich habe so den Gedanken, ein bisschen runter zu schalten, mehr Ruhe zu finden, *mich* zu finden. Auch die Ballettschule etwas umzukrempeln – *wie*, weiß ich noch nicht.

Die Ursachen liegen schon zwei Jahre zurück. Die Ereignisse, die sich daraus ergeben haben, sind so unerfreulich, dass ich denke, ich muss einen anderen Weg einschlagen.

Es hat angefangen mit dem verlorenen Kind, wo ich gesagt hab: es muss jetzt anders gehen. So funktioniert es nicht, du wirst aufgefressen durch die Ballettschule, du musst etwas anders machen.

Habe verschiedene Wege probiert und mich damit sehr zwischen die Fronten begeben.

Ich habe gerade wieder gehört: Mensch, du musst an den Ursprung zurück!

Ich gehe aber nicht mehr an den Ursprung zurück – ich suche einen neuen Weg!

Und ich merke: *da* scheiden sich die Geister sehr.

Wenn man in einem Veränderungsprozess steht, zerrt alles an einem, dass man *bloß* wieder dahin kommt, wo man gewesen ist. Dadurch gibt es 'ne Menge Reibereien und Unverständnis, aber ich denke, dass ich es so durchziehen muss, wie *ich* es haben will.

Es sind viele Freundschaften kaputt gegangen – wobei ich bei mancher gar nicht weiß, ob es jemals eine Freundschaft war.

Es wurde gesagt: Früher warst du so tatkräftig und hast nur an deine Ballettschule gedacht! –

Aber jetzt muss ich *meinen* Weg finden!

Natürlich spielt es auch eine Rolle, dass ich seit zwei Jahren in einer Beziehung lebe – dafür möchte ich *auch* Zeit haben!

Überarbeitet und Ärger auf der ganzen Linie

Vergangenes Jahr haben wir mit dem Ballettverein unseren ersten eigenen Ballettwettbewerb durchgeführt – der sehr schön war. Doch ich hab mich so verausgabt, so überarbeitet wie noch nie! Anschließend hab ich alle Seiten nur schimpfen gehört. Wie kommt das? Durch unterschiedliche Charaktere – Profilierungssucht, Neid und Missgunst waren ganz viel dabei. Robert hat das sehr früh schon erkannt, indem er sagte: Sieh zu, dass du Schule und Verein ein Stück weit trennst! Sonst frisst dich das auf!

Der Verein will sich jetzt abkoppeln von der Ballettschule – gut finde ich das nicht, weil ich ihn ursprünglich gegründet habe als Förderverein für die Ballettschule.

Ein anderes Ding ist es, dass ich mich mit so einer Veranstaltung derart verausgabe, dass ich es nicht mehr fertigbringe, mich bei den Helfern und Mitwirkenden zu bedanken. Leider Gottes hat Swetlana mir auch den Unterricht quittiert. Es war sowieso schwierig mit ihr: ich hatte meine 100 Schüler – die ernähren gerade *einen* Ballettpädagogen. Also sagte ich: Du musst weitere 100 Schüler anbringen, dann funktioniert das! Wenn sie nie den Mut hat, auch mal ins kalte Wasser zu springen, sondern nur sagt: Nun mach mal was für mich. – So funktioniert das nicht!

Wieso – ich lebe doch!

Meine Mutter will immer alles ganz genau wissen und sehen, wie es ihren Töchtern geht. Sie geht immer ein Stück über die Grenzen hinweg, die man einer Mutter so erzählen will.

So. Sie kann sehr penetrant werden, wenn man ihr nicht alles erzählt! Seit ich mit Robert zusammen bin, hat sich auch das verändert. Es ging ihr hauptsächlich immer um meine finanzielle Geschichte – es reichte ihr nicht, wenn ich sagte: Wieso – ich lebe doch!

Mit meinem Vater habe ich ein sehr gutes Verhältnis, aber er hat eigentlich mit seinem Leben abgeschlossen: er ist sehr bequem, er trinkt viel zu viel, fängt morgens schon damit an. In den letzten zwei Jahren ist das aufgekommen – früher war er ein ganz aktiver Mensch, bis er 70 wurde.

Ich kann mir vorstellen, dass es damit zusammenhängt, dass er sein anstrengendes Berufsleben hatte und ihm dieses *zu Hause Sein* einfach nicht bekommt.

Für das Hierbleiben wurde ich belohnt

Vor drei Jahren ist meine Ballettmeisterin aus meiner Heimatstadt gestorben. Das ging mir sehr nahe, weil sie sie für uns sowas wie ein Mutterersatz war. Ihre Ballettschule ging daraufhin den Bach runter und ich war drauf und dran, zurück nach Hause zu gehen und die Ballettschule zu übernehmen. Natürlich habe ich das nicht breitgetragen. Ich schrieb mir alle Für und Wider auf, um zu einer Entscheidung zu kommen. Letzten Endes haben mich meine Schüler gehalten. – Und ich wurde ja auch belohnt: ich kam mit Robert zusammen! Aber ihn habe ich mir auch bestellt im Universum (lacht)!

Ich habe dieses Buch von Bärbel Mohr und hatte mir einen Mann für das neue Jahr *bestellt*. Und prompt kam es auch so! Was ich mir gewünscht habe war, einen Mann zu finden, der in meinem Leben so 'n bisschen aufräumt – und das tut er auch! Robert wohnt jetzt mehr oder weniger bei mir. Früher bin ich oft abends noch in die Kneipe gegangen, weil ich keine Lust hatte auf diese Einsamkeit hier. Seitdem er da ist, brauche ich das nicht mehr. Das Thema *Schwangerschaft* sehe ich nicht so verbissen – bin noch immer offen dafür.

Das letzte Interview im Jahr 2018
Franziska ist 53

Franziska ist für das Interview nach Mecklenburg gekommen.

Beim Lesen der Interviews fand ich interessant, dass ich sehr positiv angefangen habe, und dann ging es schon ein Stück ins Negative. Am Anfang geht es total um die Ballettschule. Das verändert sich im Laufe der Zeit ins Private – und trotzdem immer wieder Ballettschule im Vordergrund. Es verändert sich; es verändert sich auch in der Sprache, find ich.

Weiter fand ich sehr interessant, dass ich gar nicht so doof war, wie ich mich empfunden habe, weil ich immer denke: früher war ich *doof* (lacht)!

Burnout

Inzwischen hab ich den Heilpraktiker für Psychotherapie gemacht und bin infolge dessen mehr in die spirituelle Richtung gegangen. Auch war immer wieder Thema bei mir die intensive Ausbildung von Kindern und Jugendlichen und eine Ausbildungsschule. Dass so etwas mal in Schwerin eröffnet werden sollte, wusste ich gar nicht mehr – habe ich total verdrängt. Wir hatten vor, gemeinsam mit meiner Heilpraktiker-Lehrerin und anderen Leuten woanders in Mecklenburg eine Schule zu gründen.

Mir ist die ganze Sache über den Kopf gewachsen und ich bin in einen anfänglichen Burnout gegangen. Meine Ballettschule, der Versuch diese Schule aufzubauen und meine letzte Ausbildungsschülerin, die auch meine anstrengendste Schülerin war: das alles hat mich irgendwann zerpieselt.

Geäußert hat sich mein Burnout durch Vergesslichkeit, Existenzängste, große Müdigkeit, Schlafbedürfnis; das alles hing damit zusammen. Irgendwann hab ich dann Knall auf Fall gesagt: so geht's nicht. Ich hab alles sein lassen, um von dieser Belastung runterzukommen und überlegt: was machste jetzt? Sechs Wochen lang, in den Sommerferien, hab ich dann mit diesem großen Transporter Urlaub gemacht, hab 'ne Matratze reingelegt und bin durch Italien gesaust (lacht)!

Nach den Sommerferien hab ich mit der Schule erstmal wieder angefangen und merkte einfach: es geht nicht.

Robert hat zugemacht

Robert hatte ich schon ein halbes Jahr vorher rausgeschmissen. Wir waren zehn oder elf Jahre zusammen.

Letztendlich war auch *er* eine Belastung, weil, dadurch, dass er so viel älter war, hat er sich einfach zur Ruhe gesetzt; er guckte nur noch Fernsehen abends, man hat sich nicht mehr unterhalten und so weiter und ich dachte: nee, *nun* nicht mehr!

Reden konnten wir nicht darüber, denn er hat mehr und mehr zugemacht und merkte auch, dass ich das nicht so toll finde, was er sich da leistet. Unsere Verabredung war: wenn einer von uns seine Schallplatten zusammenpackt, dann ist es aus!

Und eines Tages hatte *ich* seine Platten zusammengepackt; damit war es für ihn klar, dass ich ihn rausschmeiße. Es war auch die Verabredung, dass es dann kein Theater gibt. Ich hab gesagt: Robert, willst du nicht wissen, wieso und weshalb? – Nein, nein, mir ist schon alles klar! – Für ihn war *gar nichts* klar. Er hat die Trennung auf meine Heilpraktiker-Ausbildung geschoben und hatte auch immer Schiss, dass ich mich während dieser Zeit trenne – aber das war ja gar nicht der Grund.

Wie sieht es mit der Männerwelt heute aus? Nix am Horizont (lacht)! Natürlich könnte ich mir das vorstellen mit einem Mann, aber ich würde mir keinen mehr *bestellen* (lacht).

Ballettschule geschlossen – und dann?

Ja, tatsächlich hab ich die Ballettschule im Oktober 2015 dicht gemacht und die Flucht nach vorne ergriffen. Mir war klar: Existenzängste sind Quatsch in unserem Staat – man wird ja aufgefangen! Ja, die Schülerinnen waren schon traurig, aber ich hab gesagt: liebe Leute, *es geht nicht!* Es geht nicht, wenn ich nicht hundertprozentig für euch da sein kann!

Hab mich dann erstmal ausgeruht und überlegt: was kannst du, was machst du jetzt? Zunächst hab ich Klamotten genäht und bin damit auf Märkte gegangen, hatte aber nicht viel Erfolg, weil die Sachen zu ausgefallen waren.

Dann hab ich mir überlegt, in den Geigenbau zurückzugehen – wo könnte ich das machen? Hab erstmal in Mecklenburg geguckt; hier gibt es ja nur drei Geigenbauer – die hatten allerdings kein Interesse. So. Und dann dachte ich mir: geh doch mal in die alten Gefilde, wo man dich noch kennt! So habe ich mein Haus hier vermietet und bin zurück nach Nordrhein-Westfalen gegangen; abgesehen davon brauchte die Frau Mama auch Hilfe.

In meinem alten Geigenbaubetrieb hab ich gefragt, ob ich eine Geige bauen darf, das hab ich dann angefangen – die ist noch nicht ganz fertig, weil ein völliger Burnout der Geigenbauerin dazwischenkam, als ihre beiden Eltern innerhalb von einer Woche gestorben waren. Eben, ich hab -zig Jahre keine Geige mehr gebaut! Meine Finger wissen noch einigermaßen, wie es geht – aber der Kopf weiß überhaupt nichts mehr! Ich musste alles bei ihr nachfragen: ich wusste keine Maße mehr, ich wusste nicht mehr, was zuerst, was zuletzt – und war natürlich auch 'ne Belastung für sie, logisch!

So, und dann hab ich gedacht: gehste mal wieder in den Ballettbereich! Beziehungsweise ich bin da auch reingeraten, weil der Bedarf da war. Meine alte Freundin kam an und sagte: ach, Franziska, gib doch bei uns an der Musikschule Ballettunterricht! Und bevor ich gar nichts mache, bin ich wieder beim Ballett gelandet! An der Musikschule bin ich einmal die Woche und gebe Ballett für Kinder. Auch bin ich an der Volkshochschule untergekommen und gebe dort Line Dance. Stepptanz darf ich da nicht mehr geben, weil wir den Boden kaputtgemacht haben! In dem kleinen Örtchen, wo wir wohnen, hab ich zeitgenössischen Tanz mit den Jugendlichen unterrichtet. Von der Kirche haben sie einen super Jugendreferenten, der einfach toll ist und viele Jugendliche anzieht. Das war ein gutes Projekt! Am Kindergarten unterrichte ich einmal die Woche und zweimal die Woche in der ehemaligen Ballettschule meines Lehrers, die ich jetzt neu aufgebaut habe. Ich bin gut beschäftigt – dazu kommen noch Kochkurse, immer mal samstags.

Ja, ich sei eine *eierlegende Woll-Milch-Sau,* sagte ein Mitarbeiter vom Arbeitsamt mal, als ich einen Bewerbungskurs machen musste – als wüsste ich nicht, wie ich mich bewerben soll (lacht)!

Es ist viel leichter, in der alten Heimatstadt etwas aufzuziehen …

… als in einer neuen Stadt, wie ich das damals in Mecklenburg gemacht habe. Da kennen mich einfach alle! Zum Beispiel habe ich mit der Leiterin des Kindergartens zusammen im Chor gesungen. Das heißt, man hat mit ganz vielen Leuten auch irgendwelche Berührungspunkte, und sei es, dass sie meine Schwestern kennen oder meinen Vater oder meine Mutter oder Tante oder was weiß ich, und das macht es sehr viel leichter.

Und wenn es heißt: die kommt aus einer Familie, die in Ordnung ist: zack und gut – muss sie *auch* in Ordnung sein! Und das hab ich hier in der Kleinstadt nicht gehabt, sondern immer dieses Misstrauen: stimmt das jetzt oder ist das jetzt in Ordnung? Ich kann's natürlich auch verstehen, dass die Leute wissen wollen, in wessen Hände sie ihre Kinder geben – ist auch ganz klar! Und zu Hause ist es so: wer dort lebt, kennt meinen alten Tanzlehrer und sie wissen auch, dass ich seine Schülerin war, und das macht viel aus. Aber es macht es echt einfacher – hätte ich *nie* vermutet!

Wieder im Elternhaus

Wie es sich anfühlt, nach so vielen Jahren wieder im Elternhaus zu wohnen? Komisch. Das heißt, inzwischen habe ich mich daran gewöhnt. Erst war ich schon ein bisschen unglücklich, weil ich dachte, jetzt haste deine Selbstständigkeit aufgegeben, aber das ist Quatsch, das stimmt nicht. Weil meine Mutter mich eher als Partner ansieht als als Tochter – Gott sei Dank! Sie ist jetzt 82 und braucht meine Unterstützung.

Welche Gefühle hatte ich, als mein Vater vor acht Jahren starb? Kürzlich haben wir Bilder von ihm gesehen und festgestellt, dass wir wahnsinnig erlöst waren, weil er so lange krank war. Man sollte vielleicht noch erzählen, dass meine Schwestern, meine Mutter und ich ein Vierteljahr, bevor er gestorben ist, auf seinen dringenden Wunsch hin nochmal nach Mallorca gefahren sind. Wir dachten auch: Mallorca ist o.k., weil es dort viele deutsche Ärzte gibt, und vielleicht hat er sich das Reiseziel auch deshalb ausgesucht. Vorher hatte er schon mehrere Operationen und Chemotherapien. Von den Kräften her war natürlich nicht viel los mit ihm, aber wir haben uns ins Auto gesetzt und uns vieles noch angeschaut. Und er war *glücklich!* – Nach der Trauerfeier war es dann wirklich sehr, sehr fröhlich, weil ganz viele Leute sich lange nicht gesehen hatten.

Den Stress im Ruhrgebiet merkt man den Leuten an

Der Unterschied Mecklenburg – Nordrhein-Westfalen? Das ist eigentlich ein Kulturschock! Das hat aber weniger mit Ost und West zu tun, als dass Mecklenburg ja sehr wenig beseelt ist und in Nordrhein-Westfalen ist natürlich die Ballung. Ich lebe hier am Rande des Ruhrgebietes und im Grunde genommen ist alles 'ne Riesen-Großstadt. So, und das merkt man den Menschen auch an, indem sie powern, indem sie einen *bespielen* beim Autofahren, also beschimpfen, das kriegt man voll mit. Dadurch, dass die Leute alle so eng beieinander wohnen, merkt man ihnen schon den Stress an. Diese Empfindung habe ich sehr stark. Die Menschen sind nah beieinander und sind auch immer nah beim Meckern – das hab ich hier in Mecklenburg nie so empfunden.

Also, ich hab mich in Mecklenburg sehr, sehr wohl gefühlt und möchte auch wieder zurück. Ich glaube, dass mein Haus und mein

Garten, der diese Ruhe ausgestrahlt hat, der Hauptgrund sind. Ja, ich hab da einfach sehr, sehr gerne gelebt. Ich war immer froh, dass ich so eine Entfernung zwischen Ballettschule und Wohnort hatte. Und wo ich jetzt wohne sind einfach *so viele Menschen* (lacht)! Das finde ich, fällt dort sehr auf: es gibt wahnsinnig viele Frauen, die schwanger sind und mit dem Kinderwagen durch die Stadt fahren.

Heute habe ich mein Haus hier wieder besucht – ja, es ist schon komisch, dass eine fremde Familie in meinem Haus wohnt.

Ganz andere Musik

Ich nutze die Computertechnik sehr viel, hab mir das irgendwann mal selber beigebracht und mich da rein gewurschtelt. Inzwischen unterrichte ich über's Tablet, guck mal: so 'n schönes Ding! Da gehe ich rein, hab hier meine ganzen Musiken, hör mal! Beim zeitgenössischen Tanz haben wir verschiedene Elemente zusammengenommen und haben dafür unterschiedliche Musik. Cool, ne! Inzwischen höre ich ganz andere Musik, so wie die hier: Hiphop! Ja, ich hab viele Hiphop-Elemente dabei. Den Stepptanz mach ich auch nach solcher Musik, weil ich sage: Stepp ist einfach der Schlagzeuger des Tanzes! Wieso nicht dazu improvisieren? Du, ich hab mich einfach mehr für andere Musik geöffnet. Zum Beispiel ist die Musik für meine *body differentiation* Leute wieder ganz anders; hör mal: ... Im Grunde genommen ist es das, was ich früher in *Modern* gemacht hab mit mehr Körper-Sinnes-Bewusstsein. Da hab ich Leute im Alter von 64 bis 82 – zwei Klassenkameradinnen von meiner Mutter sind mit dabei, ja, und *meine Mutter auch!*

Jedem Kind sein Instrument, Tanzen oder Singen

Ob ich mit anderen Tanzlehrern zusammenarbeite? Ja! In Nordrhein-Westfalen gibt es ja die *JeKits-Stiftung,* das heißt: jedem

Kind sein Instrument, Tanzen oder Singen. Das kann sich die Grundschule aussuchen.

Die Stiftung ist auch mit Fortbildungen wahnsinnig rege. So, und weil ich mich der Musikschule angeschlossen habe, kann ich die Fortbildungen umsonst mitmachen.

Der Sinn der Stiftung liegt darin, dass man in die Grundschulen geht und in der ersten Klasse *alle* gemeinsam an einem Musik- oder Gesangs- oder Tanzunterricht teilnehmen, und im zweiten Jahr dürfen sie sich aussuchen, was sie machen wollen oder ob sie überhaupt weitermachen wollen. In der Regel machen von 30 Kindern in der Klasse sechs weiter. Sie brauchen dann nur einen sehr geringen Beitrag zu bezahlen, also, daran liegt es nicht.

Ich unterrichte dort kreativen Kindertanz bis hin zum zeitgenössischen Tanz. Das Problem ist immer, dass natürlich sehr viele Jungs dabei sind und zu Hause gesagt wird: Tanzen ist doch was für Mädchen – oder bist du schwul? –

Ja, immer noch! So, und da musste natürlich was machen, wo die Jungs auch angesprochen werden, und da kannst du nicht mit klassischem Tanz kommen!

Im Grunde genommen ist es 'ne Sache von mehreren Stunden, bis sie aufgetaut sind und dann bleiben sie es auch.

(Zu ihrem großen Hund: Sag mal, was kaust du da? Hast du was geklaut? Ich hoffe nicht! Ist nichts, gut).

Das mach ich auf *einer* Pobacke!

In meiner Freizeit? (langes Schweigen) Ach, gar nicht so viel: mit dem Hund spazieren gehen, mein Computerspiel (lacht)! In letzter Zeit war ich schon häufiger im Kino, könnte ich aber mehr tun. Aber das eine jagt wieder das andere: wenn ich zum Beispiel 'nen Kochkurs gebe, muss ich mich wahnsinnig drauf vorbereiten. Ich sag immer: 'nen Tanzworkshop mach ich auf *einer* Pobacke, für's

Kochen brauch ich *zwei* Pobacken! Zum Beispiel hab ich den Steppworkshop über vier Stunden gemacht und hab mir überlegt: du kannst die Leute nicht vier Stunden auf den Beinen lassen! Die meisten waren wirklich untrainierte Leute zwischen 35 und 55. Dann bin ich auf die Idee gekommen: lass sie doch *sitzen*! (Franziska steppt im Sitzen) Wo ist das Problem? Abgesehen davon, dass wir den Boden kaputtgemacht haben und ich deshalb jetzt meinen Tanzteppich hole.

Es lebt sich viel ruhiger ohne zu planen

Eigentlich ist meine Entwicklung dahin gegangen, dass ich so 'n Stück Tag für Tag lebe. Ohne großes Vorwärtsblicken, ohne großes Rückwärtsblicken, sondern den Tag wirklich erlebe. Das ist mein Motto geworden: jetzt und hier zu leben! Also nicht mehr dieses Planen: was mach ich im nächsten Jahr. Es lebt sich viel ruhiger … viel angenehmer! Und die Zeit rennt nicht mehr so! Wenn du immer im Voraus planst, *rennt dir die Zeit weg!* Und du freust dich gar nicht mehr an dem einzelnen Tag, du lebst nicht im Jetzt und Hier. Ich weiß nicht, ob das 'ne Erlebnisgeschichte ist, oder ob das eine Geschichte des Reifens ist, vielleicht auch beides!

Dazu kommt, dass ich diese Existenzangst nicht mehr habe. Meine Mutter und ich leben von ihrer Rente; ich hab keine Mietkosten und keine Lebensunterhaltskosten.

Visionen habe ich eigentlich keine. Ich hab mir das abgewöhnt, Visionen zu haben (lacht)! Ich habe nicht mehr diese Riesen-Ziele, die ich hatte, als ich die Ballettschule eröffnet habe. *Muss* ich auch nicht mehr haben! Meine Idee ist es, dass ich auf die Grundschule gehe und dort in normalen Fächern unterrichte, damit ich noch ein bisschen für meine Rente tue.

Ich bin zwar Pädagogin, ja, aber in Privatausbildung, das macht es etwas schwieriger. Ich hab mich jetzt beim Schulamt beworben.

Weil das schon ziemlich doof ist, wenn man im Alter beim Arbeits-amt ist: Altersarmut! Ich krieg ja keine Rente, das heißt: ich muss zum Arbeitsamt, wenn ich nicht noch 'ne Anstellung bekomme in den letzten Jahren. Meinen Traum, wieder in mein Haus zu ziehen, kann ich dann auch weglassen, weil du erst einmal dein Haus ver-kaufen und davon leben musst, bevor du dann vom Sozialamt un-terstützt wirst.

Das erlebst du nur hier draußen

Rolf Möller, Maler und Grafiker, 1932 bis 2015

Das erste Interview im Jahr 2000
Rolf ist 67

Kindheit in Wismar

Geboren bin ich 1932 in Uerdingen, als Erster. Viel weiß ich nicht
mehr davon; ich kann mich nur erinnern, dass ich bei meinem
kleinen Bruder auf dem Kinderwagen saß und von meiner Mutter
am Rhein spazieren gefahren wurde. 1936 zogen wir nach
Hamburg, weil meine Mutter Heimweh hatte nach Norddeutschland, von wo sie stammte.

Plötzlich, ein Jahr später, sind wir nach Wismar gezogen, weil
mein Vater hier in der Waggonfabrik, die ehemalige Firma Podeus,
eine Arbeit als Meister gefunden hatte. Hier wurden S-Bahnen und
Triebwagen für ganz Deutschland und für den Export gebaut.
Nach ein paar Jahren zogen wir von der kleinen Zwei-Zimmer-
Wohnung in der Kleinschmiedestraße in eine größere Wohnung
nach Lübsche Burg; wo vor ein paar Jahren noch das *Haus der Offi-
ziere* der Roten Armee stand. Dort auf dem Hof hab ich meine
Kindheit verlebt und mein Vater hatte uns hier eine Schaukel,
Reckstangen und eine Sandkiste gebaut.

1939 wurde es ernster – da kam ich in die Schule! Bei Wind und
Wetter mussten wir gut sechs Kilometer in die Stadt zur Schule
laufen. Zu der Zeit fuhren keine Busse. Um sieben morgens sind
wir los und kamen halb drei wieder nach Hause. Natürlich mussten
wir nicht so viele Schulbücher schleppen wie heute: da hattest du
deinen Schulranzen auf'm Buckel hinten, der war mit Riemen fest-

geschnallt. Da hing dann die Schiefertafel mit Schwamm raus und innen war die Fibel.

Zu Hause mussten gleich Schularbeiten gemacht werden – meine Mutter war da sehr hinterher und kontrollierte sie auch.

Mein Vater kam gegen sechs nach Hause und fragte auch gleich: haben die Jungs Schularbeiten gemacht? Wo sind sie? –

Wir waren jeden Tag draußen mit den Nachbarskindern. Es war ein schönes Gebiet, wo wir jeden Tag spielten: es standen noch keine Häuser dort, die Schafherden vom angrenzenden Bauern liefen vorbei, in den Feldern konnten wir Versteck spielen, es gab ein Riesenterrain von Wiesen und sogar Angelteiche!

Die ersten Angriffe auf Wismar

Das ging so bis September '39, dann brach ja bekanntlich der Zweite Weltkrieg aus – in unserer Küche stand ein kleiner Volksempfänger, wo wir dann hörten, wie Hitler eine Ansprache hielt: Wir schlagen jetzt zurück! Vorher gab es in den Nachrichten schon so ein Geplänkel, dass die Polen die deutsche Grenze berührt haben und sogenannte Überfälle verübt hatten.

Der jüngste Bruder meines Vaters war zufällig zu Besuch, der sagte: Ich werde eingezogen!

Damit war klar, dass die Männer und Väter in den Krieg ziehen mussten. Für uns Kinder war das in der ersten Zeit nicht so von Bedeutung.

Nur in der Schule änderte sich etwas im Unterrichtsplan: die Lehrer zeigten uns anhand von Wandtafel-Karten den Verlauf der deutsch-polnischen Grenze mit dem Korridor Danzig und wie weit die deutsche Wehrmacht nun im Vormarsch ist.

Ich war ja da noch nicht in dem Alter – das kam erst später: dass die Jugendlichen an der Schule, die bereits zehn Jahre alt waren, nachmittags nochmal in die Schule mussten zum sogenannten HJ-

Dienst antreten. Sie mussten marschieren, Habt-Acht-Stellungen üben, grüßen üben und dieses Heil Hitler rufen. Also eine richtige vormilitärische Ausbildung, mit der Vorstellung, mit 15 oder 18 Jahren eingezogen zu werden.

Die ersten Angriffe auf Wismar begannen schon 1940 – Wismar gehörte zu den ersten Städten in Norddeutschland, die durch englische Flieger angeflogen wurden. Später kamen noch die Amerikaner dazu: nachts griffen die Engländer an und tagsüber die Amerikaner!

Das war für uns natürlich 'ne Qual: nachts bei Fliegeralarm, manchmal dreimal, aus dem warmen Bett raus. Wir waren schon so sensibilisiert, dass wir vorweg schon das Brummen von den schweren Bombern hörten und nach einer Minute hörten wir dann das Sirenengeheul.

Übermüdet wurden wir dann angezogen – meinen jüngsten Bruder, der inzwischen auch 1939 geboren wurde, schleppten wir im Wäschekorb über die Straße in den Konzertgarten gegenüber.

Das muss man sich so vorstellen: ein parkähnlicher Garten mit Musikpavillon und links und rechts Kaffeehäuser, Eisdielen und Kegelbahnen, die natürlich während der Kriegszeit nicht mehr funktionierten.

Innerhalb dieses Terrains war ein tiefer Graben ausgehoben, der mit Holzabstützungen ausgekleidet war, und oben rüber Balken mit Erde und Dachpappe; drinnen waren auch Lampen mit Drahtgitter und Holzbänke.

Da haben wir dann gesessen mit den Nachbarn und haben gewartet, was kommt. Die Flak hat dann fürchterlich geschossen, wenn die Flugzeuge in dem Bereich über das heutige Wendorf flogen. So eine halbe bis eine Stunde verbrachten wir dort, bis die Entwarnung kam.

Das ging so bis April 1945 – die Angriffe wurden immer schwerer. Wismar hatte ja auf dem Haff die Flugzeugwerke *Dornier,* welche durch einen Tagesangriff 1944 bombardiert wurden.

Abhauen aus der Landverschickung

Wir Kinder wurden 1944 alle aus den Schulen auf's Land gebracht – das nannte sich Landverschickung.

Mit meiner Klasse und den Lehrern war ich in Goldebbe auf einem Gutshof. Eigentlich hatten wir es ganz gut da – wir hatten sogar eine Krankenschwester, die uns betreute.

Natürlich ging da der HJ-Schliff weiter: nachmittags, nach dem Unterricht, ging der Dienst los: wir wurden immer irgendwie beschäftigt, dass wir ja nicht zur Ruhe kamen.

Unruhig wurden wir immer dann, wenn Angriffe geflogen wurden – wir konnten ja die Sirenen hören.

Nach diesem schweren Bombenangriff auf Wismar zogen der Rauch und der Brandgeruch bis zu uns, und wir sagten uns: Wir *müssen* nach Hause!

Nach einer geheimen Absprache traf sich die ganze Klasse nachts um eins an der Kirche, ohne dass die Lehrer es wussten, und marschierten nach Wismar, wo jeder natürlich nach Hause lief. Wie wir schon ahnten, hat man uns am nächsten Tag gesucht und wieder zurückgeholt.

Unsere Lehrer, die ja die Elternrolle übernehmen mussten, waren eigentlich sehr verständig. Später haben wir gehört, dass wir wegen dem *Abhauen* in ein nationalsozialistisches Erziehungsheim sollten, welches auf einer Burg in Sachsen war.

Unsere Lehrer haben sich aber für uns eingesetzt, so dass wir nicht dorthin kamen.

In diesem Heim war es wie im KZ: Jugendliche, die irgendwelchen Widerstand leisteten und Schwererziehbare kamen dorthin; viele wurden umgebracht.

Tja, das war keine schöne, aber doch eine interessante Kindheit, denn wir kannten ja gar nichts anderes. Wir lebten immer zwischen Angst und Freude und entdeckten viel Neues.

Schwerer Typhus – Glück im Unglück

Unwahrscheinlich viel Glück oder auch Pech hatte ich, indem ich plötzlich krank wurde, und das kam so: Wir hatten ja ständig Hunger, so dass zwei Freunde und ich morgens um fünf zum Schweizer gingen, noch bevor die anderen geweckt wurden.

Dort durften wir uns einen frisch gemolkenen Becher Milch nehmen – davon wurden wir krank, bekamen Durchfall und erbrachen. Mit Verdacht auf Typhus kamen wir drei nach Wismar ins Krankenhaus.

Mit der Bahn zu fahren, war zu gefährlich, denn die Züge wurden ständig beschossen. So wurden wir mit einer geschlossenen Kutsche in die sogenannte Seuchenbaracke am Dahlberg gefahren. Auf jeden Fall erinnere ich mich genau, dass wir durch die Dr.-Leber-Straße fuhren und auf beiden Seiten waren brennende Trümmerfelder!

In der Baracke habe ich acht Wochen mit einer schweren Typhuserkrankung gelegen, hatte totalen Haarausfall und hohes Fieber und bekam Medikamente.

Damals war ich 13 Jahre alt. –

Was war nun daran *Glück?*

In der Zeit, wo ich im Krankenhaus war, wurde das Lager in Goldebbe aufgelöst, weil die Fluchtbewegung in Richtung Westen losging. Unsere Klasse ging zu Fuß; mitgeführt wurde ein Ackerwagen mit vier Pferden davor, worauf die Koffer und Betten lagerten. Dieser Treck mit meinen Mitschülern und Lehrern wurde bei Warksdorf von Tieffliegern angegriffen – es gab eine Menge Tote und Schwerverletzte.

Mein *Glück* war, dass ich zu der Zeit im Krankenhaus lag! Meine Mutter hat mich zu Hause mit rohem Ei und Rotwein wieder aufgepäppelt. Den Rotwein hat sie sich von einem französischen Kriegsgefangenen besorgt und die Eier vom Nachbarn.

Die Russen kamen – und blieben

Ich erinnere mich an die große Siegesparade auf dem Marktplatz, die Montgomery, der ja Heeresführer der alliierten Westtruppen war, und Sokolowski, der russische Armeeführer, abnahmen. Begleitet wurde die Parade von schottischen Musikkapellen – das war für uns Kinder interessant! Im August zogen die englischen und kanadischen Truppen in Richtung Westen ab. Keiner wollte es so richtig wahrhaben, aber ich hatte auf der Straße eine Zeitung der Alliierten gefunden, worauf eine Landkarte abgezeichnet war, worauf die endgültigen Besatzungszonen festgelegt waren. Die zeigte ich meinem Vater, der meinte: Nun kommen die Russen, aber die werden wohl nicht lange bleiben. Und sie kamen. Und blieben bis 1992!

Der Tuschkasten meiner Mutter

Als Kind habe ich sehr viel gemalt. Ich glaube, das Talent habe ich ein bisschen von meiner Mutter. Sie hatte einen Tuschkasten, der ihr Heiligtum war, und immer auf dem Schlafzimmerschrank stand. Einmal in der Woche, wenn meine Mutter einkaufen ging und zwei Stunden fort blieb, holte ich mir heimlich den Kasten und malte! Die Zeichnungen versteckte ich, bis meine Mutter sie irgendwann fand, aber nichts sagte. In diesem Jahr stand unter dem Weihnachtsbaum für mich *ihr* Tuschkasten, und ich war der glücklichste Mensch!

Von da an ging es los!

Mein Wunsch war es, später Bühnenbildner zu werden. Bekanntlich wurde aus der ganzen Sache nichts, weil 1948 das Wismarer Theater abbrannte, wo mir mein Vater schon eine Lehrstelle als Bühnenmaler besorgt hatte. Ich hatte keine andere Wahl und lernte eben Stubenmaler in Wismar. Wie sich später herausstellte, war diese abgeschlossene Berufsausbildung die Voraussetzung dafür, ein Studium aufzunehmen. Während meiner zweieinhalbjährigen Lehrzeit, die eigentlich drei Jahre hätte dauern müssen, hatte ich im Treppenhaus der Berufsschule ein Wandbild gemalt: eine Stadtansicht von Wismar. Daraufhin meinte mein Lehrmeister, ich könne schon eher die Gesellenprüfung ablegen – was ich auch tat.

Zwischenzeitlich bin ich zu einem Mal- und Zeichenkurs in der Kleinen Hohen Straße gegangen, woraus 1950 die *Fachschule für Angewandte Kunst* in Wismar wurde. Noch heute ist sie in Heiligendamm als Fachhochschule vorhanden und wird im Herbst wieder nach Wismar zurückgeführt. Ich gehörte zu den Erststudenten dieser Schule und besuchte die Klasse *Angewandte Malerei*, und nach zwei Jahren die Klasse *Gebrauchsgrafik*. Ich sagte mir, ob ich mit Bildermalen mein Geld verdienen kann, ist fraglich, und mit Gebrauchsgrafik habe ich mehr Möglichkeiten.

Andere Werkstätten auszuprobieren war nur in Wismar möglich

Dann kam der 17. Juni 1953 dazwischen: der Aufstand der Arbeiter in der Stalinallee griff republikweit um sich. Überall wurden Streiks ausgerufen. In Wismar waren die russischen Panzer vor dem Werfttor postiert, um die Arbeiter in Schach zu halten. Nach 20 Uhr war Ausgangsverbot; wenn du so willst, war Kriegszustand. Wir waren mitten in den Abschlussprüfungen. Es hieß: die Schule wird nach Heiligendamm verlegt.

Nach dem Abschluss bewarben wir uns mit einigen Studenten an den Hochschulen in Dresden und Berlin-Weißensee. In Weißensee bin ich bei Professor Wittkugel, Professor Arno Mohr und Professor Klemke aufgenommen worden. Weil ich Berlin als Schulort nicht mochte, habe ich nach zweieinhalb Jahren ohne Abschluss aufgehört. Von Wismar kannten wir es, zusammen in einem Gebäude zu sein und auch andere Werkstätten auszuprobieren – also auch mal Schmuck zu machen oder am Webstuhl zu sitzen oder an der Töpferscheibe – das gab es in Berlin nicht. Dort waren wir in verschiedene Stadtteile zersplittert, was vielen nicht gefallen hat. Einige sind noch zu Zeiten der offenen Grenze in Richtung Westen gegangen.

Nein, danke!

Nach der Berlin-Zeit war ich ein Jahr bei Fischland-Schmuck in Ribnitz-Damgarten als Schmuckentwerfer und -zeichner. Warum ich da weggegangen bin? Der Betriebsleiter sollte mich für die kasernierte Volkspolizei werben bei einem Vier-Augen-Gespräch. Ich musste mich entscheiden: entweder ich ginge auf diesen Vorschlag ein, oder ich musste den Betrieb verlassen. So bin ich nach Wismar zurückgekehrt, wo ich erstmal auf der Straße stand: in einem volkseigenen Betrieb benötigte man keinen Künstler.

Schließlich gelangte ich wieder zu meinem Lehrbetrieb, der gerade ein paar Leute für die Werft abstellen musste. Nach einem halben Jahr auf der Werft fragte man mich, warum ich studiert hätte und hier Malerarbeiten mache. Daraufhin wurde ich technischer Grafiker auf der Werft – das war natürlich toll! Damals war ich 22 und habe das acht Jahre gemacht.

Jeder lebte noch lange bei seinen Eltern

Während der Berliner Zeit lernte ich meine Frau 1954 auf einer Tanzveranstaltung kennen – tatsächlich! Wie soll man sich sonst kennenlernen? So war das früher!

Ich war verliebt und hatte natürlich Heimweh nach Hause! Später wurde eine engere Verbindung daraus, das heißt: wir haben geheiratet und 1955 wurde unsere Tochter geboren.

Neun Jahre später haben wir in Wendorf eine Zwei-Zimmer-Wohnung bekommen. Ja, vorher lebten wir getrennt: jeder bei seinen Eltern! Eine eigene Wohnung war da schon etwas Wunderbares! Meine Frau hatte eine Ausbildung als Schneiderin begonnen, musste sie aber plötzlich unterbrechen, weil ihre Mutter verstarb. Nun hatte sie ihren schwer kriegsbeschädigten Vater zu versorgen und oft hinzufahren. Meine Frau war zwischenzeitlich oftmals krank; sie bekam eine Tuberkulose und musste für ein halbes Jahr nach Schwaan – es war keine schöne Zeit! Unsere Tochter war in der Zeit bei Verwandten auf dem Lande gut aufgehoben.

Viel später sind wir in eine Fünf-Zimmer-Wohnung in der Innenstadt gezogen, denn ich brauchte viel Platz! Jetzt hatte ich ein eigenes Atelier! 1964 habe ich mich von der Werft getrennt und wurde als Maler und Grafiker freiberuflich. Während der Werftzeit habe ich nebenbei viele Aufträge machen müssen und nächtelang gearbeitet. Es wurde einfach zu viel – ich arbeitete freiberuflich weiter für die Werft, im dekorativen Bereich. Habe Schiffssalons und Generalkarten für die Schiffe machen müssen – also reine Auftragsarbeiten.

Später machte ich Tafelmalereien, Fenster, Mosaiken an öffentlichen Gebäuden, zum Beispiel am *Blauen Wunder* in Groß Stieten. Außerdem Bleiverglasungen, Prospekte, Kataloge und Plakate – bis hin zum Rentenalter.

Irgendwann hatte ich die Stadt satt – es war mir zu eng

Die Sehnsucht, auf's Land zu ziehen, war groß. Ich hatte in Eggerstorf schon ein Sommerhaus, welches ich aus einem alten Pferdestall gebaut hatte.

Im gegenseitigen Einvernehmen mit der Gemeinde Zierow wurde das Haus später an den Rat der Stadt verkauft und ich sah mich nach einem anderen Objekt um.

So bin ich auf dieses alte Rauchhaus hier in Wodorf gestoßen, welches in sehr desolatem Zustand war. Für ein paar tausend Mark konnte ich es 1973 kaufen.

Meine Frau und ich entschlossen uns, es auch für den Winter auszubauen und konnten 1976 einziehen.

Rolf Möller, du bist verrückt!

Es sah wirklich schlimm aus hier! Meine Bekannten haben gesagt: Rolf Möller, du bist verrückt! Das hältst du gar nicht durch! Wo willst du das ganze Material herbekommen? –

Es gab keinen Stein, es gab kein Holz, es gab keinen Sack Zement. Aber irgendwie habe ich durch sogenannte Beziehungen das Material rangeschafft und nach und nach ausgebaut.

Hier war ein Kuhstall drin; es mussten also größere Fenster rein. Das Fachwerk habe ich geöffnet und zum Teil musste ich neue Ständer einsetzen, die ich aus Abrissstallungen besorgt habe. Weil das Geld fehlte, habe ich sehr viel selbst machen müssen. Meine Hände waren inzwischen so kaputt und voller Blasen, dass ich oftmals eine Weile warten musste, bis ich wieder Geld verdienen konnte!

Wenn es um Transporte ging, bekam ich Hilfe von der LPG Blowatz. Das Haus stand fünf Jahre leer, bevor wir es kauften. Die Kinder des Bauern bauten sich selber Häuser; als ich jedoch fertig war, guckten sie doch, was man aus so einem alten Haus alles machen kann! Inzwischen sind wir 25 Jahre hier; ich fühle mich sehr wohl in der Umgebung, die zum Teil noch unverdorben ist.

Das ist ein Niederdeutsches Hallenhaus von 1740

– das einzige Rauchhaus der Gemeinde Blowatz. Im Laufe der Jahre sind damals Anbauten dazu gekommen. Als ich mit dem Bauen fertig war, kam natürlich die Denkmalpflege und wollte das

Haus unter Denkmalschutz stellen. Das war das Ergebnis meines Engagements, so etwas Bodenständiges zu erhalten. Rauchhäuser hatten eine offene Diele mit Holzstaken, die quer über die Diele angebracht waren, woran Fleisch und Wurst am Haken hingen. Hier im Raum waren offene Herde, wo für das Vieh gekocht wurde und wo geräuchert wurde. In den ersten Jahren roch es noch ganz stark nach Geräuchertem! In einem Rauchhaus wurde nicht gewohnt – nebenan war das Bauernhaus der Familie Holst, dazu gehörte es. Es war kein fließend Wasser im Haus und kein elektrisches Licht – es gab nur eine kleine Hauspumpe.

Wir sitzen hier im Atelier, das war der letzte Raum, den ich für mich ausgebaut habe. Wie bekannt ist, male ich kaum draußen – alles was hier steht und liegt sind Atelierbilder.

Nun habe ich hier optimale Bedingungen. Bin viel mit dem Fahrrad, dem Auto oder zu Fuß unterwegs, sehe Landschaften und Wetterstimmungen, die mich emotional sehr anpacken und nötigen, das schnell umzusetzen. So mache ich mir ein paar Notizen und setze das im Atelier um.

Gegenseitige Anregungen mit dem Maler Carl Hinrichs

Mit dem Maler Carl Hinrichs hatte ich viele Begegnungen. Er hielt sich im Sommer in einem der älteren Häuser in Heidekaten auf. Wir haben uns oft gegenseitig besucht. Er war sehr vielseitig auf seinem Gebiet als Maler; er beherrschte die figürliche Malerei und die Landschaftsmalerei. Vieles malte er in Öl, aber das war nicht so meine Welt – ich bin ja mehr Aquarellist. Carl war ein Original; er erzählte viele Geschichten – ob die nun wahr oder unwahr waren: jeder glaubte ihm oder nahm ihm etwas ab. Ein bisschen Neidgefühle gab es natürlich auch, denn er fühlte sich als einmaliger mecklenburgischer Landschaftsmaler. Neidisch war er auch etwas, dass ich mir dieses alte Haus so aufbaute, dass ich auch im Winter hier wohnen konnte. Was bei ihm wesentlich war: er trank gern ein Gläschen Schnaps, und wenn er sich zu alleine fühlte, kam er auch mal nachts um zwölf oder halb eins zu mir, trommelte an die Fenster und ich musste dann aus dem Bett: Rolf, hast du noch 'nen Schnaps? – hieß es dann auf plattdeutsch. Das Schlimme war, dass er vorher schon ein paar intus hatte und ich ihn wieder zurückbringen musste – sonst lief er Gefahr, irgendwo liegen zu bleiben, und das konnte ich nicht verantworten!

Eines Abends wollte er mich besuchen, kam aber nur bis zu meinem Nachbarn – natürlich sehr angeheitert – und war in der Dunkelheit in ein Motorrad gelaufen und blutete stark. Er hatte aber dem Fahrer bedeutet, er sollte sich schnellstens entfernen, es wäre nichts passiert! Mein Nachbar brachte ihn sofort ins Krankenhaus, wo er genäht wurde. – Das war mal eine Episode mit Carl Hinrichs! Aber es war auch so, dass man in ihm immer einen interessanten Gesprächspartner hatte. Er hatte ja in seinem langen Leben viel erlebt, das war für mich ganz nützlich, wenn ich keine Anregung hatte, kreativ zu sein. Ich denke, wir haben uns gegenseitig angeregt.

Carl Hinrichs ist sehr alt geworden – er starb 1990 mit beinahe 87 Jahren. Das Haus wird öfter noch von Leuten gesucht, die nach ihm fragen. Ich sage dann immer: eigentlich ist da nichts mehr von ihm vorhanden. Das Hinrichs-Haus ist inzwischen von seinen Nachkommen restauriert und hat sein altes Gesicht verloren, was sehr schade ist. Glücklicherweise haben sich in Heidekaten jüngere Leute angesiedelt, zu denen ich Kontakt gefunden habe.

In meinem Dorf hier wohnen sehr alte Leute, mit denen ich auf meinem Gebiet fast keine Kommunikation finde. Man unterhält sich über Alltagsfragen und Dinge, die sich in der Natur abspielen – was ja auch sehr wichtig ist. Immerhin habe ich noch die Stadt, habe dort meine Kollegen, mit denen ich mich treffe und Ausstellungen mache.

Bleiben sie bloß hier – es wird Krieg geben bei ihnen!

Ja, und dann kam die schwierige Zeit der vielen Hoffnungen und Enttäuschungen vor 1989!

Man merkte, dass sich in der näheren Umgebung besonders junge Leute um die Ausreise in die BRD bemühten. Alle merkten, *so* geht das hier nicht weiter! Es stagnierte alles. Die Kirchen waren Zufluchtsorte für Gleichgesinnte geworden, die irgendwas hören oder fühlen wollten, wie es jetzt um unser Land steht.

Das Schlimmste für uns war, das Gefühl zu haben, eingesperrt zu sein. Ich persönlich hatte auch den Wunsch, mal etwas anderes zu sehen – nicht nur Kataloge und abgedruckte Bilder von Malern und Bildhauern, die für uns tabu waren.

Über den Künstlerverband habe ich versucht, eine Studienreise zu bekommen, die immer wieder abgelehnt wurde.

Merkwürdigerweise wurde dem noch im Herbst '89 stattgegeben. Aus Berlin kam eine telefonische Mitteilung, ich könne meine Sachen packen. Die Bahn durfte ich nicht benutzen; so nahm ich meinen PKW und wollte mir in Emden und Hamburg Ausstellungen ansehen und Freunde und Bekannte besuchen. Niemals hatte ich die Absicht, da zu bleiben und mein Haus und meine Familie zu verlassen.

Bei Freunden habe ich im Fernsehen verfolgt, welch große Demonstrationen bei uns stattfanden – da dachte ich, es wird Zeit, nach Hause zurückzukehren. Auf der Straße fragte mich ein alter Herr, wo ich denn herkäme. Als er hörte, dass ich aus der DDR komme, meinte er: Bleiben sie bloß hier – es wird Krieg geben bei Ihnen! –

An der Grenzübergangsstelle wunderte ich mich nur, dass die Grenzer gelangweilt vor der Baracke standen – es kam kein Auto aus Richtung Osten und keines aus dem Westen; nur ich allein! Man fragte mich nach meinem Ziel und wieso ich zurückkomme!

Aufruhr in Wismar und auf dem Dorf

Kurz darauf fuhren meine Frau und ich zu einer Demonstration nach Wismar; es war eine sehr emotional geladene Geschichte mit hunderten Menschen, die mit Sprechchören und Transparenten durch die Straßen liefen. So ging es fast jeden Abend, bis eines Tages in der ehemaligen Gaststätte in Blowatz eine Bürgerversammlung einberufen wurde, wo sich die Bürger zur Situation äußerten. Es war ziemlich turbulent; die Einwohner beschwerten sich über viele Missstände und es wurden viele Dinge hervorgeholt, die man sich vorher nicht traute, auszusprechen.

Nach diesem Abend erfuhren wir am Fernseher, dass die Mauer geöffnet wurde! Und wir glaubten immer noch, das könnte in eine andere Richtung gehen.

An den *Runden Tischen* wurden Vorstellungen entwickelt, wie der Sozialismus eine andere Richtung bekommen könnte! Wir waren froh, dass wir dieses Regime entlarven und offen darüber sprechen konnten. In den Jahren 1990/91 kam dann eine neue Entwicklung auf uns zu, die mit der sogenannten Wiedervereinigung beider Staaten vor sich ging. Für viele war sie zum Teil gewünscht, wurde aber von einigen mit Misstrauen und Argwohn verfolgt.

Das Gute an der Demokratie ist, dass ich meine Meinung äußern kann, ohne dass mir dadurch Schaden entsteht, dass ich reisen kann, wohin ich will …

Nochmal eine bezahlte Anstellung

Mit der Einführung der D-Mark kam aber auch ein tiefer Einschnitt für alle kreativ oder freiberuflich arbeitenden Leute. Es wurden keine Bilder mehr gekauft oder in Auftrag gegeben. Ich habe in den ersten Monaten noch einige Aufträge als Gebrauchsgrafiker gehabt – viele Firmen brauchten ein Logo! Das ging aber schnell zurück. Altersgemäß bin ich dann für ein Jahr in eine ABM – Arbeits-Beschaffungs-Maßnahme – gekommen, nachdem ich mich arbeitslos gemeldet hatte. Ja, freischaffende Künstler konnten sich damals auch arbeitslos melden, das galt insbesondere für Schriftsteller, Maler, Bildhauer und zum Teil auch für Ärzte.

In meinem 62. Lebensjahr habe ich nochmal eine bezahlte Anstellung bekommen: gebrauchsgrafische Arbeiten für Dorf Mecklenburg und verschiedene Publikationen, die ich zum großen Teil hier erledigen konnte. So entstand unter anderem das Gemeindewappen von Dorf Mecklenburg. Danach konnte ich in den Vorruhestand gehen. Was nicht bedeutet, dass ich mit den Fingern an der Hand spiele! Nach wie vor beschäftige ich mich mit der Malerei und bereite Auslandsausstellungen und Workshops in den skandinavischen Ländern vor.

In den letzten Jahren habe ich eine kulturelle Brücke zwischen Wismar und Halden aufgebaut, die vor zwei Jahren mit einer großen Ausstellung begann. Skandinavien bleibt ja näher für uns als der Süden!

… und immer wieder der Sommer …

Das Jahr 1999 war großartig – der schöne, lange Sommer, den ich so richtig genossen habe! Ich hab hier im Garten gesessen und gelesen, weniger gemalt, aber die Natur beobachtet – und das so richtig in vollen Zügen genossen!

Weil Du danach fragst: Ängste hatte ich wahrhaftig mit dem Krieg in Kosovo, der ja schon fast zum dritten Weltkrieg ausartete. Meine Angst war, dass sich daraus auch für uns was ganz Schlimmes entwickeln wird. Ängste habe ich auch vor der Gewaltbereitschaft der Menschen untereinander und vor dem Verlust von Werten. Diese Gedanken beunruhigen mich.

Träume? Haben alle – ich persönlich freue mich wieder auf den Sommer, wo wir in Norwegen sein werden. Wichtig ist für mich, dass man einigermaßen gesund bleibt, dass ich noch die körperliche Kraft habe, ringsherum etwas an meinem Haus zu tun – zu reparieren gibt es ja ständig etwas!

Ich wünsche mir, dass meine Frau gesund bleibt. Mein Wunsch für das neue Jahrtausend: dass wir nicht nochmal einen Krieg erleben müssen und dass die Enkelkinder nicht in den Krieg ziehen müssen!

Manchmal wache ich nachts auf und habe Angst, es geht bald vorbei mit mir. Ja, es ist die Angst vor'm Sterben. Ich mache mir auch schon Gedanken über das, was sein wird, wenn ich mal nicht mehr da bin.

Die Lebensuhr läuft langsam dem Ende zu und man fängt an, die Dinge zu ordnen, die man über Jahrzehnte gemacht hat: Hast du deine Sache gut gemacht? Hast du dich genügend engagiert? Man beginnt, seine Schubladen durchzusehen und auszusortieren, was man inzwischen nicht mehr leiden kann.

Es kann ja heute oder morgen oder in drei Jahren zu Ende sein! Aber vielleicht habe ich – und ich wünsch mir das – etwas Glück. Und ich glaube, dass mein hier Sein und hier Wohnen in dieser Landschaft viel dazu beigetragen hat, dass ich immer noch aktiv bin und Umgang mit Menschen habe, die mit etwas bedeuten.

Das zweite Interview im Jahr 2001

Komm mal nicht vor'm Aufstehen – so gegen zehn Uhr! Wir sitzen in Rolfs Atelier mit Blick in den Garten.

Angstvolle Zeiten

Tee trinken, schöner Morgen mit Licht! Und die Bäume: wie filigran, wie ein Gespinst; die Vögel kriegen sich das Streiten über die heruntergefallenen Äpfel.

Verändert? Eigentlich ist für mich eine etwas beunruhigende Situation eingetreten; weißt du, das hängt ja mit meiner Frau zusammen – und ich weiß nicht, wie sich das entwickeln wird.

Das heißt, ich kann für dieses Jahr nicht irgendwas planen, mal rauszukommen, mich mal für zwei, drei Wochen abzuseilen …

Es beschäftigt mich natürlich sehr!

Mich motiviert auch im Moment gar nichts – bis auf das, was wir heute hier erleben mit dem schönen Wetter – Raureif auf den Wiesen und schönes Licht – das erhält uns ja immer aufrecht.

Und diese Ruhe ringsum hier ist auch wichtig, obwohl ich ab und zu in die Stadt fahre: da wird mal ein Einkauf gemacht, um unsere Schränke wieder aufzufüllen.

Vor Weihnachten bekam meine Frau ihren ersten Herzinfarkt und den zweiten in der Klinik.

Das hat natürlich angstvolle Zeiten hervorgerufen, für sie selbst, für mich, meine Tochter und die Enkelkinder. Es war für alle eine stressige Zeit.

Ich war froh, dass ich sie zu Weihnachten wieder holen konnte, dass ich hier nicht so ganz alleine saß …

Ihr Zustand hat sich schon stabilisiert – du hörst sie sicher klappern!

Da schreibe ich eben mit der alten Schreibmaschine

Morgens stehe ich auf und meine Frau liegt meistens noch; ich mach dann Kaffee und ein Butterbrot für sie, das ist das erste. Dann geh ich ins Bad und anschließend wird die Katze versorgt. Ja, sie muss dreimal täglich gefüttert werden – es gibt ja fast keine Mäuse mehr!

Ja, ich hab morgens Anlaufschwierigkeiten – das haben wohl viele (lacht)! Also, bis *ich* so richtig in Gang komme … Nach dem Frühstück lese ich sehr intensiv die Zeitung. Dann mach ich irgendwelche Dinge, zur Zeit versuch ich mich an einem Logo für einen Verein. Manches verwerfe ich oder lass es ein paar Tage liegen oder zerreiße es! Ich hab ja keinen Computer, mit dem man ein bisschen spielen kann.

Nein, ich bereue es nicht, keinen Computer zu haben, aber manchmal muss ich einen Behördenbrief schreiben, den schreib ich eben mit der alten Schreibmaschine. Die Leute denken sicher: naja, der Mann ist ja wohl noch von gestern!

Übrigens habe ich zum Jahreswechsel einen Haufen Post bekommen wie noch nie! Anscheinend haben die Leute jetzt wieder zurückgefunden zum Briefeschreiben. Sonst wird ja heute alles über Handy und Telefon bewerkstelligt – mit 'nem handgeschriebenen Brief kannste doch viel mehr anfangen! Ein Computer ist letztendlich doch nur ein technisches Hilfsmittel – nicht mehr! Das andere musst du im Kopf haben und vom Kopf auf die Hand übertragen können – das hab ich so vielen schon gesagt!

Schönes Leben!

Zurück zu meinem Alltag: Das Angenehme in meinem Beruf ist es schon immer gewesen, dass ich mich so 'n bisschen gehen lassen kann, wenn ich nicht einen Termin hatte oder Geld verdienen musste, das war ja auch wichtig. Das brauch ich ja heute nicht mehr. Es gibt schon bestimmte Tageszeiten: Mittagessen ist zwischen halb zwölf und zwölf. Dann gibt es 'ne Ruhepause – neuerdings leg ich mich auch 'ne halbe Stunde hin. Und dann geh ich ins Atelier oder nach draußen und mache 'nen Spaziergang. Dann kommt schon die Zeit, 'ne Tasse Kaffee zu trinken – hört sich gut an, ne! Schönes Leben (lacht)! Aber so empfange ich auch meine Impulse von draußen.

Wenn ich mal eine besondere Situation erlebt hab, mache ich mir Notizen oder gehe mit der Kamera mal raus. Oder ich treffe mich mit jemandem, hier oder in der Stadt. Die Stadt brauche ich nach wie vor. Im Sommer ist das was anderes: da hat man schon mal Besuch am Gartentor, oder die Leute fragen: Dürfen wir mal reingucken?

Eigentlich fängt meine kreative Zeit erst um fünf Uhr nachmittags an, mit dem Abendbrot dazwischen. Manchmal arbeite ich bis nachts um zwei und schlafe entsprechend etwas länger – logisch! Aber ich habe festgestellt, mit zunehmenden Alter braucht man weniger Schlaf, sechs Stunden reichen da!

Ich geh auf Leute zu, die mir sympathisch sind

Freunde bedeuten mir sehr viel. Freunde muss man haben. Nach Möglichkeit Gleichgesinnte, also, die gleiche Anschauungen haben. Und ich will nicht sagen, gleiche Lebensweisen, aber: mit denen man sich unterhalten kann und *auf die man sich verlassen kann!*

Wenn mal 'ne Situation da ist, in der man zerknirscht oder verzweifelt ist, ist es wichtig, dass sie einem mal Trost zusprechen oder helfen können. Das mach ich umgekehrt auch. Ich bin ja ein Typ – das wirst du auch gemerkt haben – ich geh nie in Abwartehaltung; ich geh auf Leute zu, die mir sympathisch sind. Und merke dann auch, ob sie mich annehmen. Dadurch hab ich eigentlich 'ne ganze Menge Freunde.

Durch ein Wiedersehen nach Jahren der Trennung zwischen Ost und West habe ich einen Freund dazubekommen, der wieder nach Wismar zurückgekehrt ist. Mit ihm tausche ich mich ab und zu aus. Ansonsten hat er mit künstlerischen Dingen nichts zu tun; er ist lediglich Fotograf. Das ist für beide von großem Nutzen. Ein guter Freund von mir ist noch Klaus-Dieter Steinberg – er ist ja eigentlich mein Kontrahent: ein sehr guter Grafik-Designer, mit dem ich schon seit 20 Jahren ein freundschaftliches, fast Vater-Sohn-Verhältnis habe. Und weil wir gerade vom Computer gesprochen haben: er hat natürlich die Technik, und wenn ich mal ein Plakat oder 'ne Einladungskarte zu machen habe, gehe ich zu ihm hin und wir probieren was und drucken es auch aus.

Dann treffen wir uns regelmäßig bei Ausstellungseröffnungen in Wismar, in der kleinen Galerie hinter dem Rathaus oder im Keller unter dem Rathaus. Anschließend sitzen wir mit mehreren Kollegen bei einem Glas Bier im *Schlauch*. Da wird über persönliche und künstlerische Dinge geredet und diskutiert. – Ja, es sind die Freiberuflichen, mit denen man sich trifft. Wir haben untereinander ein gutes Verhältnis, was du nicht überall findest. Jeder toleriert den anderen, und Toleranz ist sehr wichtig – gerade in der heutigen Zeit.

Die hilflose Möwe

Das schönste Erlebnis 2000, ja, das war am Ende des Jahres. Das war die Geschichte mit der kleinen Möwe, die hilflos in einem Wasserloch schwamm, woraus sie sich allein nicht mehr befreien konnte. Ich baute am Hafen meine Ausstellung ab – da war auch mein Freund dabei – und wie wir alles verstaut hatten, da sagte ich: Ach, Hein, lass uns doch mal an die Kaikante gehen, es ist so schön heute!

Da kam ein Mädchen auf uns zu und fragte, ob ich ein Seil hätte. Da sei eine kleine Möwe in ein Loch gefallen.

Wir fanden einen alten Eimer, schnitten mit 'nem Taschenmesser ein Loch rein und klemmten den Karabinerhaken vom Abschleppseil ein. Ließen den Eimer runter, drückten ihn mit einer langen Leiste unter Wasser, so dass die Möwe rein schwimmen konnte.

Sie muss schon mehrere Tage dort unten gewesen sein.

Wir zogen sie hoch und dann ist sie umher getappelt und hat Flugübungen gemacht – um dann in Richtung Sonne so langsam abzusegeln. Das ging mir so unter die Haut – ich hab mich richtig gefreut!

Ja, in Norwegen war ich auch; weißt du, Norwegen ist mir inzwischen so bekannt geworden: seit '94 bin ich so zwei- bis dreimal im Jahr da!

Unehrlichkeit kann mich sehr betrübt machen

Tage, an denen ich ganz tief unten bin, die gibt es unbedingt! Also, trübe Tage mag ich überhaupt nicht. Was mich umhauen kann: wenn mich jemand enttäuscht, von dem ich es nicht erwartet habe!

Wenn mich einer belügt oder mir eine Geschichte erzählt, die sich als hinterhältig erweist, das kann mich niederdrücken! Ich reagiere sehr emotional, bin weniger rational, bin sensibler – und erwarte das manchmal auch von anderen: das Aufeinanderzugehen, das Herzlichsein. Und wenn ich merke: da ist keine Ehrlichkeit, das spür ich natürlich sehr schnell, das kann mich sehr betrübt machen.

Naja, ich versuche das dann irgendwie zu unterdrücken und zu vergessen, indem ich mich in Arbeit verbeiße, fange an, zu malen oder schreibe was auf.

Liebe muss man sich nicht sagen – man spürt sie

Was bedeutet mir meine Frau? Ja, erstmal ist sie Lebensgefährtin, sie hat Verständnis für meinen Marotten, das heißt für die Arbeit, die ich mache. Natürlich; das umgekehrte Verständnis kommt erst später – man muss sich ja erstmal aneinander reiben. Nachher sind es Erfahrungen, die mitspielen, wo man vorsichtig sein muss, um dem anderen nicht mit seinen Äußerungen und Verhaltensweisen weh zu tun. Das hat auch was mit Toleranz zu tun. Sicher hat es auch in meinem Leben Momente gegeben, wo man Menschen kennengelernt hat und dachte: *das* wär auch was gewesen! Aber ich bin so ein Mensch, ich mag dem anderen nicht gerne weh tun! Ob ich sie Liebe? Liebe ist ja ein sehr weiter Begriff. Gerade in Situationen, wo einschneidende Dinge geschehen wie zum Beispiel Krankheiten, fühlt man sich sofort verpflichtet, denjenigen zu behüten, der mit dir lange Jahre zusammen ist. Probleme solcher Art schmieden auch Leute zusammen, die nun nicht jeden Tag sagen: Ich liebe dich. Und sich jeden Tag umarmen. Das muss man sich nicht sagen – das spürt man untereinander. Ja, das ist so! Die Verhaltensweisen untereinander sind gravierend und zeigen, ob man sich mag.

Einer arbeitet künstlerisch, der andere kümmert sich

Meine Frau hat aufgrund ihrer vielen gesundheitlichen Probleme nie irgendetwas machen können, das heißt, sie hat sich in erster Linie um *mich* gekümmert, und um das Haus … Aber wahrscheinlich geht das auch gar nicht anders – ich kenne viele Beispiele, wo einer eine künstlerische Arbeit gemacht hat und der andere sich um ihn gekümmert hat. Natürlich hat Letzterer etwas Nachteile insofern, dass er viele Dinge, die er für sich machen könnte, zurückstecken muss. Und wo *beide* einen künstlerischen Beruf haben, funktioniert es meistens nicht; da kenn ich auch viele, die wieder auseinander gegangen sind.

Dinge, die meine Frau gerne gemacht hätte? Sie hat ja Schneiderin gelernt und hat für uns all die Sachen genäht. Eigentlich ist sie darin aufgegangen. Und seitdem wir hier auf dem Dorf leben, hat sie im Frühjahr immer ihren Blumengarten bestellt und im Sommer gepflegt …

Gemeinsame Reisen? Ja, die gab es natürlich nicht so häufig. Durch meinen Beruf hatte ich oft Studienreisen, die personengebunden waren, wo ich mich zwei oder drei Wochen im Ausland aufhalten konnte. Aber nach der Wende haben wir beide größere Reisen gemacht: Italien, Norwegen, Österreich, Schweiz …

Mit den Enkelkindern lebst du nochmal auf

Wie wir unsere Tochter erzogen haben? Wir haben sie natürlich sehr frei erzogen. Ich wollte ihr nicht diese Erziehung angedeihen lassen, wie ich sie erfahren habe. Ich hatte einen sehr strengen Vater, der

329

uns immer reglementierte und bei jeder Kleinigkeit bestrafte. Also, an die Kindheit möchte ich mich gar nicht so erinnern. Es war eben die Angst vor Prügel und Bestrafung in der Schule – und zu Hause auch! Ich war immerhin der Älteste von drei Jungs, und auf mich wurde immer alles abgeladen. Aber vielleicht hat mich das auch geprägt für mein Leben als Erwachsener: wenn ich gesehen habe, wie Mütter oder Väter ihre Kinder verdroschen haben, hab ich besonders sensibel reagiert. Meiner Tochter hab ich auch, wenn sie mal eigensinnig war, 'nen Klaps auf den Hintern gegeben – aber fünf Minuten später hat mir das in der Seele leid getan – da hätte ich selbst heulen können! Also, *das* wollte ich nicht.

Den Hauptteil der Erziehung hatte meine Frau, weil sie mit ihr die Schularbeiten gemacht hat und sie auch motiviert hat. Aber, wenn man will, haben wir es beide getan.

Meine Tochter sehe ich immer an den Wochenenden, da kommen sie und ihr Mann meistens raus zu uns. Ich hab zwei Enkelkinder: Stefan ist 22 und Sebastian ist 18. Wenn die Enkelkinder da sind, ist *das* eigentlich die Zeit, *wo du nochmal lebst!* Dann erlebst du nochmal, was du bei deiner Tochter nur sehr flüchtig wahrgenommen hast! Du beobachtest die Entwicklung der Enkelkinder mit sehr viel wacherem Augen und mehr Gefühlen – du verausgabst dich richtig und möchtest ihnen nur Gutes tun! Ist so! Das tritt damit ein, wenn sie das erste Mal rufen: Oma! Oder Opa! Da bist du erstmal erschrocken und sagst: mein Gott, jetzt bist du *Opa!* Meine Frau hat das am Anfang gar nicht hören wollen – ich weiß nicht, ob Frauen da ein bisschen eitler sind! In den ersten Jahren mussten Tochter und Schwiegersohn arbeiten, und die beiden Enkel waren in dem evangelischen Kindergarten in Wismar. So hab ich sie nachmittags abgeholt, mit nach Wodorf genommen und spät nachmittags wieder nach Haus gebracht. Die Freiheit hier haben sie noch gut in Erinnerung – deshalb kommen sie auch heute noch gerne her.

Morgens um 10.30 Uhr, und wir trinken Punsch ... (lacht).

Wie ich mich fühle?

Ganz beschissen (lacht), auf gut Deutsch gesagt! Ich hab etwas Nachholbedarf an Schlaf die letzten Tage, das weißt du ja auch: es hat fürchterlich gestürmt um unsere Häuser hier in der ländlichen Einsamkeit! Und gestern waren wir zu einer Ausstellungseröffnung, die sehr schön war und anschließend beim Jazzkonzert im Schlauch, und heute Morgen haben wir so 'n bisschen dicke Augen (lacht)!

Was bleibt noch an Zeit?

Meine Frau hat leider noch immer gesundheitliche Probleme. Nach einer schweren Operation am Bein hat sich ihr Zustand verbessert. Und ich hab diese Situation mal ganz anders angepackt und ihren Garten auf Vordermann gebracht, den sie ja liebt – ihren Blumengarten.

Ja, man muss sich mit dieser Situation abfinden! Wir sind ja nicht mehr jung, gehören schon zu den Alten, und da gehen einem doch schon einige Dinge durch den Kopf. Man resümiert für die Vergangenheit – ich werde nun dieses Jahr 70 Jahre alt. Was war? Was hat man gemacht? Was bleibt noch an Zeit? Was machst du in dieser Zeit?

Es ist nicht ganz einfach. Man korrespondiert mit ehemaligen Mitstudenten, was vor Jahren noch gar nicht der Fall war, da hatte man noch ganz andere Sorgen. Aber in Zeiten der Besinnlichkeit führen sich Gedanken wieder zusammen, das ist merkwürdig.

Wenn ich so nachdenke: ich hab doch viel Glück gehabt, ich war doch bei vielen anerkannt als offener Mensch, vielleicht sogar beliebt.

Ein Typ, der ungern betteln geht

Die Leute in Wismar, die mich kennen, erwarten zu meinem 70. natürlich eine Ausstellung – ist ja auch so üblich. Aber wo und wann, das steht noch in den Sternen. Weil sich die Stadt kaum bemüht; das Kulturamt müsste sich ja eigentlich bemerkbar machen: wir bieten dir das und das an! Also, ich geh nicht hin und sag: unterstützt mich mal mit 'nen paar hundert Mark für den Druck eines Kataloges! Früher war das kein Problem, da bekam ich zum 50. meinen Katalog, der wurde von der Stadt bezahlt oder vom Kreis. Aber betteln geh ich nicht, da hab ich meinen Stolz – dann nehme ich das lieber auf die eigene Kappe. Das wichtigste ist mir auch, dass ich meinen 70. mit meinen lieben Freunden und Kollegen begehe, mit denen ich jahrzehntelang durch dick und dünn gegangen bin.

Mit 'nem Glas Sekt anstoßen und 'ne Ausstellung eröffnen – das ist ja noch ein bisschen hin, erst im August.

Das erlebst du nur hier draußen!

Letztes Jahr bin ich das erste Mal nicht verreist. Sonst war ich immer ein- bis zweimal in Skandinavien. Das hängt damit zusammen, dass meine Frau sehr krank wurde. So hab ich mich hier gefreut an der Natur!

Manche meinten, der Sommer sei schlecht gewesen, aber ich hab ihn nicht so empfunden. Ich habe mich zu allem gefreut: zu Wind und Regen und Sonnenschein … Aber vielleicht hängt das auch mit dem Alter zusammen! Dir begegnete das früher alles flüchtig und heute guckst du zu jedem Vogel, der sich bewegt in den Bäumen, und hörst hin. Ich hab mich immer gefreut an farbigen Blumen oder draußen auf dem Feld die Mohnblumen … da war ich so emotional aufgewühlt! Und das erlebst du nur hier draußen, das erlebst du in keiner Stadt!

Voriges Jahr zu Pfingsten war ja wieder *Kunst Offen* – da haben mich viele Leute besucht. Daraus hat sich auch ein Auftrag ergeben für mich: eine Grafik der Landschaft aus der Vogelperspektive anhand einer normalen Straßenkarte, weil ich ja die Umgebung kenne; ich kenn ja fast jede Einzelheit bis Kühlungsborn, Heiligendamm. Das soll dann eine Postkarte werden, die er an Freunde verschicken will, zusammen mit einer Videokassette, wo ich auch drauf bin.

So ein Jahr geht ja schnell rum, und da denkt man über vieles nach. Jetzt, wo es draußen so trübe ist, wo man nicht viel machen kann am Haus und im Garten, fange ich an, was aufzuschreiben. Über das, was war. Notizen schreiben oder kleine Geschichten. Hab auch schon immer mal Verse geschrieben über Erlebnisse, Situationen.

Dazu habe ich mir ein großes Album gekauft und mal alles, was ich so gesammelt habe, zusammengefasst. Solche Dinge wie Ausstellungseröffnungen, alle baubezogenen Maßnahmen, Pressenotizen, Kritiken über meine Arbeit. Denn irgendwie muss man sich ja eines Tages zurechtfinden können, was ich gemacht habe! Das geht seit Anfang der 60er Jahre.

Jetzt beschäftige ich mich gedanklich schon wieder damit, wie ich mir ein paar Leinwände zusammenbaue. Und ich will was malen, bevor der Sommer losgeht, im Sommer hat man ja genug Ablenkung in der Natur. Ich hab schon was im Kopf, vielleicht sogar mit Ölfarbe, statt mit Acryl zu malen.

Kommunikation mit jüngeren Leuten

Wenn ich jetzt einen Wunsch hätte? Mein größter Wunsch wäre, noch 'ne ganze Weile gesund zu bleiben, noch was mitzuerleben, noch was mitsprechen zu können. Also, ich möchte auf keinen Fall das Gefühl haben, dass ich irgendwie ausgeschlossen werde. Möchte nach wie vor Kommunikation haben mit älteren wie auch mit jüngeren Leuten. Besonders mit jüngeren Leuten, das ist ja immer so'n gegenseitiges Nehmen und Geben. Die Jüngeren hören in der letzten Zeit doch mehr zu und fragen nach … so wie du jetzt!

Ich habe mich dazu durchgerungen, nochmal ein neues Auto zu kaufen! Denn ich fahre gerne Auto, und so ein Kombi ist für mich wesentlich zweckmäßiger, um Bilder zu Ausstellungen zu transportieren. Das war zum Jahresabschluss noch ein mutiger Schritt!

Gott sei Dank brauch ich kein Geld mehr verdienen

Mein Alltag läuft an sich normal weiter, und es ist ja meistens so, dass einer nicht mehr so kann wie der andere in unserem Alter. Ich stehe so halb neun auf, trink meinen Kaffee, esse mein Brötchen, lese meine Zeitung. Danach hab ich da nichts Festes geplant, außer wenn ich 'ne kleine Auftragsarbeit habe. Gott sei Dank brauch ich kein Geld mehr zu verdienen! Sonst sitze ich hier und schreibe etwas auf oder lasse den Tag auf mich zukommen.

Manchmal gehe ich auch spazieren nach Heidekaten, wenn das Wetter gut ist, damit ich in Bewegung bleibe. Oder nehme mein Fahrrad und mache 'ne Tour bis Groß Strömkendorf oder bis zum Poeler Damm und zurück. Wenn ich da irgendwas gesehen habe, fange ich an zu malen. Ob das was wird, ist 'ne zweite Geschichte.

Oder ich sortiere irgendwas – ich hab ja immer was zu sortieren! Links und rechts ist alles hochgepackt mit Papier, da muss ich ab und zu mal durchgucken, damit ich nicht vergesse, irgendeine Rechnung zu bezahlen, die nach ein paar Wochen entdeckt wird – da bin ich immer so'n bisschen nachlässig, muss ich ganz ehrlich sagen!

Meine beste Kritikerin

Doch, meine Frau interessiert sich für meine Malerei und was damit zusammenhängt, aber das ist ja 'ne gewisse Logik. Sie ist ja die ganzen Jahre mit mir zusammen und hat auch jedes Detail verfolgt, was ich hier mache. Sie geht auch mal ins Atelier, guckt und sagt: ach ja, das ist gut, was du da gemacht hast ... oder: das ist Scheiße! Das finde ich sehr gut, ne. Also, so eitel bin ich nicht, dass ich sage: na, du hast keine Ahnung! Sie ist eigentlich meine beste Kritikerin, so muss das auch sein. Sonst würden wir uns beide ständig in den Haaren liegen! Und das sind eigentlich diese glücklichen Umstände, die ich auch so wollte: nicht befehligt zu werden und bedrängelt zu werden: das und das machen, damit das richtig läuft. Was Besseres könnte ich mir gar nicht vorstellen!

Dinge, die wir gemeinsam machen? Höchstens dann draußen, am Haus oder im Garten. Aber wenn ich im Garten eingreife, wird es tatsächlich problematisch, dann mach ich's nicht richtig (lacht)! Mit dem Laufen ist es bei meiner Frau schwieriger geworden, aber ein paar hundert Meter geh'n wir schon mal spazieren. Ja, das lässt alles nach!

Der Euro? Allgemeine Verunsicherung!

Die Leute sind sich alle noch nicht ganz sicher, dass sie mit dieser neuen Währung was bewerkstelligen können. Ich hab das gleiche Gefühl, ich kann mich damit noch nicht befreunden. Man rechnet immer noch zweifach hoch: was hat dies gekostet, was hat das gekostet ... Und ich glaube, es wird noch 'ne lange Zeit so gehen. Mit den Scheinen geht das ja, aber mit dem Kleingeld ist das ja eine Strapaze!

Im Dorf bin ich ein Querkopf

Die Dorfsituation? Wir sind ja ein kleines Dorf mit elf Einwohnern. Einer meiner Nachbarn macht schon lange Panik, dass hier ein Stück Straße her muss. Ein Teil der Straße ist ja Kopfsteinpflaster, was sehr schön ist, und der Rest ist Sandweg mit vielen Löchern. Nun wird leider auf Drängen des Nachbarn eine Teerstraße gebaut, denn neues Kopfsteinpflaster ist zu teuer.

Da ich hier in Wodorf sowieso ein Querkopf bin und schon damals gegen die Bebauung der Wiese gegenüber war, auch gegen eine damals geplante Teerstraße nach Heidekaten, bin ich der *Böse* und werde schon mal als *Grüner* beschimpft. Dieses Mal habe ich klein beigegeben – das Dorf wird aber furchtbar aussehen mit Teerstraße, das Wasser kann nicht mehr abfließen und bezahlen müssen wir das anteilmäßig auch noch. Nur um des lieben Friedens willen habe ich eingewilligt! Na, und weil ich mit den Nachbarn nur über's Wetter reden kann und: wie geht's, komme ich auch oft zu euch nach Heidekaten. Und ich brauche dringend die Kollegen in der Stadt zum Austausch!

Nachbemerkungen
von seiner Tochter Marita Lüdtke im Jahr 2018

Sehr geehrte Frau Weiß!

Ich habe das Manuskript gelesen und finde es sehr authentisch. Sicher habe ich dazu oft eine andere Meinung – als Außenstehende und als Tochter. Aber das soll keine Rolle spielen.

Mein Vater hat ein relativ sorgloses, erfolgreiches und erfülltes Leben gehabt. Von seiner Kunst konnte er immer gut leben. Er hatte so seine Privilegien. Viele Reisen hat er unternommen, sogar in die USA. Meine Mutter hat ihm den Rücken freigehalten – auch durch Verzicht ihrer eigenen Bedürfnisse. Familie war ihm nicht so wichtig – seine Enkelkinder aber hat er geliebt und sie unterstützt.

In den letzten Jahren, nach dem Tod meiner Mutter, war er recht einsam und isoliert. Die vielen guten Freunde kamen nicht mehr, die Zeit der *rauschenden Feste* war vorbei.

Große Krankheiten haben ihn verschont. Ende des Jahres 2014 hat er nach einem Schlaganfall sein zu Hause, sein *Malerhus*, für immer verlassen. Sein Tod am 6.1.2015 kam überraschend für uns. Noch immer bin ich fassungslos und voller Trauer. Sein Tod im Schweriner Klinikum war für uns Angehörige mehr als unwürdig und hat mir den Abschied von unserem Vater sehr belastend und schwer gemacht bis heute. Was bleibt, ist die Erinnerung an die schöne Zeit in Wodorf, an das Haus und die Kunst.

Die vielen Bilder werden uns für immer begleiten.

Marita Lüdtke

Martina Weiß

ist 1960 in Magdeburg geboren und dort aufgewachsen.

Sie folgte dem Ruf der Ostsee, um dort zu reiten und Maschinenbau zu studieren.

Sehr bald war klar, dass ihr Lebensplatz am Meer ist, und so fügte sich alles: Arbeit an der Hochschule Wismar, Museumsleiterin und „Windmüllerin" in Stove.

Seit 1999 ist sie selbstständig als Filzerin und Wildnispädagogin und lebt in Heidekaten.

Martina Weiß ist Mutter von drei erwachsenen Kindern.

www.m-art-filz.de